W0284217

Jürgen Egyptien

Einführung in die deutschsprachige Literatur seit 1945

Einführungen Germanistik

Herausgegeben von
Gunter E. Grimm und Klaus-Michael Bogdal

Jürgen Egyptien

Einführung in die deutschsprachige Literatur seit 1945

Die Deutsche Bibliothek verzeichnet diese Publikation
in der Deutschen Nationalbibliografie;
detaillierte bibliografische Daten sind im Internet über
http://www.dnb.ddb.de abrufbar.

Die Herausgabe dieses Werkes wurde durch
die Vereinsmitglieder der WBG ermöglicht.
Satz: Lichtsatz Michael Glaese GmbH, Hemsbach
Umschlaggestaltung: schreiberVIS, Seeheim
Gedruckt auf säurefreiem und alterungsbeständigem Papier
Printed in Germany

Besuchen Sie uns im Internet: www.wbg-darmstadt.de

ISBN 13: 978 3 534 17446 1
ISBN 10: 3-534-17446-1

Inhalt

I. Zur Periodisierung der Literatur seit 1945

Grenzen des Überblicks

Gegenüber dem Unterfangen, auf eng begrenztem Raum einen Überblick über die deutschsprachige Literatur des Zeitraums von 1945 bis 2000 geben zu wollen, erscheint die Quadratur des Kreises als ein vergleichsweise läppisches Vorhaben. Dies umso eher, als sich ja – zumindest aus der Optik eines Nicht-Mathematikers – das Resultat in einem Grad von approximativer Annäherung angeben lässt, von dem der Literaturhistoriker nur träumen kann. Dass man gerade in Bezug auf das hier behandelte Stoffgebiet alle Hoffnung auf eine nur halbwegs erschöpfende Darstellung fahren lassen muss, wird noch außer durch die Grenzen der subjektiven Wahrnehmungskapazität durch zwei objektive Faktoren bedingt. Zum einen dürfte sich rein quantitativ die literarische Produktion deutschsprachiger Texte noch nie dauerhaft auf einem so hohen Niveau bewegt haben. So werden allein in Westdeutschland seit etwa 1960 jährlich ca. 5000 Bücher belletristischen Charakters in Erstauflage verlegt. Die Zahl der Verlage, die schöne Literatur produzieren, dürfte, wenn man die Kleinverlage und Handpressen mitrechnet, sicher weit über 1000 liegen.

Kriterien literaturgeschichtlicher Systematisierung

Zur quantitativen Besonderheit gehört zudem, dass die Spanne von 1945–2000 mit einer Erstreckung über 55 Jahre einen vergleichsweise langen Zeitraum darstellt. Gerade was die Literaturgeschichte des 20. Jahrhunderts angeht, sind wir eigentlich gewohnt, kleinteiliger zu systematisieren. Das gilt sowohl für eine stilgeschichtliche als auch für eine gesellschaftsgeschichtliche Einteilung. Auf der einen Seite kann man z.B. von der Epoche des Expressionismus (1910–1925) oder der Neuen Sachlichkeit (1925–1933) sprechen, auf der anderen operiert man mit Oberbegriffen wie Literatur der Weimarer Republik (1918–1933) oder des Exils (1933–1945). Freilich ist zu berücksichtigen, dass man mit den stilgeschichtlichen Klassifikationen immer nur einen Ausschnitt des literarischen Feldes erfasst, denn beispielsweise existieren zeitgleich mit dem Expressionismus noch Strömungen wie die Neoromantik, der Neuklassizismus, der Spätimpressionismus, die Heimatkunst, die Arbeiterliteratur oder der Dadaismus, um nur einige zu nennen. Umgekehrt ist bei der Verwendung von gesellschaftsgeschichtlichen Begriffen von vornherein die Heterogenität des so benannten Phänomens mitzudenken. Gerade das Beispiel ‚Literatur der Weimarer Republik' konfrontiert den Literaturhistoriker auf extreme Weise mit einer sowohl ästhetischen als auch mentalitätsgeschichtlichen Gleichzeitigkeit des Ungleichzeitigen, die von der völkischen Blut- und Bodenliteratur bis zum Proletkult, von traditionellen Formen bis zu avantgardistischen Experimenten, von retrogradem Provinzialismus bis zum Einbezug der großstädtischen Medien reicht.

Für die deutschsprachige Literatur von 1945 bis 2000 stellt sich der Sachverhalt noch etwas anders dar. Zwar kann man unter stilgeschichtlicher Perspektive auch hier einige bereits kanonisierte Segmente herausfiltern, wie etwa den Dokumentarismus oder die neue Subjektivität, zwar kann man innerhalb der Entwicklung einiger Gattungen Phänomene wie das absurde Theater oder die hermetische Lyrik konturieren, aber es sind doch gleichsam nur Inseln in einem noch unzulänglich kartierten Textozean, deren Koordinaten sich zudem bei näherer Betrachtung als unzuverlässig erweisen. Die zuletzt genannte hermetische Lyrik beispielsweise ist dem poetologischen Selbstverständnis ihrer prominentesten Vertreter nach – also Ernst Meister und Paul Celan – keineswegs hermetisch gegen die Außenwelt abgeschlossen, sondern gerade dialogisch angelegt.

Problematik der Gegenwartsnähe

Hier kommt nun der zweite objektive Faktor ins Spiel, denn natürlich ist eine literaturhistorische Perspektive umso schwerer einzunehmen, je näher der Gegenstand an die Gegenwart heranrückt. Das ist auf dem Hintergrund der heuristischen Notwendigkeit, mit literaturgeschichtlichen Klassifikationen zu operieren, immer zu berücksichtigen. Überhaupt wird man sich immer bewusst zu halten haben, dass die Bildung von Epochenbegriffen sich in Anlehnung an Luhmanns Terminologie als „komplexitätsreduzierende Konstruktion literarhistorischer Wirklichkeit" (Anz in Fischer/Roberts 2001, 36) bezeichnen ließe. Man hat zudem bei der Darstellung der jüngst vergangenen Periode damit zu rechnen, dass einige literarhistorische Phänomene, einige Inseln bereits aus dem Textmeer aufgetaucht, aber noch nicht hinreichend beschrieben, teilweise sogar noch unerschlossen sind und bei einer Expedition in ihr Inneres mit Überraschungen aufwarten. Andererseits kann es auch sein, dass diese Inseln vielleicht mit ihrem Schlagschatten die Sicht auf andere, womöglich größere oder wichtigere Inseln verdecken, oder dass sie bloß die Spitze eines Eisbergs sind, in dessen Innern bedeutendere Schätze verborgen sind als die zutage liegenden.

Was die Metapher meinen soll, sei an einigen wenigen Beispielen erläutert. Die Aufmerksamkeit, die das Phänomen Pop-Literatur in den 90er Jahren gefunden hat, hat erst das Bewusstsein dafür geschaffen, wie viele ihrer ästhetischen Verfahrensweisen schon in den frühen 60er Jahren im deutschen Sprachraum ausgebildet worden sind. Ebenfalls im letzten Jahrzehnt hat das Interesse an den deutsch-jüdischen Literaturbeziehungen stark zugenommen. Unter dieser Perspektive sind bei Autoren wie beispielsweise Wolfgang Hildesheimer oder Grete Weil neue Zugänge und literaturhistorische Situierungen möglich und die Sensibilität für ihre Teilhabe an einem jüdischen Diskurs geweckt geworden. Schließlich hat in vielen Fällen der (literatur-)politische Zeitgeist eine erhebliche Rolle als distinktives Kriterium gespielt und etwa dazu geführt, dass Autoren aus dem Blickfeld geraten sind, die ästhetisch und/oder politisch nicht dem mainstream entsprachen. Diese Konstellation führt regelmäßig zu Wiederentdeckungen, wie es zum Beispiel bei Autoren wie Albert Drach, Hans Lebert, Gert Ledig oder Rudolf Leonhard geschehen ist.

Spätestens hier kommt auch der Literaturbetrieb selbst als ein immer wichtiger werdender Faktor der literaturgeschichtlichen Systematisierung ins Spiel. Im Vorgriff seien hier etwa die leitenden Positionen von Mitgliedern der Gruppe 47 in den Rundfunkanstalten oder die wechselnde ideologische Ausrichtung der Literaturkritik und Literaturwissenschaft oder die Rolle des Literarischen Quartetts im Fernsehen unter der Regie des Großkritikers Marcel Reich-Ranicki genannt.

Zäsur 1959/60?

Fragt man nach Strukturierungsmöglichkeiten des literarischen Feldes 1945–2000, wären wohl drei Zäsuren vorstellbar. Die früheste wäre um das Jahr 1959 anzusetzen, als gleichzeitig die Romane *Die Blechtrommel* von Günter Grass und *Mutmaßungen über Jakob* von Uwe Johnson erschienen. Sie wurden als Meilensteine empfunden, die den Anschluss der deutsch-deutschen Literatur an die Weltliteratur markierten und sich innovativer ästhetischer Techniken bedienten. Zugleich ließ sich der Skandal, der sich mit der Verleihung des Bremer Literaturpreises an Grass 1960 verband, als dramatischer Abschied von dem moralinsauren verklemmten Geist der 50er Jahre interpretieren. Es ist sicher zutreffend, wenn man den Zeitraum 1959–1961 als Schwelle betrachtet, zumal wenn man noch aus dem schweizer Kontext Otto F. Walters Roman *Der Stumme* (1959) und aus dem österreichischen Hans Leberts Roman *Die Wolfshaut* (1960) und schließlich den Mauerbau im August 1961 hinzunimmt. Dennoch wäre der These von einer Epochenzäsur um 1960 entgegenzuhalten, dass sowohl die ästhetischen als auch die thematischen Spezifika der genannten Werke in einem Traditionszusammenhang standen, der in die Nachkriegszeit und teilweise darüber hinaus (denkt man etwa an die Verwandtschaft der *Blechtrommel* mit dem 1932 erschienenen Roman *Ostwind* von August Scholtis) reichte.

Allerdings wäre eine Zäsur um 1960 aus zwei anderen Gründen noch zu erwägen. Zum einen kann man hier den Prozess der so genannten Politisierung der Literatur beginnen lassen, zum anderen setzt die Entwicklung der Pop-Literatur ein, zwei Phänomene, die in dieser frühen Phase oft noch einander überlappen. Als wichtige Katalysatoren für diese Strömungen sind einerseits die Kriegsverbrecherprozesse in Israel und Deutschland und andererseits die Rezeption der angloamerikanischen Beatnik-Subkultur zu nennen. Auswirkungen der ersteren sind am Aufschwung des dokumentarischen Theaters von Hochhuth und Weiss oder an den Erzählungen von Alexander Kluge ablesbar, das andere etwa an H. C. Artmann.

Zäsur 1967/68?

Gesellschafts- und kulturgeschichtlich haben die Politisierung und die Subkultur wohl gemeinsam zu jener Verschärfung des Generationenkonflikts beigetragen, der sich in den Jahren 1967/68 gewaltsam entlud und seine extrem sektiererische Fortsetzung im Terrorismus der 70er fand. Wäre also das Jahr 1968 auch als literaturhistorische Zäsur verwendbar? Diese Frage wird man wohl eher verneinen können. Zwar treten in dieser Zeit operative Literaturformen, Agit-Prop-Konzepte u.ä. vermehrt auf, doch bilden sie im Blick auf das literarische Feld insgesamt eher ein marginales, zumindest ephemeres Phänomen. Als Zäsur kann man bestenfalls die Reaktion auf das Scheitern der Träume von gesellschaftlicher Transformation ansehen, insofern die Literatur der Neuen Subjektivität entstand. Außerdem ließe sich die mentalitätsgeschichtliche Hypothese aufstellen, dass das unmittelbar politische Scheitern der APO sowie der folgenden Friedens- und Antiatombewegungen für eine leichtere Anfälligkeit für den apokalyptischen Diskurs der 80er Jahre disponierte. Dass retrospektiv betrachtet die 68er Bewegung viel mehr zu einer kulturellen Modernisierung als einer gesellschaftlichen Revolutionierung beigetragen hat und dass Rudi Dutschkes Konzept vom Marsch durch die Institutionen sich in der parlamentarischen Etablierung der Grünen und in der Besetzung vieler Schlüsselpositionen in den Medien durch ehemals Studentenbewegte realisiert hat, gehört zu dem Prozess geschichtlicher Dialektik; freilich auch, dass auf diesem Weg die Träger der gesellschaftlichen Transformation und mit ihnen ihre Ideen selbst transformiert wurden. 1968 wäre also in der Tat im kulturhistorischen Kontext als Zäsur anzusehen, aber im engeren literarischen Feld bildet es wie die Zeit um 1960 eher eine Schwelle. Dafür spricht auch, dass manche Autoren – denkt man etwa an Martin Walser oder Peter Rühmkorf – ästhetisch wie politisch einige Zeit nach 1968 mutatis mutandis zu Positionen zurückgekehrt sind, die sie auch einige Jahre zuvor bezogen hatten.

Zäsur 1989?

Bliebe schließlich die Frage nach einer möglichen Epochenzäsur 1989. Eine Literaturgeschichtsschreibung, die sich in ihren Einteilungen an historischen Einschnitten zu orientieren neigt, würde hier zweifellos eine Zäsur setzen. Sie könnte das gewichtige Argument anführen, dass mit dem Jahr 1989 die gewaltsame Trennung in zwei deutsche Literaturen unter völlig unterschiedlichen kulturpolitischen Rahmenbedingungen endet. Das Argument bringt indes zwei Probleme mit sich. Auf der einen Seite ist die Annahme der zwei deutschen Literaturen nicht unumstritten. Auch wenn Uwe Johnson bereits 1964 die These von der Existenz ‚zweier Sprachen' aufgestellt hat, die eine Kommunikation zwischen Ost- und Westdeutschen behinderten, ist doch bis zum Ende der DDR eine Kontroverse darüber geführt worden, ob nicht gerade die Literatur eine Idee von ‚Kulturnation' bewahrt habe (vgl. z.B. Buck in Arnold 1988). Auf der anderen Seite sind nicht wenige Beobachter der literarischen Entwicklung seit 1989 zu dem Befund gekommen, dass eine „Abkoppelung von Epochendiskursen und literarischem Schreiben" (Roberts in Fischer/Roberts 2001, XIII) zu konstatieren ist, mit anderen Worten: die deutsche Einheit hat in der literarischen Entwicklung keine wesentlichen Spuren hinterlassen.

Wandel und Kontinuitäten

Was in den 90ern ins Auge fallen könnte, die neue Blüte einer auf mediale Inszenierung ausgerichteten Pop-Literatur, die Wiederkehr des Molochs Großstadt unter multiethnischen und subkulturellen Bedingungen im Berlin-Roman, der virtuelle (Schreib-)Raum des world wide web, all das ist Resultat einer ohnedies sich vollziehenden Amerikanisierung europäischer Verhältnisse. Auch hier wäre also eher eine gesellschaftliche Zäsur zu finden als eine literarische. Es steht abzuwarten, ob vielleicht die Jahrtausendwende einen literarhistorischen Paradigmawechsel mit markanteren Konturen nach sich zieht. Wenn man also rückblickend eher von drei Schwellen als von Zäsuren sprechen mag, so ist doch auch klar, dass heute generell anders als in der Nachkriegszeit geschrieben wird, was nicht meint, dass heute besser geschrieben wird. Es wäre nur mittels einer mikrologischen Stilanalyse zu demonstrieren, was in der Prosa oder Lyrik etwa der 50er als zeittypisch gewertet werden könnte, das heute antiquiert wirkt. Aber diese Stilnuancen bieten keine Basis für Epochenzäsuren. Was, wenn wir die Frage einmal umkehren, würde für die Kontinuität der Literatur von 1945 bis 2000 sprechen? Zunächst spricht dafür die Kontinuität des Œuvres wichtiger Autoren, die seit der frühen Nachkriegszeit die literarische Szene prägen, vor allem also die Veteranen der Gruppe 47 und des sozialistischen Aufbaus. Des weiteren spricht die Kontinuität der Beschäftigung mit dem Dritten Reich dafür, die zwar in sich einen diskontinuierlichen Verlauf hat, aber fraglos besteht.

Inversion und Remythologisierung

Schließlich möchte ich hier noch einige ästhetische Verfahrensweisen ins Spiel bringen, die m. E. eine Art Kontinuum bilden und, ohne gänzlich neu zu sein, in der Literatur seit 1945 doch eine neue Qualität gewonnen haben. Die eine möchte ich die Technik der Inversion nennen. Mit Inversion meine ich dabei die literarische Adaptation kulturgeschichtlich tradierter Stoffe und Vorstellungen in der Weise der Verkehrung, wobei diese in der Regel dekonstruktive, depotenzierende, zumindest fragmentierende und kritische Züge hat. Um nur zwei prominente Modelle dieser inversiven Methode anzuführen, sei an den *Doktor Faustus* von Thomas Mann und Tankred Dorsts Monumentaldrama *Merlin* erinnert. Die zweite ästhetische Verfahrensweise möchte ich Remythologisierung nennen (vgl. Seidensticker/Vöhler 2002). Sie ist mit der Inversion methodisch nahe verwandt, aber doch insofern mehr als ein bloßer Anwendungsfall, als sie zum einen als Reaktion auf das offenbare Scheitern einer vernünftigen Einrichtung der Welt und zum anderen als ästhetisches Festhalten an der Weltdeutungspotenz des Mythos verstanden werden kann. Ihre konkrete literarische Gestaltung beschreitet dabei ebenfalls in der Regel den Weg der Fragmentierung und subversiven Demontage, kennt aber auch den Entwurf eines emanzipatorischen Mythos. Die Beispiele reichen hier von Elisabeth Langgässers *Argonautenfahrt* über Koeppens Romantrilogie bis zu Alban Nikolai Herbsts *Anderswelt*-Werkkomplex. Inversion und Remythologisierung sehe ich als zwei spezifisch ästhetische Antworten auf den Katastrophenzusammenhang des 20. Jahrhunderts, die einer über sich selbst aufgeklärten Moderne adäquat sind.

Intertextualität und Selbstreflexivität

Beide Verfahrensweisen könnte man dem übergreifenden Phänomen der Intertextualität zurechnen, das in den letzten Jahrzehnten wohl nicht zufällig ein wachsendes literaturwissenschaftliches und speziell – theoretisches Interesse auf sich gezogen hat (Kristeva in Ihwe 1972, Genette 1993, Stocker 1998). Es erscheint damit als epistemologisches Pendant zu einer ausgeprägten Tendenz in der Gegenwartsliteratur, den eigenen Schreibprozess als Fort- oder Überschreibung anderer Texte, als Dialog mit oder Widerspruch zu anderen Texten zu verstehen. Dieses vom plakativen oder parodistischen Zitieren bis zur verrätselten Allusion reichende, teils ernste, teils spielerische Verfahren wird als eines der Kennzeichen des (post-)modernen Schreibens angesehen. Als moderne Kunst partizipiert schließlich alle echte Literatur seit 1945 an einer ästhetischen Selbstreflexivität, welche den Werken die „Logik ihres Produziertseins" (Adorno 1974, 159) als immanente Selbstreferenz einschreibt.

Zum Begriff der Gegenwart

Noch ein Wort zum Begriff der Gegenwart: Ich habe bewusst davon abgesehen, einen Titel wie ‚Deutschsprachige Literatur der Gegenwart' zu wählen, weil er mir zur Beschreibung einer Zeitspanne von mehr als fünfzig Jahren unbrauchbar erscheint. Streng genommen gibt es nämlich Gegenwart nur für unser Erleben, nur im Jetzt, und Gegenwartsliteratur gibt es daher nur in den beiden Weisen des Erlebens des Schreibens und des Erlebens des Lesens (oder Hörens). Die Gegenwart ist ja eigentlich nichts anderes als die ständig im Zeitstrom sich vorwärtsbewegende Schnittstelle zwischen Vergangenheit und Zukunft. Außerdem ist es ja selbstverständlich, dass ein Begriff wie Gegenwartsliteratur auch im allgemeinen Sinne nur von einer begrenzten Haltbarkeit sein kann. Die Literatur seit 1945 als Gegenwartsliteratur zu bezeichnen, geht am Erfahrungshorizont der meisten heutigen Leser vorbei. Verkompliziert wird die Lage noch dadurch, dass in den literarhistorischen Prozess immer wieder aus früherer Zeit stammende Texte (re-) integriert werden, die natürlich auch als Indikatoren einer geistigen Situation gewertet werden können. Auf solche (Wieder-)Entdeckungen kann ich jedoch nicht gesondert eingehen. Der literarhistorische Zeitraum 1945–2000 ist also ein weites und in Bewegung befindliches Feld, das natürlich auch über diesen Beschreibungsversuch hinaus für Überraschungen gut sein wird.

Phasen im literarischen Feld 1945–2000

Mir stellt sich der Zeitraum von 1945 bis 2000 unter thematischen und stilistischen Gesichtspunkten wie folgt dar: Die unmittelbare Nachkriegsliteratur bis etwa 1950 scheint mir vor allem im Zeichen der Zeitthematik zu stehen, das heißt von Versuchen geprägt zu sein, die jüngste Vergangenheit und die Gegenwart literarisch zu verarbeiten und zu gestalten. In der Literatur der 50er Jahre findet diese Zeitthematik vor allem im Kriegsroman ihre Fortsetzung. Es ist jedoch für das geistige Klima der 50er Jahre symptomatisch, dass auch von dieser ‚harten' Gattung die Darstellungstechnik der Parabolik zunehmend Besitz ergreift. Die parabolische Schreibweise erscheint mir jedenfalls als das stilistische Siegel der 50er Jahre. Sie verbindet sich häufig mit einer existentialistischen, zuweilen auch nihilistischen Grundhaltung. Die späten 50er Jahre zeigen wohl als Reflex auf die Atomtests eine bemerkenswerte Neigung zu apokalyptischen Szenarien und erscheinen damit als Vorspiel der 80er. Mit den 60er Jahren setzt dann eine Politisierung der Literatur ein, die mit einer Formsprengung und vielfältigen Gesten der Provokation einhergeht. Im Rückblick wirkt ein nicht unerheblicher Teil dieser literarischen Tabuverletzungen infantil, ja geschmacklos. Als Gegenreaktion zu einer Politisierung, die letztlich auf die Substitution des ‚subjektiven Faktors' durch soziologische Versuchsanordnungen hinauslief, erfolgte in den 70er Jahren die Wendung zur Neuen Innerlichkeit bzw. Subjektivität. Nun schlug das Pendel in die andere Richtung aus, und die Literatur wurde zum öffentlichen Schauplatz narzisstischer Versenkung und der larmoyanten Selbstbetrachtung nicht weniger gescheiterter Systemveränderer. Ästhetisch wirken die 70er Jahre als Phase der Stagnation. Die 80er Jahre stehen unzweifelhaft im Zeichen eines apokalyptischen Lebensgefühls. Die Diskussionen um die Neutronenbombe, der GAU im ehemals sowjetischen Atomkraftwerk Tschernobyl und das Bewusstsein einer drohenden ökologischen Katastrophe bilden dafür den Hintergrund. Die 90er Jahre reagieren erneut mit einem Pendelschlag. Die Spaßkultur zieht auch in die Literatur ein. Die postmoderne Schreibhaltung mit ihrer arbiträren Kombinatorik kommt diesem geistig verflachten Lebensgefühl entgegen. Die einst subversiven Pop-Elemente sind zum Bestandteil der Konsumwelt und Massenkultur geworden. Nicht selten scheint eine gesuchte Exotik der Schauplätze über die seelische und intellektuelle Substanzlosigkeit dieser Literatur hinwegtäuschen zu wollen. Immerhin ist aber auch nach dem Ende der Teilung Europas in politische Blöcke eine befreiende Entideologisierung aller Diskurse zu beobachten und die Entlastung der Literatur „von allen außerästhetischen Verpflichtungen durch Moral, Philosophie und Politik" (Anz 1991, 194). Damit wurden für die Literatur alle Formen und Perspektiven neu verfügbar. Es sind vor allem die uralten künstlerischen Medien von Märchen und Mythen, die der Literatur tragfähige Ausdrucksweisen erschlossen haben.

Es versteht sich, dass diese allgemeinen Entwicklungstendenzen sich verschieden deutlich in den einzelnen Gattungen manifestieren. So wird man beispielsweise für die Lyrik, die vielleicht über die ausgeprägteste Eigendynamik verfügt, zugeben müssen, dass in der ersten Nachkriegsphase nicht Zeit- sondern Naturgedichte und in den 50ern weniger parabolische als hermetische und konkrete Techniken dominierten.

Ebenso ist es selbstverständlich, dass der eng begrenzte Rahmen dieser Darstellung ein selektives Verfahren erzwang, dem eine Vielzahl von Werken und Autoren zum Opfer gefallen ist, die ich für nicht weniger bedeutsam für die deutschsprachige Literatur seit 1945 halte als die genannten. Nicht nur andere, auch ich selbst hätte das gleiche Buch völlig anders schreiben können.

II. Forschungsbericht

Heterogenität des Gegenstandsbereichs

Eine detaillierte Gesamtdarstellung der deutschsprachigen Literatur von 1945 bis 2000 liegt bisher nicht vor und ist auch für die Zukunft kaum zu erwarten, weil der Umfang und die Heterogenität dieses Gegenstandsbereichs sich einem monographischen Zugriff entzieht. Schon die Bestimmung des Sujets ist schwieriger als die Bezeichnung vermuten lässt. Von vornherein umfasst der Begriff vier Nationalliteraturen: die der Bundesrepublik, der DDR, der Schweiz und Österreichs. Hinzu kommt auf den zweiten Blick deutschsprachige Literatur, die in einem fremdsprachigen Umfeld entsteht (vgl. Ritter 1985) und die auf Deutsch verfasste Migrantenliteratur, die jedoch häufig einen nicht-deutschen kulturellen Kontext besitzt. Neben diese zunehmend multikulturale Auffächerung deutschsprachiger Literatur tritt die mediale, das heißt ihre schwer fassbare Präsenz im Bereich der literarischen Performance (Poetry Slam etc.), des Internets und des Grenzbereichs von (Pop-)Musik und Literatur (vgl. Lentz 2000).

Literaturgeschichtliche Gemeinschaftswerke

Aber auch wenn man diese Ausfaserungen oder Seitentriebe beiseite lässt und sich zudem trotz eines ‚erweiterten Literaturbegriffs', der das Sachbuch, die Biografie, die Trivialliteratur oder selbst den Comic zum literaturwissenschaftlichen Untersuchungsgegenstand nobilitiert hat, auf die literarischen Kerngattungen und die E-Literatur konzentriert, sind synthetisierenden Darstellungen enge Grenzen gezogen. Die stofflich umfangreichsten sind naturgemäß die der deutschsprachigen Gegenwartsliteratur gewidmeten Schlussbände der großen literaturgeschichtlichen Gemeinschaftsunternehmen, das heißt die von Helmut de Boor und Richard Newald begonnene (Barner 1994) und die von Horst Albert Glaser beziehungsweise Rolf Grimminger herausgegebenen Literaturgeschichten (Glaser 1997, Schmitt 1983, Fischer 1986, Briegleb/Weigel 1992). Die beiden letzteren gehen konzeptionell auf die frühen 70er Jahre zurück und legen methodisch davon bereits im Titel durch die Hervorhebung des sozialgeschichtlichen Zugangs Zeugnis ab. In ihrer systematischen Anlage nimmt daher der historische und literatursoziologische Kontext einen wichtigen Raum ein, wiewohl man für die in den 90er Jahren erschienenen Bände eine deutliche Öffnung zu medienästhetischen und kulturwissenschaftlichen Perspektiven verzeichnen kann. Fungieren in den Literaturgeschichten von Glaser und Grimminger vorwiegend Gattungen und Genres als Ordnungskriterien für literarhistorische Längsschnitte, so orientiert sich der von Winfried Barner herausgegebene Band an einem ‚Dekadenschema', innerhalb dessen freilich der Gattungsaspekt weitgehend gewahrt bleibt. Diese Gliederung nach Jahrzehnten ist zugleich mit thematischen Akzentsetzungen (z. B. Periodisierung der 60er, 70er und 80er Jahre unter den Stichworten Politisierung, neue Subjektivität und Apokalyptik) verbunden, über die im Wesentlichen Konsens herrscht.

Gesamtdarstellungen

Seit dem Abschluss der drei großen literaturgeschichtlichen Unternehmen sind vor allem in den letzten Jahren vor dem Millenium zahlreiche Konferenzen abgehalten worden, die, teils unter spezifischen Blickwinkeln einen resümierenden Blick auf den Zeitraum seit 1945 versuchten (Weninger/Rossbacher 1997, Braese 1998b, Platen 2000 u. 2002, Gilman/Steinecke 2003). Für die einzelnen Nationalliteraturen liegen Gesamtdarstellungen von unterschiedlicher Aktualität vor. Während sie im Fall der BRD (Schnell 2003) und Österreichs nahe an die Gegenwart heranführen (Schmidt-Dengler 1995; Zeyringer 1999) und die DDR-Literatur als historisch abgeschlossenes Gebiet beschrieben ist (Emmerich 1996), besteht für die Schweiz (zuletzt Pezold 1991) Nachholbedarf.

Literaturhistorische Systematik und Methodik

Betrachtet man die Versuche der Literaturgeschichtsschreibung, den Gegenstandsbereich der deutschsprachigen Literatur seit 1945 zu kartieren, unter systematischem und methodischem Aspekt, so lassen sich einige Tendenzen erkennen. In der systematischen Anlage überwiegen dabei eher die Kontinuitäten, das heißt viele Sammelbände und Monographien bestehen aus Autorenporträts in Verbindung mit einem allgemeinen Überblick (z. B. v. Wiese 1973, Weber 1976, Schütz/Vogt 1980, Labroisse/Knapp 1988, Grimm/Max 1990) oder kombinieren Autorenporträts mit gattungsgeschichtlichen und themenspezifischen Zugängen, der Untersuchung literarischer Schreibverfahren und literatursoziologischer Rahmenbedingungen (z. B. Koebner 1971, Durzak 1976, Lützeler 1980, Hinderer 1994). Hierhin gehören auch die Werke, die solche Fragestellungen am Paradigma einer Gattung verfolgen, also der erzählenden Literatur (z. B. Durzak 1971, Brauneck 1993, Butzer 1998, Scheitler 2001), des Dramas (z. B. Buddecke/Fuhrmann 1981, Profitlich 1987) oder der Lyrik (z. B. Lermen/Loewen 1987, Breuer 1988, Korte 1989).

Themenspezifische Zugänge

Unter den themenspezifischen Zugängen sind die Untersuchungen des Umgangs der Literatur mit dem Dritten Reich und insbesondere dem Holocaust, der Reflexion des apokalyptischen Bewusstseins, des Verhältnisses von Literatur und Medien, des gender-Aspekts, des Mythos und schließlich der Verarbeitung der Wiedervereinigung hervorzuheben. In systematischer Form wurde das Thema ‚Literatur und Drittes Reich' unter literaturgeschichtlicher Perspektive seit den 70er Jahren behandelt (z. B. Wagener 1977), wobei sich im weiteren Fortgang der Schwerpunkt dieser Fragestellung ganz deutlich auf das Problem der ästhetischen Darstellbarkeit des Holocaust konzentriert hat. Aus der eher noch kursorischen Frage nach den Bedingungen eines ‚Schreibens nach Auschwitz' (Demetz 1988) hat sich ein eigener Forschungszweig entwickelt (z. B. Koeppen 1993, Braese 1998a u. 1998b, Platen 2000), der in besonderem Maße von der Internationalisierung des literaturwissenschaftlichen Diskurses geprägt ist. Nicht zuletzt als Effekt dieser Beschäftigung mit dem Komplex der Holocaust-Literatur ist das jüngst entstandene Interesse an der Möglichkeit einer Wiederkehr einer spezifisch deutsch-jüdischen Literatur zu verstehen (z. B. Nolden 1995, O'Dochartaigh 2000, Schruff 2000, Gilman/Steinecke 2003), zumal die Autoren der nachgeborenen Generation sich ihrerseits mit der Lagererfahrung ihrer Eltern literarisch auseinander setzen.

Der Zeitbruch, den der Holocaust markierte, hat einer kulturellen Grundstimmung Nahrung gegeben, die die Apokalypse in eine geschichtliche Gegenwartserfahrung oder gewisse Zukunftserwartung ummünzte. Ökologische Katastrophen und die ideologische Spaltung Nachkriegseuropas und der Welt mit ihrer ständigen Drohung einer militärischen Eskalation erschienen in literaturhistorischer Perspektive als Ursachen einer kulturellen Depression, die den literarischen Diskurs ins Zeichen eines apokalyptischen Bewusstseins rückte, welches in den 80er Jahren seinen Kulminationspunkt erreichte. Bereits 1979 hat Werner Brettschneider die These aufgestellt, dass die Gegenwartsliteratur in BRD und DDR in der Diagnose einer ‚Verfinsterung' und ‚Eiszeit' konvergiere, die letztlich aus dem Epochenbruch des 2. Weltkriegs und des dadurch geschärften Bewusstseins für die geschichtliche Situation des Menschen resultiere (Brettschneider 1979). Heinz-Peter Preußer hat diese Perspektive unlängst in den größeren Zusammenhang einer Fortschreibung zivilisationskritischer Muster im Gewande des apokalyptischen Diskurses gestellt, wobei er interessanterweise gerade im Werk vieler DDR-Autoren Endzeitvorstellungen nachweisen konnte (Preußer 2003).

Medien und gender

Unter systematischem Aspekt ist zu beobachten, dass seit Beginn der 80er Jahre im Rahmen literaturhistorischer Überblicke dem Zusammenhang von Literatur und Medien zunehmend Aufmerksamkeit geschenkt wird. Stand dabei zu Beginn das Verhältnis zu Rundfunk, Film und Fernsehen zur Disposition (z. B. Durzak 1981), so hat sich seit Mitte der 90er Jahre das Interesse auf den Komplex ‚Literatur und neue Medien' ausgeweitet (z. B. Döring 1995, Weninger/Rossbacher 1997, Harder 2001). In diesen Zusammenhang gehören auch die Versuche, den gewachsenen Stellenwert der (neuen) Medien und der von ihnen protegierten populären Kulturformen zum Indikator eines literaturhistorischen Paradigmawechsels zu erklären. So hat etwa Hubert Winkels die These vertreten, dass für die jüngere Autorengeneration die „großen Oppositionen wie privat und öffentlich, Individuum und Gesellschaft, Wesen und Erscheinung, Wahrheit und Ideologie, Reales und Imaginäres" (Winkels 1988, 11) nicht mehr konstitutiv sind und durch die Paradigmen Körper, Medien, Mode und Pop abgelöst worden seien.

Mit der von Winkels aufgestellten Behauptung, die Literatur orientiere sich am „Leitfaden des Leibes" (ebd. 19), berührt sich in vielen Fällen auch eine Literaturgeschichtsschreibung, die den gender-Aspekt ins Spiel bringt und dabei nach den Spezifika eines weiblichen Schreibens fragt (z. B. Weigel 1987, Arnold 1988, Wilke 1996). Dass sich hierbei eine rationalitätskritische Grundhaltung mit anspruchsvollen literaturtheoretischen Konzepten verknüpfen kann, zeigt eindrucksvoll etwa die Studie *Dialektik und Geschlecht* von Sabine Wilke, die den Filiationen der literarischen Praxis von Autorinnen wie I. Bachmann, E. Jelinek und G. Steinwachs mit der Kritischen Theorie nachgeht.

Ansätze zur Periodisierung

Naturgemäß hat in der jüngeren Vergangenheit die deutsche Wiedervereinigung eine Reihe von literaturwissenschaftlichen Untersuchungen hervorgebracht, die nach den literarischen Verarbeitungen dieser historischen Zäsur fragen (z. B. Wehdeking 1995 u. 2000, Platen 2002, Grub 2003) und ihre Bedeutung für die literaturgeschichtliche Periodisierung diskutieren. Schon seit Beginn der 80er Jahre haben sich manche literaturhistorischen Werke auch dem Problem der Periodisierung der Literatur seit 1945 gewidmet (z. B. Durzak 1981, Koebner 1984, Demetz 1988, Knapp/Labroisse 1995, Delabar/Schütz 1997), wobei Lothar Köhn in seiner ambitionierten Rekonstruktion des (literatur-)theoretischen Diskurses *Vom Nullpunkt zum*

Posthistoire zu dem nur abstrakt formulierbaren Resultat kommt, es „lasse sich die deutschsprachige Literatur in einem Horizont des Sinn-Pluralismus beschreiben, der im Grunde den Pluralismus von Sinn-Krisen einschließt" (Köhn in Knapp/Labroisse 1995, 52 f.).

Horst und Jens

Frühe Ansätze zu einer ersten Musterung der deutschen Literatur nach 1945 stammen von Karl August Horst und Walter Jens (Horst 1957 u. 1962, Jens 1961), an denen bereits systematische und methodische Probleme einer angemessenen Darstellung des Gegenstands zutage treten. K. A. Horst geht wie selbstverständlich über die Literatur der DDR hinweg, da sie offenbar für seinen existentialistischen Zugang zur Literatur als einem Ort, an dem der Mensch in eine Situation gestellt wird, die ihm eine Entscheidung abverlangt, nicht ergiebig scheint. Ihn interessiert zudem die Frage nach der Wiederkehr der Problemstellungen aus der Zeit vor dem Nationalsozialismus, so dass seine Darstellung zu weiten Teilen auf Literatur des ersten Jahrhundertdrittels zurückgreift. Der von Walter Jens vorgelegte Band *Deutsche Literatur der Gegenwart* kann schon allein seines schmalen Umfangs halber keine Repräsentativität beanspruchen. Ihm geht es eher darum, der Frage nachzugehen, ob und mit welchen Werken die deutsche Literatur nach dem Kulturbruch des 2. Weltkriegs wieder Anschluss an die europäische Moderne gefunden und welche neuen ästhetischen Verfahren sie hervorgebracht hat.

Probleme der Wertung

Ein erster ambitionierter Versuch zu einer literaturgeschichtlichen Darstellung der bundesrepublikanischen Literatur liegt mit dem von Dieter Lattmann herausgegebenen Kindler-Band vor (Lattmann 1973). Er bietet einen Abriss des kulturgeschichtlichen und literatursoziologischen Rahmens und Kapitel zu den drei Kerngattungen, unter denen jedoch nur Heinrich Vormwegs Prosa-Darstellung einer kritischen Prüfung standhält. Wie unterschiedlich das Urteil über literaturgeschichtliche Zeiträume ausfallen kann, mag exemplarisch eine Gegenüberstellung der Positionen von Keith Bullivant und R. Hinton Thomas einerseits und Thomas Koebner andererseits illustrieren. Während sich dem Blick von außen die westdeutsche Literatur der 60er Jahre mit ihrem utopischen Impuls als Wiederkehr von Ideen aus Julius Langbehns *Rembrandt als Erzieher* darstellt, da beide quasi neoromantisch auf Identität und Ganzheit abzielten und damit bürgerliche Sehnsüchte revitalisierten (vgl. Hinton Thomas/Bullivant 1974), sieht Koebner die Literatur seit den 60er Jahren im Zeichen einer ‚Entbürgerlichung' und als konstitutives Element eines subkulturellen Wandels (vgl. Koebner 1984).

Deskriptive Literaturgeschichtsschreibung

Es lässt sich beobachten, dass an die Stelle solcher synthetisierenden Etikettierungen mehr und mehr deskriptiv orientierte Darstellungen getreten sind, die die Heterogenität der literarischen Situation und die Koexistenz verschiedenster ästhetischer Konzepte betonen. Unter den Sammelbänden zur deutschen Gegenwartsliteratur ist daher derjenige von Manfred Durzak (Durzak 1981) hervorzuheben, der seinem Anspruch, ein ‚Handbuch zur deutschsprachigen Gegenwartsliteratur' zu sein, durch die Breite des berücksichtigten literarischen Spektrums weitgehend gerecht wird. Unter den Einzelunternehmen ist Ralf Schnells erfolgreiche *Literatur der Bundesrepublik* (Schnell 2003) zu nennen, die u. a. ausführlich auf den Literaturbetrieb und auf das Verhältnis von Literatur und Politik eingeht, biobibliographische Porträts und viel Bildmaterial bietet, sich daher indes auf kanonische Werke beschränkt.

Darstellungen der DDR-Literatur

Mit Beginn der 70er Jahre ist ein steiler Anstieg der Bemühungen um eine Darstellung der literaturgeschichtlichen Entwicklungen in der DDR zu verzeichnen. Diese Bemühungen wurden sowohl im Westen als auch im Osten Deutschlands unternommen. Resultierten sie in der DDR wohl aus dem politisch motivierten Versuch, die Existenz einer sozialistischen Nationalliteratur nachzuweisen, so können die westdeutschen Bemühungen wenigstens z. T. als wissenschaftsgeschichtlicher Reflex auf die neue Ostpolitik der Regierung Brandt und das durch die Studentenbewegung geweckte Interesse am Sozialismus gewertet werden. Wie sehr sich politische Positionen in die Literaturgeschichtsschreibung mengen, können beispielhaft die Werke von Hans-Dietrich Sander und Fritz J. Raddatz zeigen (Sander 1972, Raddatz 1972), die in der Frage der Existenz einer sozialistischen Nationalliteratur diametrale Haltungen einnehmen. Während Sanders Buch von der Intention getragen ist, die Existenz einer sozialistischen deutschen Nationalliteratur, wie sie die SED proklamiert hatte, in teils polemischer Form zu leugnen, bejaht Raddatz entschieden die These von der Koexistenz zweier deutscher Literaturen. Für die in der DDR kollektiv entstandenen Literaturgeschichten von Hans Jürgen Geerdts (Geerdts 1972 u. 1974–87) und Horst Haase (Haase 1976) ist dies selbstverständlich methodische Voraussetzung. Der ideologische Charakter dieser Unternehmen ist z. B. sehr präzise an der aus Autorenporträts bestehenden Literaturgeschichte von Geerdts ablesbar. In der westdeutschen Ausgabe von 1972 bedauert Geerdts, kein Porträt von Peter Huchel bieten zu können. Dass dies nur eine heuchlerische Schutzbehauptung für den westdeutschen Buchmarkt war, zeigen die 1974, 1979 und 1987 in der DDR herausgegebenen Bände desselben Werks, die diese Lücke keineswegs schließen, da Geerdts den 1971 in den Westen ausgereisten Dichter in Wahrheit aus ideologischen Gründen ausgegrenzt hat.

Eine Besonderheit der Darstellungen der DDR-Literatur bestand fast durchwegs darin, dass sie den kulturpolitischen Rahmenbedingungen großen Raum gewährten. Die früheste rein sachlich verfahrende Literaturgeschichte von Konrad Franke (Franke 1971) schickt ihrer chronologischen Behandlung der Kerngattungen ein fast 200 Seiten umfassendes Kapitel ‚Panorama' voraus, das den Einfluss der Kulturpolitik auf die Literatur in den verschiedenen Phasen detailliert rekonstruiert, und im Prinzip ähnlich verfuhren auch ihre Nachfolger (Brettschneider 1972, Emmerich 1981 u.ö., Schmitt 1983, Arnold/Meyer-Gosau 1991).

Einzelstudien und Spezialisten

Abschließend kann man feststellen, dass die Forschungsdichte auf dem Gebiet der deutschsprachigen Literatur seit 1945 enorm zugenommen und viele vorzügliche Studien hervorgebracht hat, von denen beispielhaft die von S. Wilke (1996), G. Butzer (1998) und H.-P. Preusser (2003) hervorgehoben seien. Zahlreiche Forscher tragen seit Jahrzehnten mit wichtigen Beiträgen zur genaueren Kenntnis der Literatur seit 1945 bei, für die stellvertretend S. Weigel, M. Durzak und V. Wehdeking genannt seien. Die Bibliografie versucht eine erste Orientierung auf diesem Forschungssektor zu geben.

III. Historische und kulturelle Kontexte

1. Politik und Kulturgeschichte 1945–2000

Historische Ausgangslage nach der Kapitulation

Die historische Ausgangslage nach dem 8. 5. 1945, dem Tag der Kapitulation der deutschen Wehrmacht, wies zwei besondere Merkmale auf. Zum einen war Deutschland niemals zuvor eine derartige Trümmerlandschaft gewesen, vor allem die Auslöschung der großen Städte wie Berlin, Köln, Hamburg und Dresden stellte eine neue Qualität der Zerstörung dar. Zum anderen waren die Deutschen nicht einfach militärisch besiegt worden, hinter ihnen lag ein Krieg, dessen Antriebsmotor die nationalsozialistische Weltanschauung gewesen war. Ihre ungeheuren Verbrechen ließen die Deutschen 1945 vor der Weltöffentlichkeit als ein Volk dastehen, das eine einmalige Schuld auf sich geladen hatte. Aus diesen Voraussetzungen ergaben sich einige kulturpolitische Entscheidungen der Besatzungsmächte.

Kollektivschuld-These und re-education

Die Amerikaner orientierten sich dabei an der so genannten Kollektivschuld-These, die besagte, dass alle Deutschen, die im Dritten Reich gelebt hatten, in mehr oder weniger hohem Maße persönliche Schuld auf sich geladen hätten. Aufgrund der Annahme, dass das politische Bewusstsein der Deutschen zutiefst undemokratisch und nationalsozialistisch deformiert sei, war es nur konsequent, eine demokratische Umerziehung des deutschen Volkes in Angriff zu nehmen. Zu diesem Zweck entwickelte die amerikanische Administration das so genannte re-education-Programm, das die Grundwerte demokratischen Denkens durch die Verbreitung von politisch-aufklärerischer Literatur vermitteln sollte. Zuständig für die re-education war die Information Control Division (ICD).

SMAD und Kulturbund

Die Sowjetische Militäradministration (SMAD) war am 9. 6. 1945 gebildet worden. Sie koordinierte und kontrollierte auch alle kulturellen Aktivitäten. In hohen Auflagen brachten die Sowjets antifaschistische und sozialistische Literatur heraus, wobei auch die Werke der deutschsprachigen Exilliteratur berücksichtigt wurden. Die SMAD initiierte die Gründung des Kulturbundes zur demokratischen Erneuerung Deutschlands am 3. 7. 1945 in Berlin. Im August wurde Johannes R. Becher zum Präsidenten gewählt. Die im *Aufbau* publizierten Leitsätze des Kulturbundes stehen mit der Betonung des antifaschistisch-demokratischen Neuaufbaus denjenigen der amerikanischen re-education-Politik recht nahe. Ein wichtiges Instrument war der Aufbau der Presse. Die *Neue Zeitung* in der US-Zone und die *Tägliche Rundschau* in der Sowjetischen Besatzungszone (SBZ) waren die Organe der Besatzungsmächte. Anfangs wurden viele Schriftsteller noch in beiden Printmedien gedruckt. Die rasche Verschärfung des Konflikts zwischen den USA und der SU führte zu einer Spaltung der deutschen Kultur. Der Kalte Krieg hatte in der BRD Restauration und geistige Erstarrung zur Folge.

Ausgangslage in Österreich

Kaum anders sah es in Österreich aus. Die Notwendigkeit, sich mit der unmittelbaren Vergangenheit, das heißt der Teilhabe an den Verbrechen des Dritten Reichs selbstkritisch auseinander zu setzen, wurde aufgrund der Moskauer Deklaration von 1943 nicht empfunden. In dieser Deklaration war Österreich als das erste Opfer des Imperialismus von Hitlerdeutschland bezeichnet worden, was natürlich nach 1945 von den Österreichern dankbar in die Präambel der Verfassung der 2. Republik aufgenommen wurde. So kann die Kontinuität, die sich zwischen der 2. Republik und dem bis 1938 existenten Ständestaat ergab, nicht überraschen. 1955 waren zehn Beiträger aus dem *Bekenntnisbuch österreichischer Dichter*, die den Anschluss an Deutschland begrüßt hatten, (Vorstands-)Mitglied im österreichischen PEN (vgl. Amann 1984). Man muss bei dieser Entwicklung berücksichtigen, dass Österreich durch die Verschärfung des Ost-West-Konflikts zu einem regelrechten Frontstaat geworden war. Der Antikommunismus und ein geschichtslos verklärtes ewiges Österreichertum wurden zur neuen Staatsdoktrin. Es leuchtet ein, dass unter diesen Bedingungen keine Diskussion über eine ästhetische oder auch nur weltanschauliche Orientierung entstehen konnte.

Kulturelle Paradigmen

Der stärkste intellektuelle Reiz ging in den 50er Jahren von der Existenzphilosophie Martin Heideggers aus, die mit ihrer Idee der Geworfenheit des Ichs am ehesten dem Lebensgefühl einer vom Kriegserlebnis geprägten Generation zu entsprechen schien. Die nonkonformistische Literatur der 50er Jahre fristete eine Nischenexistenz oder wurde wie Wolfgang Koeppen heftig kritisiert. Auch die Autoren der Gruppe 47 bekamen den Geist der konservativen Leitkultur zu spüren wie etwa Günter Grass 1960 im Falle seiner Auszeichnung mit dem Bremer Literaturpreis für die *Blechtrommel*, der der Bremer Senat die Zustimmung verweigerte. Mit Beginn der 60er Jahre machten sich aber eine kulturelle Aufbruchstimmung und politische Liberalisierung bemerkbar, wobei Einflüsse aus den USA und England (Underground) und aus Frankreich (Situationisten) katalysatorisch wirkten. Mit der Formierung der westeuropäischen Studentenbewegung gingen auch zahlreiche Impulse für das künstlerische und literarische Schaffen einher. Die Buchreihe ‚edition suhrkamp' wurde in dieser Phase zu einer intellektuellen Plattform für gesellschaftskritische und avantgardistische Literatur. Sie ermöglichte auch die intensive Rezeption der Kritischen Theorie, die zum Paradigma einer ganzen Generation, der 68er, wurde. Das gewandelte Selbstverständnis vieler Schriftsteller, die ihre Arbeit nun mit einer politischen Wirkungsabsicht und einer gesellschaftlichen Funktion verbunden sahen, führte zu einem selbstbewussteren Auftreten, für das Heinrich Bölls Rede *Ende der Bescheidenheit* (1969) symptomatisch war. Der Terrorismus und die Terroristenbekämpfung in den 70er Jahren machten die Rolle des Schriftstellers als ‚Systemkritiker' problematisch und begünstigten die Wendung zum Privaten oder zum Geschichtspessimismus. Als neue kulturelle Diskurse etablierten sich der Feminismus und die Ökologie. Seit den frühen 70er Jahren setzte ein stetig breiter werdender Strom von ‚Frauenliteratur' ein, die mit dazu beitrug, dass der ‚gender'-Aspekt bis heute auf der politischen Tagesordnung steht. Das ökologische Krisenbewusstsein, das sich mit der politischen Anti-Atomkraft-Bewegung verband, speiste die apokalyptische Literatur der 80er Jahre. Zugleich nahm die öffentliche Diskussion über den Holocaust seit der Ausstrahlung einer gleichnamigen Fernsehserie im Jahre 1979 beständig zu. Man kann vielleicht sogar behaupten, dass sich seit dem Wendejahr 1989, mit dem die Fundierung des nationalen Selbstverständnisses auf dem Ost-West-Konflikt historisch obsolet wurde, der Holocaust als neues Paradigma der deutschen Identität etabliert hat.

2. Sonderfall Schweiz

Im Zeichen der Kontinuität

Hier bildete das Jahr 1945 keinen Einschnitt. Die politischen und kulturellen Rahmenbedingungen waren durch die nahtlose Fortsetzung des Konzepts der ‚geistigen Landesverteidigung' nun unter antikommunistischem Vorzeichen geprägt. Diese Haltung zementierte in der strikten Abschottung nach außen die Idee einer quasi binneneuropäischen ‚splendid isolation'. Der Soziologe Arnold Künzli bezeichnete diese Belagerungsmentalität 1964 rückblickend als *Die Neurose des Igels*. Die ästhetischen Verfahren der Schweizer Literatur blieben nach 1945 noch lange in den Fesseln eines biederen Realismus und einer konservativen Formensprache. Erst Mitte der fünfziger Jahre erfolgte das Eindringen modernerer Schreibweisen in den literarischen Kerngattungen.

Zürcher Literaturstreit

Eine wichtige Zäsur im kulturellen Diskurs der Schweiz stellte 1966 die Zürcher Literaturdebatte dar. Der bekannte Schweizer Germanist Emil Staiger attackierte in seiner Rede *Literatur und Öffentlichkeit* die engagierte Literatur als eine ‚Entartung', die die Freiheit der Kunst Tagesinteressen opfere, und warf der Moderne eine Sympathie für das ‚Verbrecherische und Gemeine' vor. In den Werken der modernen Autoren wimmle es „von Psychopathen, von gemeingefährlichen Existenzen, von Scheußlichkeiten großen Stils und ausgeklügelten Perfidien" (Staiger in Literaturstreit 1967, 93). Staiger verlangte stattdessen das „Erfinden vorbildlicher Gestalten" und den Willen zur ‚Sittlichkeit'. Autoren wie Max Frisch und Hans Rudolf Hilty traten Staiger entgegen und kritisierten besonders die Pauschalität seines Urteils und die Antiquiertheit seiner ästhetischen Maßstäbe. Der publizistische Streit ist Symptom einer kulturellen Polarisierung, die Ende der 60er Jahre im Zeichen der internationalen Studentenbewegung auch die Schweiz erreichte. In diesen Zusammenhang gehört auch der Austritt vor allem junger Autoren aus dem Schweizerischen Schriftsteller-Verband, da ihre Forderung nach Rücktritt des Präsidenten Maurice Zermatten, der 1969 das antikommunistische und intellektuellenfeindliche *Zivilverteidigungsbuch* mitverfasst hatte, nicht erfüllt worden war. Diese Autoren, zu denen auch Friedrich Dürrenmatt, Adolf Muschg, Otto F. Walter und Peter Bichsel zählten, konstituierten sich 1971 als ‚Gruppe Olten'. Von Einfluss auf das literarische Leben waren später noch die Zürcher Unruhen von 1977, die Reto Hänny in *Zürich, Anfang September* (1981) festhielt. Eine Sonderrolle der Schweiz kann man im Übrigen auch in ihrer politischen Neutralität während der Existenz der Ost-West-Konfrontation und nach 1989 in ihrer Ablehnung des Beitritts zur Europäischen Union (EU) sehen. Trotz der Fortsetzung einer gemäßigt isolationistischen Politik ist die moderne Schweiz ebenfalls durch den Trend zu einer multikulturellen Gesellschaft geprägt.

3. Literarische Zeitschriften

Der Ruf

In der Presselandschaft der Nachkriegszeit spielte die Zeitschrift *Der Ruf* eine wichtige Rolle als Sammelbecken für die junge kritische Intelligenz. Entstanden war der *Ruf* im März 1945 in einem amerikanischen Kriegsgefangenenlager. Zu seinen Redakteuren gehörten Gustav René Hocke, Alfred

Andersch und Hans Werner Richter. *Der Ruf* strebte eine Verbindung sozialistischer und demokratischer Ideale an. Seit August 1946 erschien die Zeitschrift in Deutschland und erreichte bis zu 120. 000 Leser. *Der Ruf* bezog auch gegenüber der amerikanischen Besatzungsmacht eine kritische Position und wurde am 17. 4. 1947 verboten. Richter verfolgte darauf den Plan, eine neue Zeitschrift mit dem Namen *Skorpion* zu veröffentlichen. Am 10. 9. 1947 lasen sich die Beiträger der Probenummer im Hause der Dichterin Ilse Schneider-Lengyel ihre Manuskripte vor. Mit dieser Zusammenkunft war die Gruppe 47 geboren. Vor dem Transfer des *Ruf* aus den USA nach Deutschland war dort bereits 1945 eine ganze Reihe von Zeitschriften gegründet worden.

Erste Zeitschriftenlizenzen 1945

Die erste Lizenz erhielt der *Aufbau,* der unter der Herausgeberschaft des Kulturbundes ein Instrument der SMAD war. Zu seinen ständigen Mitarbeitern gehörten in der Anfangsphase Heinrich Mann, Friedrich Wolf, Anna Seghers, Max Bense, Victor Klemperer und Günther Weisenborn. Ab 1950 geht die demokratische Offenheit rasch verloren, der *Aufbau* wird unter der Leitung von Bodo Uhse zu einer orthodox-marxistischen Zeitschrift. Auf dem Terrain der amerikanischen Besatzungszone erschien ab November 1945 die Monatsschrift *Die Wandlung* mit dem Philosophen Karl Jaspers, dem Romanisten Werner Krauss und den Sozialwissenschaftlern Alfred Weber und Dolf Sternberger als renommierten Redakteuren. In ihr wurde ab November 1945 die berühmte Artikelserie über die Korruption der deutschen Sprache in der NS-Zeit: *Aus dem Wörterbuch des Unmenschen* abgedruckt. Weihnachten 1945 erschien die erste französisch lizenzierte Zeitschrift mit dem Titel *Die Gegenwart.* Sie versuchte an den weltoffenen liberalen Journalismus der früheren *Frankfurter Zeitung* anzuknüpfen, mit deren Redaktion sie in den Personen von Benno Reifenberg und Bernhard Guttmann auch direkt verbunden war. *Die Gegenwart* widmete sich mit kritischem Engagement der Frage nach der Rolle der Universitäten im Dritten Reich. Ebenfalls im Dezember 1945 hatte die satirische Zeitschrift *Ulenspiegel* ihre Arbeit aufgenommen. Wolfgang Weyrauch, der Redakteur der ersten Hefte, hatte sowohl kommunistisch als auch bürgerlich orientierte Beiträger herangezogen wie etwa Bertolt Brecht, Friedrich Wolf und Johannes R. Becher einerseits, Horst Lange, Martin Kessel, August Scholtis und Hans Egon Holthusen andererseits. Die insgesamt eher linksorientierte, pazifistische Zeitschrift geriet aber zwischen die politischen Fronten und stellte im Frühjahr 1949 ihr Erscheinen ein.

Zeitschriftengründungen 1946/47

Im Frühjahr 1946 starteten Eugen Kogon, Verfasser des Standardwerks *Der SS-Staat* (1946), und Walter Dirks die *Frankfurter Hefte.* Sie strebten als Linkskatholiken eine Synthese von Christentum und Sozialismus an und diskutierten kritisch die Rolle der Kirche im Nationalsozialismus. Ihre ‚Zeitschrift für Kultur und Politik' öffnete auch Autoren wie Albrecht Goes oder Elisabeth Langgässer ihre Seiten. Im September 1946 startete Alfred Döblin seine Zeitschrift *Das Goldene Tor.* Döblin sah in ihr die Brücke, die Vertreter der Inneren Emigration und des Exils verbinden sollte. Entsprechend waren in ihr Exilanten wie Brecht, Stephan Hermlin, H. Mann oder Erich Fried und in Deutschland Verbliebene wie Hermann Kasack, Ernst Kreuder, Weyrauch oder Wilhelm Hausenstein vertreten. Ende 1946 begann die Zweimonatszeitschrift *Deutsche Beiträge* in München. Ihr Anliegen war die Verbindung von Dichtung, Geisteswissenschaften und Literaturkritik. Einer ihrer Schwerpunkte lag in der Vermittlung moderner Literatur aus Frankreich und Amerika. Zu ihren Beiträgern gehörten Erich von Kahler, Goes und Albrecht Fabri. 1947 erhielt Alfred Kantorowicz gleichzeitig die amerikanische und die sowjetische Lizenz für seine Zeitschrift *Ost und West*. Er verwirklichte seine integrative Absicht durch den Abdruck von russischen und amerikanischen Autoren, von Exilanten wie Brecht, Ernst Bloch und Arnold Zweig neben Vertretern der Inneren Emigration wie Ricarda Huch, Langgässer und Peter Huchel, von Kommunisten wie Hermlin und Anna Seghers neben bürgerlichen Autoren wie Thomas Mann und George Bernanos. Die Brücke brach bald unter der zunehmenden Last der Weltmachtkonflikte zusammen. Schon 1949 kam das Ende für *Ost und West*. Noch kurzlebiger war das Projekt, auf deutschem Boden wieder eine jüdische Kulturzeitschrift herauszubringen. *Zwischen den Zeiten* startete 1947 in Koblenz, verschwand aber bereits im Frühjahr 1948 wieder.

Merkur und *Monat*

Zwei sehr erfolgreiche Zeitschriften unter den Neugründungen waren der französisch lizenzierte *Merkur*, der noch heute besteht und sein Konzept beibehalten hat. Er versammelt in der Regel bereits renommierte Wissenschaftler und Autoren aus ganz Europa. So gehören anfangs etwa Ernst Robert Curtius, Rudolf Kassner, Joachim Günther und Martin Heidegger zu seinen Beiträgern. Die andere Zeitschrift war *Der Monat*, der ab 1948 von dem amerikanischen Journalisten Melvin J. Lasky herausgegeben wurde. In seiner im Jahr zuvor auf dem Ostberliner Schriftstellerkongress gehaltenen Rede *Von der geistigen Freiheit* war Lasky entschieden gegen die politische Zensur aufgetreten, die die Autoren in der UdSSR behindere. *Der Monat* bemühte sich besonders um intellektuelle Grundsatzdebatten, die das Problem der Freiheit des Geistes berührten. Erwähnenswert ist, dass er in der unmittelbaren Nachkriegszeit viel für die Rezeption Kafkas tat. Als Fortsetzungen älterer Zeitschriften sind die Wiedergründungen der *Neuen Rundschau*, die gleich nach Kriegsende mit der Sondernummer zu Thomas Manns 70. Geburtstag im Juni 1945 aufwartete, der eher konservativen *Deutschen Rundschau* und der *Weltbühne* in der SBZ zu nennen.

Zeitschriften in Österreich I

Österreich war am 4. 7. 1945 ebenfalls in vier Besatzungszonen aufgeteilt worden, auch hier galt also Lizenzierungspflicht. Als erste trat im August 1945 in Wien die Zeitschrift *Der Turm* auf den Plan. Sie besaß eine religiöse Grundorientierung und plädierte für einen umstandslosen Wiederaufbau, der die Wunden rasch verschwinden lassen sollte. In der Debatte um den österreichischen Lyriker Josef Weinheber vertrat der *Turm* die Ansicht, dass Weinhebers Dichtung durch seine politisch opportunistische Haltung keinen Schaden genommen habe. Otto Basil gab in Wien den *Plan* heraus. Er vertrat einen entschieden politischen Antifaschismus und in Literatur und Kunst die klassische Moderne. Basil lud nicht nur österreichische Exilautoren wie Ernst Fischer, Theodor Kramer oder Erich Fried zur Mitarbeit ein, er fahndete auch nach neuen Stimmen, und so finden sich im *Plan* etwa die literarischen Debüts von Paul Celan, Hans Lebert oder Friederike Mayröcker. Ende 1945 begann die Zeitschrift *Theater der Jugend* ebenfalls in Wien. Ab dem Jahrgang 1947/48 nahm sie den Namen *Neue Wege* an. Sie war als Forum für junge Autoren gedacht und offen für neue ästhetische Verfahren. Tatsächlich wurden die *Neuen Wege* ab Mitte der 50er Jahre ein wichtiges Organ der sprachexperimentellen Wiener Gruppe. Schließlich sei noch die Zeitschrift *Das Silberboot* erwähnt, die von Ernst Schönwiese 1946 neu begründet wurde, nachdem sie 1935 schon im Ständestaat ein Jahr lang erschienen war. Schönwiese hatte seinerzeit versucht, den in Deutschland unerwünschten Autoren ein Forum zu schaffen und knüpfte daran insofern an, als *Das Silberboot* sich nun besonders österreichischen Exilautoren wie Hermann Broch, Berthold Viertel, Franz Theodor Csokor oder Friedrich Torberg öffnete.

Dominanz der Kulturzeitschrift

Wenn man alle diese Zeitschriften nebeneinander stellt, so fällt sofort auf, dass sie sich darin ähneln, einen Typus der Kulturzeitschrift zu verkörpern, der vom philosophischen Essay über den zeitgeschichtlichen Kommentar bis zur Buchrezension und vom klassischen literarischen Bildungsgut über die amerikanische Short story bis zur neuen lyrischen Stimme reicht. Anders gesagt: eine reine Literaturzeitschrift findet sich nicht unter den genannten, und es gab auch keine nennenswerte. Dieser Befund ergibt sich aus der allgemeinen Überzeugung dieser Jahre, dass eine völlig gesellschafts- und zeitferne Dichtung nicht den Erfordernissen der geschichtlichen Stunde entspricht, dass auch und gerade die Literatur unter der moralischen Verpflichtung steht, die demokratische Erneuerung Deutschlands zu befördern.

Zeitschriften in der Schweiz

Die Situation auf dem Zeitschriftensektor in der Schweiz bot 1945 ein völlig anderes Bild. Die bedeutenden Kulturzeitschriften der deutschsprachigen Schweiz waren lange vor oder während des Kriegs gegründet worden, 1921 die *Schweizer Monatshefte*, 1933 die *Neue Schweizer Rundschau* und 1941 *Du*. Nach 1945 stellte die von Hans Rudolf Hilty publizierte Zeitschrift *hortulus* (1951–1964) einen ersten wichtigen Versuch dar, die literarische Moderne, angeregt durch Übersetzungen, in der Schweiz heimisch zu machen. Die Politisierungswelle, die die Schweiz in den späten 60er Jahre erreichte, führte 1969 zur Gründung der Zeitschrift *drehpunkt*, die anfangs von der Basler ‚Gruppe Totentanz' (u.a. Christoph Geiser) herausgegeben wurde. Sie besteht heute noch, während die 1973 bzw. 1975 gegründeten Zeitschriften *Poesie* und *orte* ihr Erscheinen inzwischen eingestellt haben. Seit 1992 ist das besonders der avantgardistischen Lyrik verbundene Periodikum *Zwischen den Zeilen* des Verlegers Urs Engeler hinzugekommen.

Zeitschriften in Österreich II

Schon früh schuf sich die österreichische Avantgarde in der Zeitschrift *manuskripte* (1961) ein eigenes Organ. Ihr Träger war das Grazer Forum Stadtpark und ihr erster Herausgeber Alfred Kolleritsch. Daneben existierte mit *Wort in der Zeit* (1955–1966) eine literarische Zeitschrift, die sich zunächst als Plattform eines österreichischen Nationalbewusstseins verstand. Sie zerbrach schließlich an inneren Konflikten, nicht zuletzt ausgelöst durch die Zuwendung ihres wichtigsten Redakteurs Gerhard Fritsch zur progressiven Literatur. Als ihre modernisierte Fortsetzung kann man die 1966 gegründete Zeitschrift *Literatur und Kritik* betrachten. Personelle Kontinuität bestand durch die Herausgeberschaft von Rudolf Henz. Die politisch engagierten Autoren aus dem Umfeld der Grazer Autorenversammlung (GAV) schufen sich mit der ‚Zeitschrift für brauchbare Texte' *Wespennest* 1969 ein eigenes Periodikum. Erster Herausgeber war der Erzähler und Publizist Josef Haslinger. Von den späteren Gründungen sind die in Graz erscheinenden *Lichtungen* (1980) noch nennenswert.

Westdeutsche Zeitschriftengründungen der 50er Jahre

In der BRD gab es nach dem großen Zeitschriftensterben im Gefolge der Währungsreform 1949 erst ab Mitte der 50er Jahre wieder einige wichtige Zeitschriftengründungen. Die bedeutendste unter ihnen waren die *Akzente* (1954) von Hans Bender und Walter Höllerer, in denen literarische Debatten geführt wurden und die bis heute kontinuierlich Autoren der Weltliteratur vorstellen. Einen ähnlichen Charakter wiesen die nur kurzlebigen *Texte und Zeichen* (1955–1957), die von Alfred Andersch redigiert wurden, und weisen *die horen* (1956) auf. Überhaupt gilt, dass dieser Typ von Zeitschrift seine Existenz weitgehend den fremdfinanzierten Schwerpunktheften zur ausländischen Literatur verdankt.

Neuere Zeitschriften

Das trifft auch auf die wichtigsten der später gegründeten Literaturzeitschriften wie *Schreibheft* (1977), *Am Erker* (1978) oder *Passauer Pegasus* (1983) zu. Für die aktuellen deutsch-deutschen Literaturbeziehungen war die Berliner Zeitschrift *Litfaß* (1977–1995) von Bedeutung. Dass nach wie vor autonome und sehr eigenwillige Zeitschriftenkonzepte sich behaupten können, zeigt die bibliophile Berliner Kunst- und Literaturzeitschrift *Herzattacke* (1989), die die Tradition des Surrealismus fortzusetzen versucht. Auch Neugründungen können sich auf dem engen Zeitschriftenmarkt immer wieder etablieren, wie zuletzt das Dresdner *Signum* (2000) bewies. Unter den Kulturzeitschriften, zu deren Beiträgern auch viele wichtige Schriftsteller gehörten, sind die von Hildegard Brenner herausgegebene *alternative* (1958–1982), die viel für die Rezeption marxistischer Literaturtheorie getan hat, das von Hans Magnus Enzensberger gegründete *Kursbuch* (1965), *Ästhetik & Kommunikation* (1970), die eher kulturkonservativen *Scheidewege* (1971), die früh ökologische Themen aufgegriffen haben, und der *Freibeuter* (1979–1999) zu nennen. In der DDR waren die anfangs von Peter Huchel redigierte Zeitschrift *Sinn und Form* (1949) und die *neue deutsche literatur* (1953) die wichtigsten Periodika für die zeitgenössische Literatur. Beide haben die Wende mit neuen Redaktionen und Profilen überlebt. Ein Sonderfall in mehrerer Hinsicht ist die in Amsterdam erscheinende Zeitschrift *Castrum Peregrini* (1951). Ihre Gründungsgeschichte reicht in die Exilzeit zurück und sie ist bis heute dem Geist von Stefan George und der kulturstiftenden Funktion von Freundschaft verpflichtet.

4. Verlagslandschaft

Verlage in den Westzonen

In den Westzonen ist anders als bei den Zeitschriften eher von einer Wiederaufnahme der verlegerischen Aktivitäten zu sprechen beziehungsweise einer Rückkehr aus dem Exil. Das gilt etwa für den S. Fischer-Verlag, der als jüdisch geführtes Unternehmen nach Stockholm gegangen war. Von ihm spaltete sich 1947 der Suhrkamp-Verlag ab, eine der wenigen Neugründungen der Nachkriegszeit. Peter Suhrkamp, der zuvor als Lektor bei S. Fischer gearbeitet hatte, konnte von Anfang an ein bedeutendes literarisches Programm präsentieren und startete 1947 u. a. mit Hermann Kasacks *Die Stadt hinter dem Strom* und Thomas Manns *Doktor Faustus*. Ich möchte im Folgenden nur die Verlage anführen, die in den Jahren 1945 und 1946 ihre Tätigkeit (wieder) aufgenommen haben. 1945 sind das die Verlage Piper, Klett, Hanser, Insel, Klostermann, Langen-Müller, Kösel, DVA (Deutsche Verlags-anstalt), Claassen & Goverts, die sich bald in zwei eigenständige Häuser aufteilten, der schon erwähnte S. Fischer-Verlag und die Büchergilde. 1946 kamen die Verlage Rowohlt, Hoffmann & Campe, Winkler, Kurt Desch und Herbert Kluger hinzu. Bis auf die beiden zuletzt genannten existieren alle diese Verlage auch heute noch.

Verlage in Österreich und der Schweiz

In Österreich nahmen 1945 der kommunistische Globus-Verlag, Tyrolia und Ullstein, der größte Medienkonzern der Weimarer Republik, der bald wieder aus Wien nach Berlin zurückkehrte, ihre Tätigkeit auf. 1946 folgten die Verlage Styria, Donau, Fritz Molden, Zsolnay, Bergland und Otto Müller. Einige österreichische Verlage hatten ihren Sitz in den Nachkriegsjahren noch in der Schweiz, so etwa der Europa- und der Rhein-Verlag. In der Schweiz existierten 1945 außerdem die Verlage Huber, Atlantis und Arche.

Verlagsprogramme

Betrachtet man die Verlagsprogramme der ersten Nachkriegsjahre, so überwiegen Autoren der Inneren Emigration wie Ernst Wiechert (Desch, Claassen & Goverts, Arche), Werner Bergengruen (Desch, Arche, Tyrolia), Elisabeth Langgässer (Claassen & Goverts), Ernst Kreuder (Rowohlt) oder Erich Kästner (Rowohlt). Auch opportunistische Mitläufer wie Erwin Guido Kolbenheyer (Langen-Müller) oder Karl Heinrich Waggerl (Insel, Otto Müller) traten wieder hervor. In den Westzonen, Österreich und der Schweiz waren es im Wesentlichen nur S. Fischer (Stefan Zweig, Lion Feuchtwanger, Franz Carl Weiskopf), Suhrkamp, Globus und der Rhein-Verlag (Hermann Broch), die sich um Exilliteratur bemühten.

Neuere Verlage

Auch nach der Konstitutionsphase des Literaturbetriebs sind selbstverständlich immer wieder wichtige Neugründungen literarischer Verlage erfolgt oder belletristische Programme bestehender Verlage eingeführt worden. Zu nennen wären etwa aus der BRD Luchterhand, Klaus Wagenbach, Rotbuch, Stroemfeld/Roter Stern, Rimbaud, Steidl, Eichborn und Antje Kunstmann, aus der Schweiz Diogenes, Ammann, Nagel & Kimche, Limmat und Lenos, aus Österreich Residenz, Droschl und Haymon, in jüngerer Vergangenheit kamen in der BRD Wallstein, Galrev, die Frankfurter Verlags-Anstalt, der Berlin-Verlag, Schöffling & Co., Dumont und C. H. Beck hinzu. Auf der anderen Seite sind natürlich auch wichtige literarische Verlage verschwunden oder haben ihr belletristisches Programm abgestoßen oder auf Massenware umgestellt. Hier wären Goverts, Artemis, Arche, Benziger, Bergland, Claassen, Langen-Müller oder Europa zu nennen.

Die größte Fluktuation besteht naturgemäß auf dem Sektor der literarischen Kleinverlage. Hier herrscht ein permanenter Kreislauf des Werdens und Vergehens, wobei aus diesem Fundus immer wieder bedeutende Autoren, manchmal gar erfolgreiche Werke hervorgehen. Insgesamt wird man freilich konstatieren müssen, dass der allgemeine wirtschaftliche Konzentrationsprozess auch die Buchbranche ergriffen hat und zur Bildung von Verlagskonsortien führt, die die Programmvielfalt beschneiden (vgl. Schiffrin 2000). Gleichzeitig dünnt der ökonomische Druck das Milieu der kleineren und alternativen Verlage aus.

Verlage in der DDR

Die Verlagslandschaft der DDR lässt sich recht leicht überblicken, weil es nur 16 Verlage gab, die über ein nennenswertes belletristisches Programm verfügten. Es waren entweder Staatsbetriebe oder partei- bzw. organisationseigene Verlage. Dies verlieh dem Verlagswesen auch seine Stabilität, freilich auch Starrheit. Der wichtigste Verlag war der Aufbau-Verlag, der das mit Abstand größte literarische Programm hatte. Hier erschienen nach Kriegsende sehr rasch viele Werke der deutschen Exilliteratur beziehungsweise neue Werke der (ehemaligen) Exilautoren. Die SED besaß den Dietz-Verlag, der Union-Verlag, in dem später Johannes Bobrowski Lektor war, gehörte der Ost-CDU, der Verlag Der Morgen der Liberaldemokratischen Partei (LDPD), der Verlag der Nation der Nationaldemokratischen Partei (NDPD). Der Verlag Neues Leben war im Besitz der Freien Deutschen Jugend (FDJ), also der Jugendorganisation der SED. Hinzu kamen als Staatsbetriebe: der VEB Hinstorff Verlag in Rostock, der vor allem Ende der 60er, Anfang der 70er Jahre eine wichtige Rolle spielte, als der Lektor und Essayist Kurt Batt ihn für jüngere Autoren und damit neue Schreibweisen zu öffnen unternahm. Hier erschien etwa Ulrich Plenzdorfs umstrittener Roman *Die neuen Leiden des jungen W.* Weiterhin sind die in Leipzig ansässigen Verlage Reclam und Kiepenheuer zu nennen, von denen es nach 1949 auch eine Abspaltung in der Bundesrepublik gab. Bei Kiepenheuer wurden z. B. Heinrich Mann und Theodor Plievier verlegt. Schließlich sind der Greifenverlag in Rudolstadt und der Mitteldeutsche Verlag in Halle/S., der ebenfalls ein ambitioniertes literarisches Programm mit jüngeren Autoren aufbaute, zu erwähnen. Eine Besonderheit des Verlagswesens in der DDR gegenüber den Verhältnissen im Westen bestand darin, dass es die Funktion einer staatlichen Aufsichtsbehörde mit versah. Das heißt es existierte ein erheblich größerer und hierarchischer Lektoratsapparat, der die Texte weltanschaulich prüfte, was dazu führte, dass Bücher oft erst mit jahrelanger Verspätung erscheinen konnten.

5. Universitäten und Akademien

Literaturinstitute

Zu einer institutionellen Verbindung von Literatur und Universität kam es zuerst in der DDR. Als einen Baustein zur Realisierung von Johannes R. Bechers Utopie von der DDR als Lesegesellschaft kann man die Gründung des nach ihm benannten Literaturinstituts in Leipzig ansehen, wo Autoren ihr handwerkliches Können an junge Schriftsteller weitergeben sollten. Der bedeutendste Lehrer an dieser Einrichtung war wohl der Lyriker Georg Maurer, der einen weitgehend unideologischen Unterricht erteilte und Schülern wie Volker Braun, Heinz Czechowski, Adolf Endler, Sarah Kirsch und Karl Mickel wichtige Anregungen gab. Nach der Wende wurde das Johannes R. Becher-Literaturinstitut in das Deutsche Literaturinstitut Leipzig überführt, an dem Schriftsteller als akademische Lehrer tätig sind und das seine Studenten aus eingehenden Bewerbungen rekrutiert. In kleinen Kursen werden Schreibtechniken vermittelt und kanonische wie eigene Texte unter handwerklichen Gesichtspunkten diskutiert.

Poetikdozenturen

Zu einer kontinuierlichen Verbindung von Schriftstellern mit Universitäten kam es durch die Einrichtung von Poetikdozenturen, in deren Rahmen Autoren ihr schriftstellerisches Selbstverständnis und ihren Umgang mit Literatur einer größeren Öffentlichkeit vorstellten. Die älteste und bis heute bekannteste Poetikdozentur ist diejenige an der Frankfurter Universität, die 1959 als erste von Ingeborg Bachmann mit ihren berühmt gewordenen Vorlesungen zu *Fragen zeitgenössischer Dichtung* wahrgenommen wurde. Später folgten zahlreiche bekannte Autoren wie Jurek Becker, Hermann Burger, Helmut Heissenbüttel, Ernst Jandl, Uwe Johnson, Günter Kunert, Adolf Muschg oder Peter Rühmkorf. Inzwischen haben mehrere Universitäten wie etwa Graz und Paderborn das Modell der Poetik-Dozentur übernommen und laden ebenfalls regelmäßig Autoren zu Poetik-Vorlesungen oder Literatur-Workshops ein. Auch in verschiedenen Akademien sind Autoren präsent. Die wichtigsten sind die Darmstädter Akademie für Sprache und Dichtung, die Akademie der Wissenschaften und der Literatur in Mainz und die Berliner Akademie der Künste.

6. Literaturkritik

Literaturkritik in der Nachkriegszeit

Die Zeit unmittelbar nach dem 2. Weltkrieg bot mit ihrer breiten Zeitschriftenlandschaft gute Startbedingungen für die Literaturkritik. Manche Zeitschriften wie etwa die *Deutschen Beiträge* boten dabei über normale Rezensionen hinaus den Raum zu ausführlichen Detailanalysen von Neuerscheinungen. In der Nachkriegszeit erfüllte die Literaturkritik zum einen die Funktion, das deutsche Lesepublikum über die Entwicklungen in der internationalen Literatur seit 1933 zu informieren, und zum anderen, die deutsche Gegenwartsliteratur auf die sprachliche und bewusstseinsmäßige Überwindung des Nationalsozialismus zu prüfen. Die Literaturkritik gehörte und gehört fast durchweg zu den konstitutiven Bestandteilen einer Publikumszeitschrift, das heißt man findet sie nicht nur in Literatur- und Kulturzeitschriften, sondern ebenso in zahlreichen Frauenzeitschriften, life-style-Journalen oder City-Magazinen. Dominierende Kritikerstimmen der ersten Jahrzehnte nach 1945 waren etwa Friedrich Sieburg, Hans Egon Holthusen, Hans Hennecke, Karl August Horst und Karl Korn. Verkörperten sie einen eher konservativen bis liberalen Kritikertypus, ohne dass dies eine prinzipielle Ablehnung moderner und avantgardistischer Richtungen bedeuten musste, so traten ihnen bald Kritiker wie Walter Jens oder Heinrich Vormweg zur Seite, die gerade neuen Richtungen ihre Aufmerksamkeit widmeten.

Literaturkritik in der Mediengesellschaft

Bereits seit den 70er Jahren nimmt Marcel Reich-Ranicki als Kritiker eine dominante Stellung im Literaturbetrieb ein, die in den 90er Jahren ihren Höhepunkt in der monatlich ausgestrahlten Fernsehsendung *Literarisches Quartett* fand, in der er zusammen mit Sigrid Löffler (später Iris Radisch), Hellmuth Karasek und einem wechselnden Gast über Neuerscheinungen diskutierte. Die Beschränktheit von Reich-Ranickis ästhetischen Bewertungsmaßstäben hat der Autor und Kritiker Franz-Josef Czernin in seinem Buch *Marcel Reich-Ranicki* (1995) schlüssig aufgezeigt. Symptomatisch kam in dieser Kritikerrunde allerdings auch die Tendenz zur Unterwerfung der Literatur unter Modethemen zum Ausdruck. Diese Entwicklung lässt sich auch an der Literaturkritik in den Feuilletons der überregionalen Zeitungen ablesen. Sie hat nicht nur mit wenigen Ausnahmen (z. B. *Neue Zürcher Zeitung*) einen Terrainverlust erlitten, sondern sich häufig in eine modische ‚Schreibe' verwandelt, die den herrschenden Kulturjargon bedient. Es ist auch ein verlässlich sich wiederholender Vorgang, dass die Literaturkritik sich auf politisch anstößige Texte stürzt und nichts zur Ausbildung eines differenzierten ästhetischen Geschmacks beiträgt. Der kritische Diskurs, der im Feuilleton nach 1989 unter dem Stichwort der ‚Gesinnungsästhetik' (U. Greiner) über die deutschsprachige Literatur nach 1945 geführt wurde, wäre als selbstkritische Reflexion der Literaturkritiker nachzuholen. Natürlich gab und gibt es wie in der Literatur selbst so auch in der Literaturkritik unabhängige und eigenständige Stimmen wie etwa von Andreas Breitenstein, Elsbeth Pulver, Richard Reichensperger, Elke Schmitter oder Gustav Seibt. In der jüngeren Vergangenheit sind auch eigene Rezensionsorgane geschaffen worden wie etwa die Zeitschrift *Literaturen*, die von der österreichischen Kritikerin Sigrid Löffler nach ihrem Ausscheiden aus dem Literarischen Quartett gegründet wurde, oder die monatlich erscheinende Internet-Zeitschrift *literaturkritik. de*, die das neue Medium auch durch einen großen Umfang nutzt.

7. Rundfunk (Hörspiel, Feature)

Das literarische Hörspiel

Die Entwicklung der Gattung Hörspiel ist naturgemäß mit dem Medium Rundfunk verknüpft. Das erklärt, dass die Blütezeit des Hörspiels bis etwa ans Ende der 50er Jahre reicht, bevor es vom Medium Fernsehen zunehmend marginalisiert wurde. In den 50er Jahren hatte das Hörspiel ein Millionenpublikum und trug nicht unerheblich zur Profilierung von Autoren wie Alfred Andersch, Ingeborg Bachmann, Heinrich Böll oder Friedrich Dürrenmatt bei. Günter Eich wurde sogar primär als Hörspielautor wahrgenommen und beherrschte mit ca. 50 Stücken von 1948 bis 1958 ein Jahrzehnt lang die Hörspielprogramme. Sein Hörspiel *Träume* (1951) vermochte es auf so eindringliche Weise, in einer Sequenz aus fünf apokalyptischen Träumen den Eintritt einer Katastrophe zu vergegenwärtigen, dass nicht wenige Hörer sich beunruhigt an die Sendeanstalten wandten und um Aufklärung baten. Stilistisch dominierte in dieser Periode das literarische Hörspiel, das ganz auf Wort und Stimme konzentriert war und nur recht sparsam Geräusche einsetzte. Im Mittelpunkt standen die Themen Krieg und Widerstand, Schuld und Sühne, Identität und moderne Existenz, die häufig in parabolischen Formen gestaltet wurden.

Feature und dokumentarisches Hörspiel

In dieser Zeit übernahmen mehrere Autoren wichtige Funktionen innerhalb des Rundfunks, so etwa Ernst Schnabel (NWDR, NDR, SFB, 1946–1965), Jens Rehn (SFB, 1950–1981), Andersch (NWDR, SDR, 1952–1964) oder Helmut Heissenbüttel (SDR, 1957–1981). Andersch förderte dabei die neue Hörfunkgattung des Feature, das meist in der künstlerischen Aufarbeitung von dokumentarischem Material bestand. Beim SDR schuf er dafür die Sendereihe des ‚radio-essay', in der er z. B. die literaturhistorischen Dialogtexte von Arno Schmidt oder die Reiseessays von Wolfgang Koeppen platzierte. Die Verwendung von dokumentarischem Material innerhalb des Hörspiels trifft man bereits Mitte der 50er Jahre bei Peter Adler an, dessen Texte sich ausschließlich dem jüdischen Schicksal im 20. Jahrhundert widmen. Seine Hörspiele *Die Totenmauer* (1954) über das Warschauer Ghetto und *Die Vergessenen* (1955) über das Elend jüdischer Flüchtlinge im Paris der Nachkriegszeit bringen eine außenstehende Erzählerfigur in Kontakt mit einer ihr fremden jüdischen Welt und möchten ihre Selbstreflexionen an den Hörer vermitteln.

Das neue Hörspiel

Anfang der 60er Jahre entwickelte sich die Theorie vom ,totalen Schallspiel' (Knilli 1970), in dem sich die akustische Präsentation des Hörspiels von der literarischen Sprache emanzipieren sollte. An die Stelle der Verwortung traten Ton, Geräusch, Musik. Sprecherrollen lösten sich auf in Stimmpartituren, Handlungsverläufe wurden durch das Collagieren von akustischem Material abgelöst. Die Transformation des Hörspiels ins Schallspiel zog besonders Autoren aus dem Umfeld der Konkreten Poesie wie Reinhard Döhl, Franz Mon, Helmut Heissenbüttel, Oskar Pastior und Gerhard Rühm an. Ende der 60er Jahre setzte sich das ,Neue Hörspiel' (Schöning 1970 u. 1980) durch, das vor allem die Montage von O-Tönen als ästhetische Errungenschaft beförderte. Die Verwendung von Tondokumenten, das Erproben von Rollenspielen, die Übernahme von Techniken der Reportage und des Features führten zu einer theoretischen Neubestimmung der Funktion des Hörspiels. Das Neue Hörspiel öffnete sich den Einflüssen der Konkreten Poesie und der Pop-Kunst, seine Vertreter rezipierten die Radiotheorien von Brecht und Benjamin oder die Informationstheorie von Max Bense. Anfang der 70er Jahre wurden Hörspielautoren wie Paul Wühr, Ferdinand Kriwet, Maurizio Kagel und Urs Widmer zu ihren eigenen Regisseuren. Um dieselbe Zeit ermöglichten die Stereophonie neue Produktionsbedingungen und tragbare Aufnahmegeräte das Sammeln von O(riginal)-Tönen. Der Hörspielautor trat nun oft in der Rolle des Arrangeurs von Tondokumenten auf, die etwa zur Demonstration des öffentlichen Bewusstseins dienten. Hinsichtlich der technischen Darbietung traten die beiden Begriffe Schnitt und Collage ins Zentrum.

Hörspiel und Politik

Da das Neue Hörspiel auf ästhetischem Gebiet die Errungenschaften der Konkreten Poesie Ende der 60er Jahre unter den Bedingungen einer gesellschaftskritischen Wende nachholte, wurden diese ästhetischen Mittel in das Projekt der politischen Alphabetisierung einbezogen. Das zeigte etwa die Koproduktion *Fünf Mann Menschen* (1969) von Ernst Jandl und Friederike Mayröcker, in der auf grausam komische Weise ein ewiger Kreislauf der Gewalt bewusst schematisch vorgeführt wird. Fünf Väter bekommen Söhne, die wegen ihrer Schandtaten zum Tode verurteilt werden. Die fünf Soldaten des Exekutionspelotons werden dann ihrerseits Väter von Söhnen, an denen sich dasselbe vollziehen wird. Die fünf Mann Menschen sind jeder Individualität beraubt, tragen auch keine Eigennamen, sondern nur Nummern. Während Jandl und Mayröcker die Sprachschablonen ihres Hörspiels noch selbst verfassten, operiert das O-Ton-Hörspiel ausschließlich mit dem Arrangement vorgefundenen akustischen Materials. Die Anordnung sollte über die hergestellte Wirklichkeit aufklären. In dieser Intention bedienten sich etwa Peter O. Chotjewitz, Wolf Wondratschek, Michael Scharang, Günter Wallraff, Gerd Loschütz oder Paul Wühr des Mediums.

Hörspiel, Musik und Medien

In den 80er Jahren erobert die Musik einen immer größeren Raum innerhalb des Hörspiels. Texte werden nun häufig als Folie für musikalische Interpretationen gebraucht, wie dies etwa Heiner Goebbels mit Stücken von Heiner Müller praktizierte (z.B. *Die Befreiung des Prometheus*, 1985). Die Einführung des Dualen Systems 1986 führte zunächst in eine Krise des Hörspiels, das unter dem Quotendruck in den Rundfunkprogrammen weiter marginalisiert wurde. Es gab auch kaum wichtige Autoren, die Originalhörspiele verfassten. Die neuen technischen Möglichkeiten, die die Digitalisierung seit den 90er Jahren schuf, verlieh dem Hörspiel jedoch neue Impulse. Die Hörspielproduktion wurde zum Bestandteil eines multimedialen Verwertungsverbunds, der von der Liveaufführung über die Internet-Präsentation bis zur CD-Herstellung und dem Hörbuch reicht. Ein vorwiegend junges Publikum konnte durch Hörspiel-Festivals mit Eventcharakter und die Möglichkeit zur kreativen Beteiligung gewonnen werden. 1996 wurde das erste interaktive Hörspiel *no point* von Hartmut Geerken multimedial realisiert. Die digitale Technik ermöglichte die Etablierung einer immer noch im Wachsen begriffenen freien Hörspielszene. Deutlichster Ausdruck der Renaissance des Hörspiels ist der expandierende Markt für Hörbücher, von denen allein im Jahr 2003 ca. 7000 produziert wurden.

Hörspiel in der DDR

Das Hörspiel als genuin auf Öffentlichkeit orientierte Gattung stand in der DDR naturgemäß unter besonderer ideologischer Aufsicht. So kann es nicht überraschen, dass sich bis zum Beginn der 70er Jahre fast nur politisch konforme Stücke finden, zumal die in den 60er Jahren geführte Gattungsdiskussion das Hörspiel auf eine standardisierte, an realistischer Bühnendramatik orientierte Ästhetik festlegte. In den 50er Jahre dominierte das Agitationshörspiel im ideologischen Dienst des Kalten Kriegs. Nur Walter Karl Schweickerts Hörspiel *Herhören – hier spricht Hackenberger* (1954) hob sich positiv von der schematisch-propagandistischen Hörspielproduktion dieser Zeit ab. Es ist auch von technischem Interesse, weil es die Monologform ins DDR-Hörspiel einführte. Schweickert nutzte sie in diesem Stück, um die Innenansicht eines durch Krieg und Nationalsozialismus geprägten Bewusstseins ohne didaktischen Kommentar gestalten zu können. Ende der 50er Jahre entstand das Genre des Produktionsstücks, das den konkreten Aufbau des Sozialismus behandeln sollte. Eins der frühsten Beispiele nach Günther Rückers Auftakt mit *Die letzte Schicht* (1957) war *Die Korrektur* (1958) von Inge und Heiner Müller. Die Abfolge von Monolog- und Dialogszenen gibt dem Stück einen collagehaften Charakter und hebt seine dialektische Entfaltung des Themas vom realistischen Illusionsprinzip ab. Mit der NÖS-Politik verlagerte sich der Akzent vom Produktionsstück auf das Problemstück, das heißt es ging weniger um die Herausbildung sozialistischen Bewusstseins als um die Modernisierung der Produktionstechnik. Grundsätzliche Infragestellungen des politisch-ökonomischen Kurses blieben ausgeblendet, aber bei Einzelproblemen war die Handhabung dafür flexibler. Die Problemstücke der 70er und 80er Jahre, die den Spielraum systemimmanenter Kritik auszunutzen wagten, überschritten jedoch niemals die Grenzen konventioneller Hörspieldramaturgie. In den 80er Jahren erfolgte eine thematische Erweiterung der Sujets, insofern nun eine Reihe von Hörspielen über Außenseiter entstanden. In diesen Hörspielen verfiel der Außenseiter nicht mehr dem Verdikt subjektiv zurückgebliebenen Bewusstseins, sondern blieb in seiner persönlichen Würde unangetastet. Teilweise boten diese Stücke eine Aussicht auf (Re-)Integration, teilweise stellten sie den Konflikt zwischen Devianz und gesellschaftlichen Ansprüchen als unlösbar dar. Eine andere thematische Erweiterung im DDR-Hörspiel der 80er Jahre war die Öffnung für mythologische und Märchenstoffe. Es bot sich hier eine Möglichkeit, im Gewande eines fantastischen Stoffs gleichnishaft auch Kritik an der eigenen Gegenwart zu üben. Eine herausragende Stellung nehmen in diesem Genre die Märchenhörspiele von Franz Fühmann ein, die die gattungstypische moralische Antithetik der Figurengestaltung durch eine unauflösbare Widersprüchlichkeit ersetzen. Fühmann operiert dabei mit einer geschichtlichen Konkretisierung der Märchenhandlung, die es erlaubt die Motive der Figuren soziologisch und psychologisch zu entwickeln. In seinen Märchenhörspielen, am krassesten wohl im posthumen *Das Blaue Licht* (1986), tritt an die Stelle des Happy End ein Kreislauf von Gewalt und Rache, in dem alle Unterscheidungen von Gut und Böse hinfällig geworden sind. Ästhetisch blieb allerdings auch Fühmann in den Konventionen des realistischen Problemhörspiels stecken. So bietet das Hörspiel in der DDR weitgehend das Bild einer ‚ästhetischen Monokultur' (vgl. Bolik 1994), an der die experimentellen Phasen der westlichen Hörspielproduktion notwendigerweise spurlos vorübergingen.

8. Schriftsteller und Politik

Innere Emigration vs. Exil

Die erste öffentliche politische Kontroverse, an der Schriftsteller maßgeblich beteiligt waren, fand unmittelbar nach dem Ende des 2. Weltkriegs zwischen Vertretern des Exils und der Inneren Emigration statt. Als deren Wortführer traten Frank Thieß und Walter von Molo auf, die für sich in Anspruch nahmen, auch in den Zeiten der äußersten Not dem deutschen Volk die Treue gehalten und sein Leiden geteilt zu haben. Zielscheibe ihrer Polemik war vor allem Thomas Mann, der sich als Sprecher des anderen und besseren Deutschland verstand, das einen klaren Trennungsstrich zwischen sich und dem Dritten Reich gezogen habe. Seine Beobachterposition in Amerika denunzierten Thieß und v. Molo als privilegierten ‚Logenplatz', von dem aus Th. Mann der deutschen Katastrophe wie der Inszenierung einer großen Tragödie zugeschaut habe. Sie übersahen dabei völlig das materielle Elend, in dem die meisten exilierten Schriftsteller lebten, und ihren Verlust von Publikum und sprachlicher Heimat. Umgekehrt schoss Th. Mann über das Ziel hinaus, wenn er in seiner Replik auf v. Molo *Warum ich nicht nach Deutschland zurückgehe* pauschal urteilte, Bücher, „die von 1933 bis 1945 in Deutschland überhaupt gedruckt werden konnten, [seien] weniger als wertlos und nicht gut in die Hand zu nehmen. Ein Geruch von Blut und Schande haftet ihnen an: sie sollten alle eingestampft werden." (Mann 1997, 37) Einer solchen Einschätzung lag, wenngleich unmittelbar nach Kriegsende verständlich, eine zu monolithische Vorstellung von der kulturellen Situation im Dritten Reich zugrunde. Die aus dem Umkreis des *Ruf* hervorgegangene Gruppe 47 vertrat von Beginn an die Vorstellung eines gesellschafts- und zeitkritischen Autors. Alfred Andersch entwickelte in seinem Essay *Deutsche Literatur in der Entscheidung* (1948) das Programm einer engagierten Literatur, wobei er philosophische Positionen von Jean-Paul Sartre mit Brechts kritischer Ästhetik kombinierte.

Politisierung der Literatur

In den 50er Jahren artikulierten sich Schriftsteller politisch beim Widerstand gegen die Wiederbewaffnung in der ‚Ohne-mich-Bewegung' und insbesondere im Kampf gegen die Atomrüstung, der 1960 in die Ostermärsche mündete. Hier zählte Hans Henny Jahnn zu den prominenten parteipolitisch unabhängigen Autoren. Mit Beginn der 60er Jahre nahm das politische Engagement unter den Schriftstellern rapide zu. Einen ersten Ausdruck fand es in dem von Martin Walser herausgegebenen Sammelband *Die Alternative oder Brauchen wir eine neue Regierung?* (1961). Zu der Politisierung der Autoren trugen in der zweiten Hälfte der 60er Jahre sowohl innen- als auch außenpolitische Faktoren bei. Innenpolitisch empfand man die Herrschaft der Großen Koalition seit 1966 als Ausdruck einer bedrohlichen Zementierung der Verhältnisse und als völlige Marginalisierung aller Kritik. In der Notstandsgesetzgebung, die die Einschränkung demokratischer Grundrechte vorsah, erblickte man zudem die Wiederkehr eines sich autoritär gebärdenden Staats. Außenpolitisch wirkten die Befreiungsbewegungen in der Dritten Welt als Impulsgeber auf die kritischen Intellektuellen. Vor allem aber war es die schmutzige Kriegführung der Amerikaner in Vietnam, die den Mythos von den USA als Statthalter von Demokratie und Freiheit zerstörte. Nun schlug die Kritik an Amerikas Kriegführung in Kritik am westlichen Kapitalismus um.

Operative Literatur

Viele Schriftsteller traten an die Seite der Studentenbewegung, einige bezogen sogar parteipolitisch Stellung durch ihren Eintritt in kommunistische Parteien (z.B. Christoph Geiser, Elfriede Jelinek, Franz Xaver Kroetz, Michael Scharang). Der Typus des bürgerlichen Schriftstellers in seiner reinen Beobachterrolle und sein literarisches Schaffen wurden für tot erklärt. Literatur sollte im Sinne Lenins wieder ‚Waffe im Klassenkampf' werden, der Schriftsteller sich als Revolutionär verstehen. Die Fetischisierung der direkten politischen Wirkungsabsicht der Literatur führte zum Konzept des Agitprop (Agitations-Propaganda). Bei der Produktion dieser für Streiksituationen, (Massen-)Versammlungen oder Demonstrationen verfassten operativen Texte wurden literarische Strategien aus den 20er Jahren wie die Praktiken des Proletkults und die Tendenzkunst des Bundes Proletarisch-Revolutionärer Schriftsteller (BPRS) wieder entdeckt. In interaktiven Formen wie Happening, Straßentheater oder Grafiti wurde „durch unmittelbare Aktion der symbolische Raum autonomer Kunst aufgesprengt" (Schlösser in Briegleb/Weigel 1992, 385). Insbesondere die Verbindung theatralischer und musikalischer Darbietung sollte politische Aufklärung vermitteln. Im Anschluss an die zeitgenössische Popmusik entstanden die politischen Rockopern von Floh de Cologne oder Ton, Steine, Scherben. Es entwickelte sich zugleich der Typus des ‚linken Barden', der seine systemkritischen Texte zur akustischen Gitarre vortrug. Dabei wiesen die Texte und Kompositionen dieser so genannten Liedermacher wie etwa Franz-Josef Degenhardt, Dieter Süverkrüp, Hannes Wader oder Wolf Biermann durchaus eine hohe ästhetische Qualität auf.

Literatur und Terrorismus

Mit dem Auftreten der terroristischen Rote Armee Fraktion (RAF) gerieten die systemkritischen Autoren in eine schwierige Situation. Im zuweilen etwas hysterisierten Klima während der Terroristenverfolgung rief Böll mit seiner Erzählung *Die verlorene Ehre der Katharina Blum* (1974) heftige öffentliche Reaktionen hervor. Böll schildert hier die Skrupellosigkeit sensationsgieriger Medien, die ohne Rücksicht auf die Wahrheit ihre Leser in gezielter Weise manipulieren. Die Berichterstattung der Massenpresse wirkt als Form der Gewaltausübung, die ihr Opfer so sehr in die Enge treibt, dass selbst ein zurückhaltender Mensch wie Katharina Blum Gegenwehr leistet. In einer Vorbemerkung wies Böll darauf hin, dass Ähnlichkeiten mit den Praktiken der Bildzeitung unvermeidlich seien. In der innenpolitisch aufgeheizten Atmosphäre des Deutschen Herbsts wurden die gesellschaftskritischen Autoren besonders von konservativen Politikern und der Springerpresse als ‚Sympathisanten' des Terrorismus denunziert und sahen sich staatlicher Observation ausgesetzt. Der davon betroffene Heinrich Böll hat diese Situation in seinem Roman *Fürsorgliche Belagerung* (1979) festgehalten.

Biermann-Petition, Dissidenten, IM

Die zweite Hälfte der 70er Jahre führte auch in der DDR zu einer Eskalation im Verhältnis zwischen Schriftsteller und herrschender Politik. Die Ausbürgerung des Liedermachers Wolf Biermann im November 1976 während seiner Konzertreise in der BRD führte zu einer Solidarisierungswelle unter den ostdeutschen Autoren. Mit den Unterzeichnern der Biermann-Petition traten erstmals Schriftsteller in einer konzertierten Aktion der Gängelung durch die SED offensiv entgegen. Diese Aktion wurde zum Beginn einer regelrechten Auswanderungswelle systemkritischer Autoren aus der DDR in den Westen. Seine Nachwehen hatte dieser Auszug der ‚Dissidenten' bei der Verschmelzung der ost- und westdeutschen Schriftstellerverbände nach der Wende, da viele der in der DDR staatlich verfolgten Autoren ihre einst staatsfrommen Kollegen nicht im selben Verband dulden wollten. In diese Kontroverse spielte auch die Enttarnung nicht weniger Autoren als ehemalige IM (Informelle Mitarbeiter) der DDR-Staatssicherheit hinein, wobei sich sogar manche Repräsentanten der alternativen Szene am Prenzlauer Berg in Ostberlin als Spione erwiesen (Sascha Anderson, Rainer Schedlinski). Kurz nach der Wende entbrannte durch die Veröffentlichung von Christa Wolfs Erzählung *Was bleibt* (1990) eine Debatte um den moralischen Status derjenigen DDR-Autoren, die für sich die Position der kritischen Solidarität mit dem sozialistischen deutschen Teilstaat in Anspruch genommen hatten. In diesem Streit fiel auch ein kritisches Licht auf einige Präokkupationen des linksintellektuellen Denkens seit den 70er Jahren.

Botho Strauß: *Anschwellender Bocksgesang*

Eine neue Qualität hinsichtlich des Tabubruchs mit diesen Denkgewohnheiten stellten die Debatten der 90er Jahre um Botho Strauß und Martin Walser dar. Strauß' *Anschwellender Bocksgesang* (1993) hatte im Literaturbetrieb und darüber hinaus einen beinahe einhelligen Aufschrei der Empörung zum Echo. Alfred Andersch hatte einmal die These aufgestellt, dass der Geist und die Literatur notwendigerweise immer politisch links stünden, und diese Grundüberzeugung hatten die Intellektuellen bereitwillig internalisiert. Strauß kündigte nun diese Verknüpfung auf, weil sie eben keine eherne, sondern bloß ihrerseits eine ideologische sei. Die Ursachen für diese Aufkündigung reichten tiefer, sie lagen in Straußens kritischer Wendung gegen die Tradition der Aufklärung und die damit einhergehende Stigmatisierung des Sakralen und Mythischen. Natürlich war der Mythos nicht prinzipiell aus dem ästhetischen Diskurs ausgeschlossen worden, wohl aber unterlag die Mythosrezeption einem besonderen Legitimationsdruck und hatte ihre kritische, das heißt letztlich aufklärerisch-rationale Funktion zu beweisen. Wie eng die Grenzen hier gezogen waren und wie idiosynkratisch die Reaktionen ausfallen konnten, zeigte das Beispiel von Hans Leberts Roman *Der Feuerkreis* (1971), dessen Versuch, produktiv an Wagners Version des Nibelungen-Mythos anzuknüpfen, unter Faschismusverdacht geriet. Strauß schließt sich hier insofern an, als auch er neben dem transformatorischen, tendenziell dekonstruktiven Umgang mit dem Mythos auch den aufbauenden, den fundierenden (nicht fundamentalen!) Mythos zulassen will.

Aufstand gegen die sekundäre Welt und Remythologisierung

In dem titelgebenden Essay der Sammlung *Der Aufstand gegen die sekundäre Welt* (1999), der 1991 als Nachwort zu George Steiners Buch *Von realer Gegenwart* erschien, hat Strauß eine ‚Ästhetik der Anwesenheit' skizziert, die dem Kunstwerk die Qualität einer „theophanen Herrlichkeit" (Strauß 1999, 41) zurückgewinnt. Strauß geht mit Steiner davon aus, dass „eine umfassende Mentalität des Sekundären" (ebd. 44), die ihre extremste Ausformung im Journalismus gefunden habe, alle unmittelbare Beziehung des Worts zu einer göttlichen Sphäre überwuchert und erstickt. Darum sei „die Entmischung der weltlichen von den verweltlichten heiligen Dingen" (ebd. 40) die wesentliche Bedingung der Befreiung des Kunstwerks von der sekundären Welt. Bei der Beglaubigung der theophanen Qualität des Kunstwerks geht Strauß einen entscheidenden Schritt über Steiner hinaus, wenn er im Rückgriff auf die Ästhetik von Pavel Florenskij die semiotische Differenz zwischen Zeichen und Bezeichnetem kassieren will oder anders gesagt: die evokative Kraft des Kunstwerks bis zur Anwesendmachung des Dargestellten steigert. Mit diesem Programm einer „Remythologisierung" (ebd. 47) kommt Strauß in große Nähe zu Peter Handkes Idee der ‚Heilkraft der Sprache'. In einer kryptopolitischen Wende krönt Strauß seinen Essay noch mit der Pointe, dass heutzutage der Reaktionär der eigentliche Nonkonformist sei, der das Vergessene in die Zukunft rettet, während sich die „hässliche Aufklärung" (ebd. 44) in der Pose einer diffusen unverbindlichen Häresie gefalle.

Inszenierung des Opfers

Strauß' Essay *Anschwellender Bocksgesang* lässt sich als kalkulierte Inszenierung einer mythischen Urszene interpretieren. Ort und Diktion seines Textes legten es gerade auf ein Missverstandenwerden an, um den auf Harmonisierung zielenden öffentlichen Diskurs zu unterminieren und Sand ins Getriebe der Deutungsindustrie zu streuen. Strauß provozierte die Hüter der political correctness, ihn zu ‚zerreissen', das heißt in der Öffentlichkeit an ihm eine ‚Ursprungshandlung der Tragödie' (B. Greiner) zu vollziehen. Das eigene Opferangebot diente als Beglaubigung der postulierten Wiedergewinnung einer nicht mehr länger heteronomen Vereinnahmung durch mythische Mächte. Das Skandalon von Strauß' Essay bestand darin, dass er explizit eine Rechtfertigung einer ‚rechten' Haltung unternahm und jeder Kritik überhobene Ziele wie Emanzipation oder Wohlstand in Frage stellte. Strauß diagnostizierte als Resultat „unserer liberal-libertären Selbstbezogenheit" (Strauß in Schwilk/Schacht 1996, 21) die Entstehung einer „dumpfen aufgeklärten Masse" (ebd. 31), der jedes Bewusstsein für Tradition, Autorität und Tragik abhanden gekommen sei. Strauß transponiert an dieser Stelle sein ästhetisches Konzept der ‚Anwesenheit' auf die politische Sphäre und definiert seinen ‚rechten' Protest als „Akt der Auflehnung: gegen die Totalherrschaft der Gegenwart, die dem Individuum jede *Anwesenheit* von unaufgeklärter Vergangenheit, von geschichtlichem Gewordensein, von mythischer Zeit rauben und ausmerzen will" (ebd. 24). Als besonders provozierend empfand man, dass Strauß von einer ‚Verhöhnung des Soldaten, der Kirche, Tradition und Autorität' durch die ‚linke' Intelligenz sprach und sie als Indiz eines Kulturverfalls deutete.

Walser-Bubis-Kontroverse

Fast noch größer war der empörte Aufschrei in den Feuilletons nach Walsers Dankrede *Erfahrungen beim Verfassen einer Sonntagsrede* (1998) bei der Entgegennahme des Friedenspreises des Deutschen Buchhandels. Walser bekannte sich hier angesichts der inflationären Fernsehsendungen über den Holocaust zum ‚Wegschauen'. Bei der medialen „Dauerpräsentation unserer Schande" (Walser 1998, 18) beschleiche ihn der Verdacht, Auschwitz werde als „jederzeit einsetzbares Einschüchterungsmittel oder Moralkeule" (ebd. 20) instrumentalisiert und in dieser rituellen Wiederholung seiner Bedeutung entleert. In diesem Zusammenhang machte er die Bemerkung, das Gedenken an die deutschen Schandtaten verkomme zu einer „Drohroutine" (ebd.), die das historische Geschehen zur Durchsetzung gegenwärtiger Zwecke benutze. Als Kritiker von Walsers Ansicht trat besonders der damalige Vorsitzende des Zentralrats der Juden in Deutschland, Ignaz Bubis, hervor, der Walser vorwarf, mit seinen Formulierungen rechtsradikales Gedankengut hoffähig gemacht zu haben. Wer aber Walsers Rede liest, kann mit Blick auf die zu allen Gelegenheiten gebetsmühlenhaft sich wiederholenden Gedenkrituale mit ihren ewig gleichen Floskeln und Beteuerungen nur den zurückhaltenden Ton seiner Kritik feststellen. Vom Text dieser Rede her den Vorwurf der Verharmlosung des Nationalsozialismus zu erheben, ist nicht minder absurd als Walser im Roman *Tod eines Kritikers* (2002) Antisemitismus zu unterstellen.

IV. Aspekte und Geschichte der Literatur

1. Theorie

Episteme der Literatur

Eine Theorie der Literatur zwischen 1945 und 2000 kann es im strengen Sinne natürlich nicht geben. Es dürfte eine Theorie der Literatur, wenn man darunter eine Art philosophisch-weltanschaulichen ‚Überbau' für eine bestimmte literarische Epoche oder dominante Strömung versteht, ohnedies nur im besten Falle bis zur Jahrhundertwende bzw. bis zum 1. Weltkrieg gegeben haben. Und in dieser letzten Phase war auch das nur möglich, weil Nietzsches Denken, das die geistige Atmosphäre dieser Epoche geprägt hat, in sich so widersprüchlich, facettenreich, eben in einem emphatischen Sinne ‚modern' ist, dass sich die unterschiedlichsten literarischen Strömungen vom l'art pour l'art über den Neoklassizismus bis zum Expressionismus auf ihn beziehen und als theoretischen Steinbruch ihrer ästhetisch-weltanschaulichen Positionen benutzen konnten. Das ist jedenfalls eine deutlich andere geistige Epochensignatur als etwa in der Klassik, wo Autoren wie Goethe, Schiller und Moritz bei allen Differenzen im Einzelnen doch an einem Modell von Autonomieästhetik wirkten, das dem Leitbegriff des sich in geistiger Autonomie frei entfaltenden und selbst bildenden Subjekts, wie es die idealistische Philosophie entworfen hatte, korrespondierte. Ähnlich klar liegen die Unterschiede zur Romantik, wo in besonders hohem Maße – zumal in der Jenenser Frühromantik – Theoriebildung und literarische Praxis miteinander verknüpft waren, zur Literatur im Vormärz, wo – wenigstens in den progressiven Tendenzen – auf das Paradigma der Hegelschen Philosophie Bezug genommen wurde, oder zum Naturalismus, wo wir erstmals in ausgeprägter Weise auf die Substitution einer geisteswissenschaftlichen Episteme durch eine naturwissenschaftliche stoßen, insofern vor allem die Biologie hier zum theoretischen Bezugsrahmen der Literatur avanciert. Nach dem ‚Zersprenger' Nietzsche, der eine geistige Integrationskraft nur in dem Sinne ist, wie man eine Splitterbombe als Ursache weit entfernt liegender Wirkungen betrachten kann, lässt sich ein für eine literarische Epoche dominantes Theoriegebäude nicht mehr ausmachen. Eine Ausnahme bilden natürlich die Ideologien totalitärer politischer Systeme, in denen der geistigen Autonomie durch eine präskriptive Ästhetik enge Grenzen gezogen wurden.

Abendland-Ideologie

Versuchen wir dennoch, einige theoretische Bezugspunkte für die Literatur zwischen 1945 und 2000 namhaft zu machen. Unmittelbar nach Kriegsende lassen sich vielleicht vier geistige Strömungen erkennen, die für die Literatur von Relevanz sind. Die erste könnte man als Abendland-Ideologie bezeichnen, die auf die geistige Barbarei des Nationalsozialismus mit einer Repristination christlich-humanistischer Traditionen reagieren wollte. Ihr erschien die antireligiöse Stoßrichtung des Nationalsozialismus als sittlich-moralischer Sündenfall und die Rückkehr zum Wertekanon des christlichen Abendlands nötig. In Kunst und Literatur vertrat diese Strömung deutlich kulturkonservative Positionen, wie etwa Hans Sedlmayrs viel beachtetes Werk *Verlust der Mitte* (1948) erkennen lässt. Der proklamierten Rückkehr zum Menschen als Maß der Kunst fällt auch die gesamte Moderne zum Opfer, die als Phänomen der Zersetzung und des ‚Verlusts der Mitte' gewertet wird. Im Bereich der Literatur(-kritik) wurde diese Haltung in gemäßigter Form etwa von Hans Egon Holthusen oder Elisabeth Langgässer aufgegriffen.

Absolute Kunst

Die zweite Strömung könnte man als Theorie der absoluten Kunst oder der Abstraktion benennen. Sie zog aus dem Nationalsozialismus die entgegengesetzte Konsequenz, durch radikalen Verzicht auf alle weltanschaulichen Gehalte und durch die Konzentration auf Formprobleme jeder ideologischen Indienstnahme von Kunst von vorne herein den Boden zu entziehen. Am sichtbarsten manifestierte diese Strömung sich naturgemäß in der Malerei (z.B. Willi Baumeister, Hann Trier, Emil Schumacher, Bernard Schultze, allgemein im Informel) und wurde am entschiedensten von dem Essayisten Albrecht Fabri vertreten. Fabri erhob die Produktionsästhetik der abstrakten Malerei in seinen Essaybänden *Der schmutzige Daumen* (1948), *Interview mit Sisyphos* (1952) und *Variationen* (1959) aber auch zum Richtmaß der modernen Literatur, wobei er sich auf die Poetik der Frühromantik und des französischen Symbolismus berief. In seinen *Präliminarien zu einer Theorie der Literatur* von 1958 finden sich Definitionen wie: „Der vollkommene Satz ist reine Satz*gestalt*. [...] Der vollkommene Satz *ist* sein Sinn, das heißt, er *hat* keinen. [...] In der reinen Gestalt der Sprache verschwindet der Sinn." (Fabri 2000, 436) Der Haltung Fabris kam in der Literatur Gottfried Benn am nächsten, der ihn auch in den *Problemen der Lyrik* zustimmend zitiert.

Engagierte Literatur und Sozialistischer Realismus

Die dritte Strömung kann man in der Theorie der engagierten Literatur erblicken, die sich ebenfalls als direkte Konsequenz der Erfahrung mit dem Nationalsozialismus entwickelte. Die Vertreter dieser Position sahen in der früheren Stilisierung des Autors zum weltfernen, seherischen Dichter eine Ursache für die Anfälligkeit der Literatur für ideologische Hilfsdienste. Sie wollten einen Schriftstellertypus ausbilden, der sich durch ein waches gesellschaftliches Bewusstsein auszeichnet und sein Schreiben als kritische Reflexion der Gegenwart begreift. In der Gruppe 47, die eine Keimzelle für die Entstehung der engagierten Literatur war, entstand eine Vorstellung vom Autor als politisches Gewissen der Nation. Die wichtigsten Beiträge zur Theorie der engagierten Literatur nach Kriegsende stellen Alfred Anderschs Broschüre *Deutsche Literatur in der Entscheidung* (1948) und sein Essay *Die Blindheit des Kunstwerks* (1955) dar. In letzterem wird das Konzept einer ästhetisch und politisch anspruchsvollen Literatur explizit aus der Kritik an den Positionen von Benn und Fabri entfaltet.

Die vierte Strömung schließlich ist die Theorie des sozialistischen Realismus, die in der SBZ von den sowjetischen Kulturfunktionären und vielen im Kulturbund organisierten (Exil-)Autoren propagiert wurde und sich selbst ebenfalls antifaschistisch legitimierte.

Existentialismus und Kritische Theorie

In den 50er Jahren wurde – abgesehen vom sich verschärfenden Ost-West-Konflikt, der etwa in Karl Poppers soziologischer Konfrontation von offener und geschlossener Gesellschaft theoretischen Ausdruck fand – das geistige Klima durch die Rivalität zwischen dem Existentialismus in der deutschen Version von Heidegger und den Vertretern der nach Frankfurt zurückgekehrten Kritischen Theorie geprägt. Das Heideggersche Motiv vom Geworfensein des Menschen klingt in vielen Werken dieser Zeit durch, die mit den sprachlichen Mitteln eines ‚harten Realismus' den Krieg thematisierten und als existentielle Grenzerfahrung gestalteten. Dass in literarischen Werken (etwa von Wolfgang Koeppen, Gert Ledig, Jens Rehn oder Paul Celan) die Intransigenz zwischen Existenzphilosophie und Kritischer Theorie aufgehoben wurde, zeigt sich darin, dass hier neben die ontologische Dimension häufig ein dezidiert gesellschaftlicher Nonkonformismus tritt, der als Äquivalent zum Begriff der Negativität und Nicht-Identität in der Frankfurter Schule angesehen werden kann. In der Literatur fanden Positionen der Kritischen Theorie etwa in den Werken von Hans Magnus Enzensberger und Peter Rühmkorf Aufnahme. Besonders Enzensbergers Essayistik der frühen 60er Jahre schließt sich z. B. in *Poesie und Politik* eng an die ästhetischen Theorien Adornos oder in seiner Untersuchung der manipulativen Sprache der *Frankfurter Allgemeinen Zeitung* an die Ideologiekritik der Frankfurter Schule an.

Neue Linke

Der Ende der 50er Jahre in der Literaturtheorie der DDR entwickelte Bitterfelder Weg des sozialistischen Realismus, der die Autoren mit der Produktionssphäre vertraut machen sollte, hatte in Westdeutschland einen Reflex in der Gründung der Gruppe 61 und der so genannten Werkkreise der Arbeitswelt. Hier wurden Theorien des Dokumentarismus und des Realismus auf gesellschaftskritischer Grundlage zusammengeführt. Durch die geistigen Wurzeln der Kritischen Theorie gelangte auch undogmatisches marxistisches Gedankengut in den intellektuellen Diskurs. Vor allem die Wiederentdeckung der Schriften Walter Benjamins, einiger Werke von Georg Lukács und Ernst Bloch und der neomarxistischen Autoren Herbert Marcuse und Ernst Fischer führte zur Etablierung der Neuen Linken Anfang der 60er Jahre. Die gesellschaftlichen Entwicklungen in der zum Ostblock gehörenden Tschechoslowakei, die einen ‚Sozialismus mit menschlichem Antlitz' anstrebte, gaben den Hoffnungen auf eine ‚konkrete Utopie' (Bloch) Nahrung. Diese neuen theoretischen Positionen verquickten sich rezeptionsgeschichtlich mit dem Eindringen der Popkultur in Westeuropa. So entstand auch in der Literatur vielfach ein eigenartiges Amalgam aus sub- und popkultureller (Jugend-)Revolte und Utopien gesellschaftlicher Transformation. Dieses Amalgam schuf sich zum Teil in Happenings u. ä. eigene Kunstformen.

Postmoderne

Als kulturelles Erbe dieser Phase blieb die Aufhebung der Trennung von ernster und unterhaltender (populärer) Kunst. Theoriegeschichtlich verbindet sich dieser Vorgang mit dem Begriff der Postmoderne. Sie hat ihre Wurzeln in Entwicklungen in der Architektur und Malerei Mitte des 20. Jahrhunderts (vgl. Renner 1988) und begann ihren Siegeszug in der Literatur(theorie) mit Leslie Fiedlers Aufsatz *Cross the boarder – close the gap!* (1969), in dem der Tod der klassischen Moderne vom Typ Proust, Joyce, Valéry verkündet wurde. Das wesentliche Anliegen Fiedlers war die Einebnung des Grabens zwischen Elite- und Massenkunst. Die postmoderne Literatur solle sich der Populärkultur öffnen und eine Pluralität von Stilen, Techniken und Medien verbinden. Das postmoderne Bewusstsein beruht auf einer Reihe von Annahmen, die in der Summe einen Paradigmawechsel innerhalb der Moderne markieren. Zu diesen Annahmen gehören das Ende der so genannten Meta-Erzählungen, das Verschwinden des Subjekts und die Enthierarchisierung kultureller Diskurse. Als entscheidende Differenz zur klassischen Moderne kann man den anti-totalitären Grundzug der Postmoderne ansehen (vgl. Welsch 1991), das heißt der fundierende Pluralismus sollte als theoretisches Antidot gegenüber einer Verführbarkeit durch universale Erlösungsideologien wirken, denen nicht wenige moderne Autoren in der ersten Hälfte des 20. Jahrhunderts erlagen. Die innere Dialektik dieses postmodernen Denkens hat freilich nicht selten zu einem Umschlag von Pluralität in Beliebigkeit geführt. In der Literatur der Postmoderne erschien nun alles gleich-gültig, alles mit allem kombinierbar und von unverbindlicher Arbitrarität. In der Literatur lassen sich Spuren postmodernen Denkens beziehungsweise postmoderner Ästhetik bei so unterschiedlichen Autoren wie Heiner Müller, Wolfgang Hilbig, Kuno Raeber oder Durs Grünbein finden. In seinem Essayband *Schauprozesse* hat Hanns-Josef Ortheil die postmoderne Literatur als „Literatur des kybernetischen Zeitalters" bestimmt, die die ästhetischen Projekte der Moderne „in Spiele höherer Ordnungen überführt". (Ortheil 1990, 107) An Beispielen aus der amerikanischen und italienischen Literatur demonstriert Ortheil die Techniken des postmodernen Schreibens, zu denen er die Öffnung für Science Fiction, Film, Pornografie oder Gentechnologie zählt und eine eher experimentelle, ironische, zitierende oder labyrinthische Erzählweise.

Ökologie und Apokalyptik

Gleichzeitig mit der Postmoderne entwickelte sich auch eine postmaterielle Lebenshaltung. Die Erkenntnis, dass die Energieressourcen der Erde endlich sind, zeitigte ein ökologisches Bewusstsein, das Umweltzerstörung, Konsumindustrie und Rüstungswettlauf zusammendachte. Die Literatur wurde zu einem Frühwarnsystem, das mit apokalyptischen Szenarien das ökologische Bewusstsein schärfen wollte. Zugleich nährte die Diagnose der drohenden ökologischen und militärischen Selbstzerstörung des Menschen die Vorstellung einer unaufhaltsamen Apokalypse. Der Literaturwissenschaftler und Schriftsteller Ulrich Horstmann entwarf in seinem Essay *Das Untier* (1985) das anthropofugale Szenario des notwendigen Untergangs des Menschen als einer fehlkonstruierten Spezies der Evolution und fand damit zum Beispiel im Werk von Günter Kunert lebhaften Widerhall. Ereignisse wie der Reaktorunfall im sowjetischen Tschernobyl und feministische Theorien über die Todesverfallenheit der männlichen Ratio speisten eine Literatur, in der Kassandra den Ton angab.

Literatur als selbstregulatives System

Seit der Wiedervereinigung Deutschlands 1989 hat sich die postmoderne Wende einerseits in das Spiel mit Intertextualitäten und Palimpsesten, andererseits in spielerische intermediale Kombinatorik aufgelöst. Als theoretischer Bezugsrahmen für die Literatur der Gegenwart erscheint am ehesten die Gesellschaftstheorie Niklas Luhmanns, die der Literatur ihren autonomen Spielraum als selbst-regulatives System innerhalb des gesellschaftlichen Segments der Kultur lässt. Die Wende von 1989 hat jedenfalls zur „Abkoppelung der Literatur vom gesellschaftlichen Auftrag" (Roberts in Fischer/Roberts 200, XIII) geführt. Das bedeutet nicht, dass sich die Literatur von gesellschaftlichen Themen abgewendet hätte. Es ist nämlich ebenso zu konstatieren, dass die Literatur der 90er Jahre in Parallele zur Neubestimmung der nationalen Identität den Holocaust als Paradigma gewählt hat. Dabei treten zunehmend an die Seite der biographisch fundierten Vergangenheitsbewältigung vielfältige fiktionale Zugänge von Vertretern einer jüngeren nicht-jüdischen Autorengeneration (u. a. Ulla Berkéwicz, Marcel Beyer, Jens Sparschuh, W. G. Sebald).

2. Ästhetische Modelle, literarische Strömungen, Gattungen und Stile

Kahlschlagliteratur

In den westlichen Besatzungszonen wurden auch stilistische Konsequenzen aus der Erfahrung des Dritten Reichs diskutiert. In diesen Zusammenhang gehört der Begriff der Kahlschlagliteratur, für den zuweilen auch der synonyme der Trümmerliteratur verwendet wird. Der Begriff selbst stammt von Wolfgang Weyrauch, der in seinem Nachwort zu der Anthologie mit Kurzgeschichten *Tausend Gramm* 1949 meinte, die neue deutsche Prosa werde von Autoren geschrieben, die „einen Kahlschlag in unserem Dickicht" (Weyrauch 1949, 214) schufen. Das Bild meint zunächst wohl die Beseitigung des ideologischen Ballasts in der deutschen Literatur. In einem zweiten Schritt hat es die Bedeutung angenommen, Nüchternheit und Sachlichkeit als stilistisches Mittel gegen das Auftrumpfende, Großsprecherische, Pompöse, aber auch Mystifizierende, Nebulöse, Schicksalswabernde der Sprache im Dritten Reich zu verordnen. Über die Gründungsversammlung der Gruppe 47 schrieb Hans Werner Richter rückblickend: „Jedes vorgelesene Wort wird gewogen, ob es noch verwendbar ist, oder vielleicht veraltet, verbraucht in den Jahren der Diktatur, der Zeit der großen Sprachabnutzung. Jeder Satz wird, wie man sagt, abgeklopft. Jeder unnötige Schnörkel wird gerügt. Verworfen werden die großen Worte, die nichts besagen und nach Ansicht der Kritisierenden ihren Inhalt verloren haben." (Richter in Neunzig 1979, 80f.) Die Formel vom Kahlschlag richtete sich in diesem Sinn nicht nur gegen den ideologischen Bombast, sondern auch gegen die camouflierende Schönschreiberei einiger innerer Emigranten. Sie wurde im *Ruf* von Gustav René Hocke 1946 als *Deutsche Kalligraphie* attackiert. Mit einer ähnlichen Stoßrichtung stellte Heinrich Böll in seinem programmatischen *Bekenntnis zur Trümmerliteratur* (1952) dem nach innen schauenden „Blindekuh-Schriftsteller" den mit einem guten Auge ausgestatteten realistischen Autor gegenüber, der „vom Krieg, von der Heimkehr und dem, was wir im Krieg gesehen hatten und bei der Heimkehr vorfanden: von Trümmern" schrieb. Thematisch dominierte in der Kahlschlagliteratur in der Tat die Auseinandersetzung mit Krieg und Nachkrieg, Flucht und Vertreibung, wobei der Mensch oft in existentiellen Extremsituationen gezeigt wird.

Kahlschlagstil bei Eich, Schnurre, Kolbenhoff

Zum ästhetischen Siegel dieser Kahlschlagliteratur ist Günter Eichs Gedicht *Inventur* geworden, dessen Haltung und schlichter Ton dieses Programm vollkommen umsetzten. Die erste Strophe lautet: „Dies ist meine Mütze, / dies ist mein Mantel, / hier mein Rasierzeug / im Beutel aus Leinen." Des Weiteren wäre noch die Prosa von Böll, Wolfdietrich Schnurre, Richter und Walter Kolbenhoff anzuführen. Schnurres Kurzgeschichten verwenden in Schilderung und Dialog fast ausschließlich Hauptsätze und enthalten sich jeder Metaphorik. Der Stil bemüht sich um äußerste Nüchternheit und Sachlichkeit, noch die schrecklichsten Szenen werden lakonisch berichtet. Kolbenhoffs Roman *Von unserem Fleisch und Blut* (1947) ist eines der stilistisch und weltanschaulich überzeugendsten Beispiele für Kahlschlagliteratur. Die Gespräche und inneren Monologe eines verhetzten Jugendlichen, der inmitten der Trümmer einen Privatkrieg gegen die amerikanischen Besatzungssoldaten führt, sind knapp und protokollartig. Kolbenhoffs Roman ist auch insofern Trümmerliteratur, als seine Diagnose des bewusstseinsgeschichtlichen Moments den Befund einer Ruinenlandschaft ergibt. Ansätze für einen gesellschaftlichen Neubeginn sind nicht zu erkennen. So manifestiert sich hier jener heilsame Nihilismus, den Alfred Andersch als notwendige Ausnüchterung der weltanschaulich überfrachteten Literatur in seinem Essay *Deutsche Literatur in der Entscheidung* (1948) empfohlen hatte. In Kolbenhoffs zweitem Nachkriegsroman *Heimkehr in die Fremde* (1949), der im Sommer 1946 in München spielt, denkt der Protagonist über die Notwendigkeit einer neuen Sprache nach. Trotz dieser Beispiele wird ein nennenswerter Erfolg der Kahlschlag-Programmatik von einigen Beobachtern der Nachkriegsliteratur bestritten. Hans Mayer vertrat die Ansicht, der „sprachlich-literarische Kahlschlag [sei] niemals erfolgt" (Mayer 1967, 301), und Urs Widmer kam sogar in seiner Studie über die Sprache der *Ruf*-Autoren zu der provokanten These, dass in der Prosa der jungen Autoren erhebliche ideologische Restbestände der Sprache des Dritten Reichs anzutreffen seien (vgl. Widmer 1966).

Kurzgeschichte der Nachkriegszeit

Wenn man nach prägnanten Gattungen der Kahlschlagliteratur fragt, wird man wohl die Kurzgeschichte als erste nennen. Die Kurzgeschichte erlebte in der unmittelbaren Nachkriegszeit einen kometenhaften Aufstieg. Sie war im Wesentlichen ein frischer Import aus Amerika und als formaler Newcomer im Ensemble der ideologisch belasteten literarischen Gattungen daher in besonderem Maße attraktiv für einen Neubeginn. Bei Autoren wie Ernest Hemingway, Sherwood Anderson oder O. Henry (i.e. William S. Porter) fanden die jungen Autoren das eigene Existenzgefühl „in unpathetischen, von allem überflüssigen metaphorischen Ballast befreiten Texten pragmatisch und wirklichkeitsnah artikuliert" (Durzak 1980, 13). Die einsträngige konzentrierte Erzählform, der Gegenwartsbezug und die kommunikative Funktion der Kurzgeschichte machten sie für die Mitteilungsbedürfnisse der Nachkriegssituation sehr geeignet. Wolfdietrich Schnurre hat etwa betont, dass gerade ihre Kürze und ihre ausgesprochene Leserorientierung dem Drang entgegenkamen, die unmittelbar zurückliegenden Erlebnisse jenseits vielgliedriger erzählerischer Kompositionen zu fixieren. Es ging den Autoren der Nachkriegskurzgeschichte wie etwa Heinrich Böll, Wolfgang Borchert, Heinz Piontek, Luise Rinser oder Schnurre durchweg darum, ein aktuelles Existenzgefühl zeit- und wirklichkeitsnah auszudrücken. Auch der Stil der amerikanischen short story entsprach der Haltung der deutschen Autoren. Nach dem ideologischen Sprachbombast des Dritten Reichs und nach den kalligraphischen Verbrämungsstrategien der Inneren Emigration wollte man nüchtern, einfach, klar, vor allem unpathetisch und wahrhaftig schreiben.

Thema Grenzerfahrung

Thematisch standen in der Kurzgeschichte zunächst die Kriegserfahrung und das Leben in den Ruinen klar im Vordergrund. In schmuckloser, möglichst unbeteiligt wirkender Sprache wurden existentielle Grenzerfahrungen berichtet, die unter diesen geschichtlichen Umständen Alltagserfahrungen waren. Dabei gewinnen Kurzgeschichten wie etwa Schnurres *Auf der Flucht* (1946) oder Rinsers *Die rote Katze* (1947) bei aller Nüchternheit symbolischen Charakter. Wenn Schnurres protokollartiger Text vom Tod des Kindes eines vertriebenen Paars in einer zur Wüste verunstalteten Landschaft berichtet, wird er als Unheilsgeschichte von beinahe gnostischer Dimension lesbar, und wenn bei Rinser einzig der Tötungsakt eines Jugendlichen das Überleben der Familie gewährleisten kann, erschließt sich der Text als Initiationsgeschichte, die den Eintritt in das selbstverantwortete Erwachsenenleben auf die Fähigkeit zur Ausübung von Gewalt fundiert. Der Ausgriff ins Metaphysische findet sich auch in Heinrich Bölls bekannter Kurzgeschichte *Wanderer, kommst du nach Spa...* (1950), die als besonders gelungenes Beispiel der Gattung angesehen wird. In ihr wird ein tödlich verletzter Unterprimaner in seine zum Lazarett umgewandelte Schule getragen. Sein Weg in den OP wird von Böll dazu genutzt, eine Galerie von Bildungsrequisiten Revue passieren zu lassen, die die allmähliche ideologische Pervertierung der humanistischen Ideale deutlich macht. Die Abfolge vom antiken Dornauszieher über den Großen Kurfürsten bis zu den ‚Rassegesichtern' lässt keinen Zweifel daran, dass die Institution Gymnasium aus sich heraus keinen Widerstand gegen die Abrichtung zum willfährigen Untertanen geleistet hat. So ist es nur schlüssig, dass der Sterbende gleichzeitig mit seiner eigenen abgebrochenen Handschrift auf der Tafel auch der eigenen körperlichen Verstümmelung gewahr wird. Auf grausame Weise enthüllt seine zu groß angesetzte Wiedergabe des Gedenkspruchs für die Gefallenen bei den Thermopylen, der zur Heroisierung soldatischer Tapferkeit in aussichtsloser Lage missbraucht wurde, den in den Untergang führenden Größenwahn des Nationalsozialismus, dessen geistiges Opfer der Junge war. Die Schrift auf der Tafel fungiert gewissermaßen als Menetekel, die auf das katastrophale Ende verweist. Sie steht, in einer für Böll symptomatischen Zeichensprache, in Konkurrenz zu dem Schatten des Schulkreuzes, das trotz mehrfacher Überpinselung nicht völlig auszutilgen war und eine Hoffnung auf die Zukunft bewahrt. Die Beispiele belegen Bölls Anspruch an den realistischen Erzähler im *Bekenntnis zur Trümmerliteratur* (1952), das Auge des Schriftstellers sei „gut genug, ihn auch Dinge sehen zu lassen, die in seinem optischen Bereich noch nicht aufgetaucht sind".

Parabolik und Gesellschaftskritik in der Kurzgeschichte

Zu Beginn der 50er Jahre ergreift die Parabelform auch von der Kurzgeschichte Besitz, wie etwa Wolfgang Hildesheimers *Das Ende der Welt* (1951), Friedrich Dürrenmatts *Der Tunnel* (1952), Ilse Aichingers *Spiegelgeschichte* (1952) und ebenfalls Texte des damaligen DDR-Autors Günter Kunert zeigen. Die gesellschaftskritische Kurzgeschichte, die weniger mit parabolischen als mit Mitteln des Realismus operiert, wird seit Mitte der 50er Jahre von Alfred Andersch, Siegfried Lenz oder Martin Walser vertreten. Sie wendet sich nun auch häufig der so genannten Vergangenheitsbewältigung beziehungsweise -verdrängung zu, wobei diese Tendenz ebenso bei westdeutschen Autoren (Andersch, Alexander Kluge, Josef Reding) wie ostdeutschen (Johannes Bobrowski, Kunert) anzutreffen ist. Das Thema hat in jüngerer Zeit auch in die Kurzgeschichten eines deutsch-jüdischen Autors wie Maxim Biller Eingang gefunden. Im letzten Jahrzehnt scheint die Gattung wieder an Attraktivität für eine neue Autorengeneration gewonnen zu haben. Die Beispiele im Werk von Tanja Dückers oder Karen Duve könnten dafür sprechen, dass die Kurzgeschichte ihrer Form nach für die literarische Darstellung heutiger Patchwork-Lebensentwürfe und ihrer Strukturierung nach (Film-)Szenen und Events besonders geeignet ist.

Magischer Realismus

Unmittelbar nach 1945 trat vor allem in der Prosa die Strömung des Magischen Realismus für kurze Zeit mit einigen bemerkenswerten Werken hervor. Der Begriff stammt – wie schon zuvor Impressionismus, Expressionismus, Surrealismus – nicht aus der Literatur-, sondern aus der Kunstgeschichte. Der deutsche Kunsthistoriker Franz Roh hatte ihn 1923 geprägt und stellte 1925 in seinem Buch *Nachexpressionismus. Magischer Realismus* einen Merkmalskatalog für die malerischen Verfahren des magischen Realismus zusammen. Zu den Merkmalen, die im Weiteren auf literarische Werke Anwendung fanden, gehören: eine deutliche Gegenstandsorientierung, eine gewisse Statik der Bildlichkeit, eine kühle Distanziertheit, eine Kombination von Nähe und Ferne, die weitgehende Austilgung von Spuren des Entstehungsprozesses, ein kultivierter Ton. Im Zusammenhang mit der Literatur tritt der Begriff erst nach dem 2. Weltkrieg auf. Zunächst überraschenderweise bei den Autoren um die Zeitschrift *Der Ruf*, die ihn ohne Kenntnis seiner Herkunft für den Realismus Hemingways gebrauchen. 1947 schreibt Hans Werner Richter in dem Aufsatz *Literatur im Interregnum*, dass die Fragwürdigkeit der geistigen Existenz und die seelische Verwirrung die „Wahrnehmung des Objektiven ins Magische" erhebe und der daraus resultierende magische Realismus „in der unmittelbaren realistischen Aussage dennoch hinter der Wirklichkeit das Unwirkliche, hinter der Realität das Irrationale, hinter dem großen gesellschaftlichen Wandlungsprozeß die Wirklichkeit des Menschen sichtbar werden" (Richter in Der Ruf 1947, 10) lasse.

Stilmerkmale des Magischen Realismus

Nachhaltiger ist das Wiederauftreten des Begriffs Magischer Realismus in der Literaturkritik der Jahre 1948/49. Hier wird der Magische Realismus vor allem mit der literarischen Produktion einer ‚Zwischengeneration' in Verbindung gesetzt, zu der etwa Hermann Kasack, Werner Krauss, Ernst Kreuder, Friedo Lampe, Horst Lange, Martin Raschke und George Saiko zählen. Der Stil des Magischen Realismus lässt sich wie folgt charakterisieren. Er ist realistisch, insofern sein Ziel eine präzise, transparente, detailreiche Erfassung der Welt ist, er ist magisch, insofern er auf geheime Weise Gegensätze zusammenbindet und das entstehende Gesamtbild bei aller Konturschärfe rätselhaft ist (vgl. Scheffel 1990). Scheffel kommt bei seinen Textuntersuchungen zu dem Ergebnis, dass bestimmte erzählerische Merkmale den Effekt des Magischen bewirken: 1. Allgemeinheit der Rahmenangaben, womit die häufige Ort- und Zeitlosigkeit des Erzählten gemeint ist, 2. harte Sachschärfe mit hoher Detailgenauigkeit, die die Phänomene wie in ein Sturzglas der Rätselhaftigkeit gießt, 3. ein Zug zum Statischen und 4. auf der Figurenebene das Erlebnis einer auf geheime Weise Kontraste synthetisierenden umfassenden Schau.

Ernst Kreuder

Das erste erzählende Werk des Magischen Realismus, das allgemein Aufmerksamkeit erregte, war Ernst Kreuders Roman *Die Gesellschaft vom Dachboden* (1946). Der Ich-Erzähler Berthold Brandt wird von einer Person namens Wilhelm auf den Dachboden eines Kaufhauses geführt, wo sie eine Geheimschrift entziffern, die die Lagerstätte eines Schatzes angibt. Die Versammelten beschließen, eine Geheimgesellschaft zu gründen. Im mittleren Teil des Romans geht der Ich-Erzähler auf Schatzsuche. Er gelangt auf eine Flussinsel, wo er mit Valentin, dem Alten vom Wehr, ein Gespräch über den Status der Wirklichkeit führt. Im dritten Teil kehrt Berthold in die Stadt zurück, der Dachboden ist jedoch ausgeräumt und beherbergt die neue Sportabteilung des Kaufhauses. Schließlich treffen sich alle in einer Neubauruine wieder. In einer Festansprache wird unter Rückgriff auf zahlreiche Zitate von Lao-Tse die Freude und die Demut als Abwehr der Scheußlichkeiten der Welt proklamiert. Der Roman endet damit, dass der Ich-Erzähler *Die Gesellschaft vom Dachboden* zu schreiben beginnt.

Kreuder sah sich als Erben der Romantik. Er wollte gegen den ‚melancholischen Realismus' eine Literatur voll Visionen und Fantasie setzen. Dabei geht er von einer Interpretation der diesseitigen Realität als einer Scheinrealität aus. Der Aufschwung in die Fantasie, das Unerwartete und Geheimnisvolle soll es dem Menschen ermöglichen, am Wirklichen zu partizipieren, an jenem Magischen, das auf geheime Weise Gegensätze vereint. Die selbstverständlich wirkende Kombination von realistischen und irrealen Elementen tritt etwa in der Begegnung mit Valentin zutage. Hier wird die Märchenwelt mit Verlies, Rätselfragen und Schatztruhe bruchlos in die Umgebung eingefügt und von den Romanfiguren ebenso akzeptiert wie die Stadt am Fluss. Man wird allerdings kritisch bemerken müssen, dass der naive Märchenton, den Kreuder häufig anschlägt, weniger eine Poetisierung der Wirklichkeit bewirkt, als einen Umschlag in den Kitsch riskiert. Hinzu kommt, dass Kreuders Proklamation der anderen Welt weitgehend auf der Ebene des Gedanklichen verbleibt und nur in Ansätzen Gestalt geworden ist. Kreuders *Gesellschaft vom Dachboden* bietet das Beispiel eines problematischen Eskapismus, das heißt eines Ausweichens vor der historischen Situation in eine diffuse Sphäre der geistigen Indifferenz. Gleiches gilt auch für seinen umfangreichen Roman *Die Unauffindbaren* (1948).

Werner Krauss

Ein Roman des Magischen Realismus, der in der SBZ erschien, ist *PLN. Die Passionen der halykonischen Seele* (1946) von Werner Krauss. Krauss schrieb den Roman in den Jahren 1943/44 während seiner Haft in Plötzensee und im Wehrmachtsgefängnis Lehrter Straße. Das Buchstabenkürzel des Titels steht für Postleitnummer, und Halykonien ist der Name des Landes, in dem der Roman spielt. Krauss bezieht sich damit auf die halkyonischen Tage, die in der griechischen Mythologie für absoluten Frieden stehen. In der Vertauschung der Konsonantenfolge – von halkyonisch zu halykonisch – kann man ein Zeichen für die Verkehrung von sieben Friedenstagen in sieben Kriegsjahre sehen. An der Spitze dieses Staats steht Muphti I. als „Großlenker des Großhalykonischen Über- und Großreiches". Zu seinem Kabinett gehört auch der Postminister Aloys Ritter von Schnipfmeier, der Schöpfer der Postleitnummer. Schnipfmeier verkörpert den Typus des Mitläufers. Die Einführung der Postleitnummer hat unerwartet subversive Tendenzen in Großhalykonien freigesetzt. Man nimmt Kontakt zu Schnipfmeier auf und führt ihn in den ‚Bund für unentwegte Lebensfreude' ein, der in einer Kriegsruine seinen Sitz hat. Dort trifft Schnipfmeier auf den Fliegeroffizier Arthur, der der ideologische Wortführer dieser Katakomben-Gesellschaft ist. Arthur erklärt dem System Muphti den Krieg. Der Roman endet mit Bildern eines diffusen Aufstands. Schnipfmeier wird von schwerbewaffneten Soldaten aus der Zelle gerissen, er weiß nicht, ob es seine Mörder oder Retter sind. Mit der Figur Schnipfmeiers ging es Krauss um das Scheitern eines geschichtlich überholten Typus bürgerlichen Bewusstseins. Es ist gerade die von seiner humanen Basis ausgehende Beglückungsidee, die Schnipfmeier zum Spielball einander bekämpfender Gewalten macht und ihn letztlich in eine Opferrolle zwingt. Zu dieser Ambivalenz passt auch Schnipfmeiers donquichotteske Form des Widerstands und die Konzeption der Figur Arthurs, der eher als „der Verderber des Verderbers, der wiederum verdirbt" (Härtling in Krauss 1983, 318), erscheint denn als Befreier.

Hermann Kasack

Unter den Werken des Magischen Realismus ist Hermann Kasacks Roman *Die Stadt hinter dem Strom* (1947) das bedeutendste. Sein Protagonist Dr. Robert Lindhoff erhält den Auftrag zu prüfen, inwieweit sich aus den in der ‚Stadt hinter dem Strom' herrschenden Zuständen ein gültiges Gesetz der Ordnung ableiten lasse. Er registriert eine leerlaufende Mechanik inmitten von Ruinen. Durch die Begegnung mit seiner verstorbenen Geliebten Anna erkennt Lindhoff, dass er der einzige Lebende in einer Totenstadt ist. Mit dem Zug fährt er über die Brücke zurück, versehen mit der Einsicht, dass der Tod das Gesetz des Lebens sei. Die Todesverfallenheit des Lebens ist allerdings, und darin liegt die Pointe von Kasacks Roman, dadurch bedingt, dass man den Tod aus dem Leben hat eskamotieren wollen. Das Totsein des Lebendigen ist die Rache des Todes für die Leugnung seiner Allmacht. In dieser Austreibung des Todes sieht Kasack die entscheidende Verfehlung des abendländischen Denkens. Der Roman gewinnt auf diese Weise eine kultur- und geschichtsphilosophische Dimension. Es lassen sich drei Bedeutungsebenen der Totenstadt angeben: Sie ist eine realitätshaltige Schilderung des Lebens in den zerbombten deutschen Städten, ein Gleichnis für die entfremdete menschliche Existenz im 20. Jahrhundert überhaupt und eine Allegorie, die die Unterwerfung des Menschen unter kosmische Gesetze ins Bild setzt.

Weitere nennenswerte Werke des Magischen Realismus wären noch Georg Hensels Erzählung *Nachtfahrt* (1949) und Werner Warsinskys Roman *Kimmerische Fahrt* (1954), die beide das Kriegserlebnis in magische Parabolik übersetzen und in ihren verwandten Titeln die Existenzerfahrung des modernen Menschen – ähnlich Kasacks ‚Stadt hinter dem Strom' – als Jenseitsreise kennzeichnen wollen.

Gottfried Benns *Probleme der Lyrik*

Bald nach Ende des 2. Weltkriegs trat in der Lyrik eine Richtung zutage, die man als hermetische oder absolute Dichtung zu bezeichnen pflegt. Zentrale theoretische Positionen dieser Dichtung wie die Betonung des Artistischen und der Autonomie des Worts finden sich in Gottfried Benns Marburger Rede *Probleme der Lyrik* (1951). Benn schuf mit seiner Rede die Ars poetica der frühen Bundesrepublik. Er widmete sich vor allem dem Thema der künstlerischen Produktivität, der Bedeutung des einzelnen Wortes und dem Begriff des lyrischen Ichs. Formulierungen wie: „Ein Gedicht entsteht überhaupt sehr selten – ein Gedicht wird gemacht" (Benn 2001, 10) oder seine Definition des absoluten Gedichts als „das Gedicht ohne Glauben, das Gedicht ohne Hoffnung, das Gedicht, an niemanden gerichtet, das Gedicht aus Worten" (ebd. 36) wurden zu vielzitierten Bezugspunkten der nachfolgenden Lyrikergeneration. Benn basierte sein Verständnis von Lyrik auf dem nietzscheanischen Begriff der Artistik und definiert diese als den Versuch der Kunst, „gegen den allgemeinen Nihilismus der Werte eine neue Transzendenz zu setzen: die Transzendenz der schöpferischen Lust" (ebd. 14). Im produktionsästhetischen Kern von Benns Dichtungstheorie stehen drei Bedingungen. Der Dichter muss über einen ‚schöpferischen Keim', über ein primäres Verhältnis zu den Worten und den ‚Ariadnefaden', der ihn traumwandlerisch die sprachimmanente poetische Logik mit der eigenen Inspiration kombinieren lässt, verfügen. Das moderne Gedicht erscheint Benn auch deshalb als eine aktuelle Ausdrucksform, weil „es mit dem diskursiven systematischen Denken im Augenblick zu Ende ist“ (ebd. 40). Diese Ansicht Benns wirft auch ein erhellendes Licht auf den sprachlichen Duktus seiner eigenen Rede. Die *Probleme der Lyrik* folgen nicht den Regeln des diskursiven Sprechens, sie entstehen aus der Eigendynamik der sprachlichen Bewegung und entfalten ein komplexes Gewebe von ineinander greifenden Metaphern und Motiven. Benns Rede über moderne Dichtung trägt selbst deren Züge, folgt mehr ästhetischen als kommunikativen Gesetzen.

Hermetismus

Diese Selbstbezüglichkeit und die programmatische Betonung des Monologischen legen den Vergleich mit dem Hermetismus als einem gegen seine Umwelt Abgeschlossenen nahe. Der Begriff ist abgeleitet von dem der Hermetik, der okkulte Wissensformen bezeichnet. Das *Corpus hermeticum* (dt. 1781) hat seinen Namen von Hermes Trismegistos und enthält Spekulationen über Alchemie, Astrologie und Heilkunde. Es entwickelten sich hieraus die Geheimwissenschaften und ihre magischen Praktiken. Dazu zählte etwa die magische Versiegelung der Glasröhre, was man hermetisieren, das heißt luftdicht verschließen nannte. Geistig korrespondiert dieser Abschottung die Benutzung einer Geheimsprache, die das magische Wissen nur Eingeweihten verfügbar macht. In der Literaturgeschichte entwickelten die Romantiker, aber auch Goethe großes Interesse an der Hermetik. Es war dann der französische Symbolismus, vor allem Rimbaud und Mallarmé, der aus einer Geistesverwandtschaft zur Hermetik auch Konsequenzen für die poetische Sprache zog. Die magischen Praktiken der Hermetik bildeten das Vorbild, mit den Mitteln poetischer Sprache eine eigene Welt zu erschaffen, das Vorgefundene durch Sprachmagie in ein Reich der Kunst zu verwandeln. Mallarmé nannte den Dichter einen Buchstabenzauberer, von ihm stammt auch die Formel, Gedichte seien nicht aus Gefühlen, sondern aus Worten gemacht, die Benn aufgegriffen hat.

Monolog oder Dialogizität?

Diese Linie des Hermetischen manifestiert sich dann vor allem in der Lyrik des 20. Jahrhunderts. Hans Magnus Enzensberger hat viele ihrer Vertreter in sein *Museum der modernen Poesie* (1960) aufgenommen. Der Romanist Hugo Friedrich hatte schon 1956 in seiner vielbeachteten Monographie *Die Struktur der modernen Lyrik* den Versuch unternommen, die sprachlichen Techniken der hermetischen Dichtung zu systematisieren. Er kam zu dem Befund, dass die Dunkelheit und das Dissonantische zum vorherrschenden Prinzip des modernen Gedichts geworden seien, dass der Gebrauch absoluter Metaphern und eine diktatorische Fantasie das Verständnis unterliefen. Es hat sich aus Friedrichs Darstellung die Vorstellung entwickelt, das hermetische Gedicht verweigere den kommunikativen Akt mit dem Leser und lege es darauf an, als rein ästhetisches Phänomen ohne jede semantische Dimension rezipiert zu werden. Diese Auffassung ist inzwischen korrigiert worden. In der Tat ist festzustellen, dass die deutschsprachigen Autoren, die dem Hermetismus zugerechnet werden, also Ernst Meister, Paul Celan, Erich Arendt, Johannes Bobrowski oder Peter Huchel sich weder den Begriff des Hermetischen noch Benns monologische Poetik zu eigen gemacht haben, sondern in der Regel die Offenheit gegenüber dem Leser betonten. Am schlichtesten und knappsten hat Meister in einer Notiz von 1962 die Gegenposition bezogen, indem er das Gedicht dadurch definierte, dass es den

Leser fragt, was er weiß. Ähnlich hatte im Jahr zuvor Celan in seiner Meridian-Rede das Gedicht als ‚Flaschenpost' bezeichnet, das zum ‚Herzland' eines Du unterwegs sei. Die jüngere Forschung hat daher unterstrichen, dass das so genannte hermetische Gedicht sich häufig durch eine ausgesprochene Dialogizität auszeichne. Diese besteht oft in der Bezugnahme auf andere Texte, die den Leser gewissermaßen zum Protokollanten eines imaginären Gesprächs macht, aber auch in der chiffrierten Verarbeitung geschichtlicher Erfahrung, die den Leser durch den Akt der Dechiffrierung zu einer höheren Reflexionsstufe führen will. Als gemeinsame Tendenz der genannten Autoren kann man den Prozess der zunehmenden sprachlichen Verknappung und semantischen Verdichtung ansehen. An die Stelle syntaktischer Bezüge treten oft konstellative.

Konkrete Poesie

Fast gleichzeitig mit der hermetischen Dichtung entstand die Konkrete Poesie, wie jene ein internationales Phänomen, die in Europa, Nord- und Südamerika gleichermaßen anzutreffen ist. Im deutschsprachigen Raum trat sie in der ersten Hälfte der 50er Jahre unabhängig voneinander an verschiedenen Orten hervor. Sie hat ihre Wurzeln im Wiener art-club der späten 40er Jahre ebenso wie im Umfeld des schweizer Künstlers Max Bill und des in Stuttgart wirkenden Philosophen Max Bense. Ihre Hauptvertreter sind in Österreich Friedrich Achleitner, Hans Carl Artmann, Konrad Bayer, Ernst Jandl, Gerhard Rühm und Oswald Wiener, in Deutschland Bense, Helmut Heissenbüttel, Franz Mon, Hans G. Helms und Reinhard Döhl, in der Schweiz Eugen Gomringer und Peter Lehner. Man kann die Produktionen der Konkreten in zwei Gruppen einteilen, in die Lautgedichte und in die Figurengedichte.

Laut- und Figurengedichte

Die Lautgedichte leben vor allem aus dem mündlichen Vortrag, sie müssen gesprochen werden, um als Kunstwerke rezipiert werden zu können. Die Spannbreite reicht dabei von den zum Einzellaut tendierenden Lautgedichten Rühms über akustische Nonsensegedichte Bayers bis zur ideologiekritischen Funktionalisierung des Lautgedichts in Jandls *schtzngrmm*, das mit dem konsonantischen Material des Worts ‚Schützengraben' auf onomatopoetische Weise die lebensbedrohliche Kriegssituation evoziert. Die Figurengedichte können nicht gesprochen, sondern nur angeschaut werden, sie leben aus der typografischen Anordnung der sie konstituierenden Zeichen. In Gomringers *konstellationen* (1953) gibt es das Gedicht *Schweigen*, das aus fünf Versen oder besser: Reihen besteht, die je dreimal das Wort Schweigen enthalten. In der Mitte der dritten Zeile gibt es eine Lücke. Auf diese Weise will Gomringer den semantischen Wert des Worts Schweigen durch die figurale Anordnung sichtbar machen. Eine witzige Variante des Figurengedichts stammt von Döhl und konstelliert einen Apfel. Döhl geht so vor, dass er die äußere Kontur eines Apfels als figurales Gestaltungsprinzip zugrundelegt. Diese Kontur wird durch Wortreihen, die ausschließlich aus dem Wort Apfel bestehen, ausgefüllt. Die Pointe dieses Figurengedichts liegt darin, dass an einer Stelle das Wort Apfel durch das Wort Wurm ersetzt ist. Dieses Beispiel führt bereits in die Nähe einer um 1960 auftretenden Erweiterung der typografischen Techniken der Konkreten Poesie: zum Ideogramm. Es kombiniert Schrift und vorgefundene Bildelemente. Dieses Verfahren wandte etwa Claus Bremer an, der Körperfiguren aus Schriftfetzen zusammensetzte und den Leser dazu aktivieren möchte, den fehlenden Text zu ergänzen. So zeigt etwa sein Ideogramm *herrliches luxemburg grünes luxemburg rosa luxemburg* eine sitzende nackte Frau, deren Schriftkörper aus einem verstümmelten Rosa Luxemburg-Zitat besteht.

Sprachexperimente

An diesen Beispielen wird klar, dass die Konkrete Poesie in einer literaturgeschichtlichen Beziehung zur Avantgarde am Ende des 1. Weltkriegs steht. Es ging ihr im Anschluss an den Dadaismus oder Schwitters' Merzkunst um das Spiel mit Klängen, der Typografie, um Sprachexperimente und serielle Anordnungen. Als kennzeichnendes Verfahren der Konkreten Poesie kann man auf die Emanzipation des Einzelworts vom Satzzusammenhang und des einzelnen Buchstabens vom Wortzusammenhang hinweisen. Mit dieser Herauslösung des Sprachmaterials aus seinen gebräuchlichen grammatikalischen und lexematischen Funktionen stehen die Konkreten Autoren in der Nachfolge dichtungstheoretischer Überlegungen Hugo Balls, der bereits 1916 den Verzicht auf eine „durch den Journalismus verdorbene und unmöglich gewordene Sprache" (Ball 1992, 106) und stattdessen den Rückzug „in die innerste Alchimie des Wortes" und sogar die Preisgabe des Wortes empfahl. In der weiteren Entwicklung des Dadaismus in den 20er Jahren erfolgte die Emanzipation von den Resten einer Silben- und Wortsprache. Das bekannteste Beispiel ist Schwitters' *Ursonate*, mit der der Bereich der Literatur im strengen Sinne verlassen und die Verbindung zur Musik gesucht wurde. Die *Ursonate* gleicht jedenfalls weniger einem Lautgedicht als einer Stimmpartitur. In der Konkreten Poesie korrespondieren damit Jandls so genannte ‚Sprechopern'.

Hans G. Helms: Roman als Partitur

Die größte Nähe zur Transformation der Sprache in eine Partitur besitzt der originelle Versuch von Helms, mit seinem ‚Roman' *Fa:M'ahniesgwow* (1959) literarische Prinzipien der Konkreten Poesie auf die Prosa anzuwenden. Im Titel steckt die lateinische Fama, der folgende Wortteil lässt sich in Amigau übersetzen und bezeichnet somit die amerikanische Besatzungszone nach dem 2. Weltkrieg. Das sprachliche Verfahren des Titels ist programmatisch für den gesamten Text. An die Stelle der gewöhnlichen Wortbildung treten polylinguale Pleonasmen wie etwa „Kisfatemsprüch", worin das englische Kismet, das lateinische Fatum und das deutsche Spruch verbunden sind. Helms hat dem Text einen so genannten Synchronisationsplan und eine Schallplatte beigelegt, auf der Teile der Partitur zu hören sind. Nur die rechte Buchseite ist mit dem Partiturtext bedruckt und erreicht – entfaltet – bei acht parallel laufenden Textspalten gelegentlich eine Breite von fast 1 Meter. Da Helms zwei Dutzend verschiedene Sprachen benutzt, befinden sich auf der linken Buchseite Worterläuterungen, die allerdings öfters auf Latein oder in Berliner Dialekt formuliert sind. Wenn Adorno in seinem Kommentar zu Helms' Experiment die These aufstellt, dass dessen radikale Verweigerung konventioneller Sprachverwendung „das historische Urteil über die zum Mißverständnis degenerierte Verständlichkeit" (Adorno 1974, 434) spreche, so trifft dieses Urteil auf die emanzipatorischen Impulse der Konkreten Poesie generell zu.

Konkrete Grammatiken

Diese Antriebe finden sich auch in der vielleicht anspruchsvollsten Dichtungstheorie der Konkreten Poesie, die Heissenbüttel 1963 in seiner Frankfurter Poetik-Vorlesung entfaltet hat. Im Zentrum steht für ihn ihre antigrammatische Tendenz. Heissenbüttel versteht darunter die Verletzung der regelhaften Grammatik und meint, „daß die Sprache durch syntaktische, ja vokabuläre Destruktion und Reduktion, durch alogische Koppelungen, durch neue syntagmatische Verfahren, durch Benutzung phonetischer Unbestimmtheiten und typographischer Ergänzungen [...] dem Bereich der grammatisch bestimmten Redeweise entzogen wird." (Heissenbüttel 1966, 152) Der antigrammatische Affekt steht auch im Zusammenhang mit der sprach- und gesellschaftskritischen Haltung der Konkreten Poesie. Die Suspendierung der grammatischen Strukturen, zumal der hierarchisierenden Hypotaxe, erscheint als eine Art radikaler Demokratisierung der Sprache. Die Abschaffung des Hauptsatzes ist somit die Abschaffung von Herrschaftsverhältnissen. Wo es nicht mehr Subjekt und Objekt gibt, herrscht allgemeine Gleichheit der sprachlichen Partikel. Konkrete Poesie ist ein Akt der Befreiung, der Eröffnung einer unbegrenzten Vielzahl von alternativen Verknüpfungen innerhalb der Sprache. Jandl hat mit dem Konzept seiner ‚projektiven Grammatik' in *Die schöne Kunst des Schreibens* (1976) hier angeknüpft.

Literatur und Dokumente

Die Methode, in ein literarisches Werk dokumentarisches Material aufzunehmen, war nach 1945 keineswegs neu. Prominente Beispiele aus der deutschen Literaturgeschichte wären etwa Georg Büchners Drama *Dantons Tod* oder Alfred Döblins Roman *Berlin Alexanderplatz*. Allerdings war der Umgang mit Dokumenten in beiden Fällen deutlich verschieden von dem des so genannten Dokumentarismus. Büchner tilgte den dokumentarischen Charakter vieler Redesequenzen aus der Französischen Revolution und benutzte sie als Material für sein Geschichtsdrama, Döblin bewahrte den dokumentarischen Charakter, weil in seinem Großstadttableau die Dokumente integraler Bestandteil seiner Montagetechnik sind. Unmittelbar nach Ende des 2. Weltkriegs wurde von Dokumenten vor allem im Rahmen der Kriegsliteratur Gebrauch gemacht. Theodor Plieviers Erfolgsroman *Stalingrad* (1945) ist in erster Linie ein dokumentarisch verfahrender Text, der die Vernichtung der deutschen 6. Armee schildert und sich dabei auf authentisches Material wie Briefe, Tagesbefehle, Radioansprachen und Gesprächsprotokolle stützt. Ähnlich werden in Peter Adlers Hörspiel *Totenmauer* (1954) zahlreiche Erlasse und Berichte zitiert, die das Warschauer Ghetto betreffen. Das wie ein Dokument wirkende Textmaterial (militärische Lageberichte, Befehle etc.) besitzt in der Kriegsliteratur oft aber auch fiktiven Charakter.

Dokumentarismus und Gesellschaftskritik

Der entscheidende Schritt zum Dokumentarismus nach dem 2. Weltkrieg als einer qualitativ neuen Umgangsweise mit authentischem Material bestand darin, dass die Dokumente nicht primär als eine Art Wahrheitsbeweis eingesetzt werden, sondern eine ideologiekritische Funktion erfüllten. Das geschah in zweierlei Hinsicht. Zum einen erlaubte die Konfrontation der herrschenden Meinung mit echten Dokumenten die Entlarvung geschichtlicher Legenden, zum anderen schärfte die Gegenüberstellung einander widersprechender Dokumente den kritischen Blick für deren eigenen Wahrheitsgehalt.

Dokumentarisches Theater

Im literarischen Feld des Dokumentarismus ist das Dokumentarische Theater die am klarsten konturierte neue Form seit 1945. Es trat Anfang der 60er Jahre in Erscheinung und kann als dramaturgische Radikalisierung des Zeitstücks begriffen werden. Das Dokumentarische Theater greift in der Regel brisante politische Themen auf, die es durch Montage von Materialien wie Zeugenaussagen, Geheimberichte, Befehle, Dossiers, Zeitungsartikel etc. in einem neuen Licht erscheinen lässt. Es ist daher nur schlüssig, dass das Dokumentarische Theater in seinen bedeutendsten Leistungen die Bühne im wörtlichen Sinn zum Gerichtssaal machte. Das dokumentarische Drama war ein Theater der vorgeführten Rechtsfindung und zeigte sich damit rezeptionsästhetisch der (politischen) Aufklärung verpflichtet. Das gilt schon für Heinar Kipphardts präludierendes Drama *Der Hund des Generals* (1962), in dem eine Untersuchungskommission das Handeln eines Generals durchleuchten soll, der aus persönlichen Rachemotiven eine ganze Kompanie in den sicheren Tod geschickt hat. Kipphardt stützt sich in seinem Stück *In der Sache J. Robert Oppenheimer* (1964) auf Berichte über einen Gerichtsprozess, denen er nur das Schlusswort des Angeklagten zufügt. Es geht ihm um die moralische Verantwortung des (Natur-)Wissenschaftlers für seine Entdeckungen. Oppenheimer befindet sich dabei in dem unlösbaren Konflikt, seine Erkenntnisse über die Atomspaltung zur militärischen Verkürzung des 2. Weltkriegs zur Verfügung stellen zu können, damit aber sein Wissen zu späterer menschheitsbedrohender Verwendung aus der Hand zu geben. Rolf Hochhuth hat in seinem Stück *Der Stellvertreter* (1963) die Mittel des Dokumentarismus dazu verwendet, aus der Bühne ein Tribunal zu machen. Er hat einerseits mit dem Papst Pius XII. eine noch lebende Person, deren außerordentlicher gesellschaftlicher Rang sie zu immunisieren schien, unter massive moralische Anklage gestellt, und andererseits im Zusammenhang mit der Shoah die Schuldfrage nicht auf die deutsche Seite begrenzt, sondern die Frage nach der Mitverantwortung derer gestellt, die auf der gegnerischen Seite Kenntnis vom Genozid in den KZ hatten. Im Unterschied zu Kipphardt gibt der Dramentext selbst bei Hochhuth die Dokumente nicht wörtlich wieder, sondern sie werden als Material genutzt, das er in frei-rhythmischer Sprache literarisiert. Dafür fügt Hochhuth jedoch seinem Stück einen umfangreichen Anhang ‚Historische Streiflichter' an, der die Originalquellen mitliefert.

Mit seinem *Oratorium in 11 Gesängen* – so der Untertitel – *Die Ermittlung* hat Peter Weiss eines der bedeutendsten Stücke zum Dokumentarischen Theater beigetragen. Die Materialgrundlage dieses Stücks bilden die Zeugenaussagen des Frankfurter Auschwitz-Prozesses, der von 1963 bis 1965 stattfand. Die 11 Gesänge sind gewissermaßen konzentrisch angelegt und führen von der ‚Rampe' bis zu den ‚Feueröfen'. Die als Zeugen auftretenden Lagerinsassen sind durchweg anonym, während die Angeklagten ihre wirklichen Namen tragen. Der Verlauf der einzelnen Verhöre ähnelt sich strukturell darin, dass die Angeklagten auf eine penetrante Art jede Tatbeteiligung abstreiten oder sich, wo ein Leugnen unmöglich ist, auf einen Befehlsnotstand berufen. Indem so die Bewusstseinslage der Täter zutage tritt, ergibt sich die Ermittlung der gesellschaftlichen Voraussetzungen, die Auschwitz möglich gemacht haben. Weiss enthält sich jedes Kommentars und vertraut rezeptionsästhetisch auf die konzentrierende Darstellung des rein Faktischen.

Dokumentarische Prosa

Dokumentarischer Verfahren bedient sich auch Alexander Kluge in seinen frühen Büchern *Lebensläufe* (1962) und *Schlachtbeschreibung* (1964). Kluge betreibt Ursachenforschung zur Entstehung des Nationalsozialismus und der ihn ermöglichenden psychischen und mentalen Disposition. Er montiert das historische Material mit der Intention, den Rezipienten zu einer kritischen Reflexion der geschichtlichen Vorgänge zu motivieren. Seine ästhetische Konstruktion aus Dokumenten soll dabei etwa die verhängnisvolle Fortexistenz der preußischen Militärtradition oder des Gehorsamsprinzips freilegen. *Schlachtbeschreibung*, das die Katastrophe von Stalingrad 1942/43 akribisch rekonstruiert, steht methodisch in direkter Nachfolge von Plieviers *Stalingrad* und setzt dessen Interviewtechnik mit Beteiligten fort.

Als spätes Beispiel dokumentarischen Erzählens kann man Otto F. Walters Roman *Die ersten Unruhen* (1972) ansehen. Walter montiert hier in die Schilderung des Wahlkampfes in der fiktiven schweizer Modellstadt Jammers disparate Materialien von der Hitparade bis zu volkswirtschaftlichen Statistiken. Oft wird aus der Wahlgesetzgebung zitiert, womit Walter den reinen Verwaltungscharakter der schweizer Demokratie unterstreichen will. In Peter Handkes *Die Innenwelt der Außenwelt der Innenwelt* (1969) findet sich ebenfalls eine Hitparade (*Die japanische Hitparade vom 25. Mai 1968*) abgedruckt und zudem ein Kreuzworträtsel, Zeitungsartikel und -bilder oder die Aufstellung einer Fußballmannschaft. Hier fungieren die Dokumente indes nicht in einem ideologie- oder zeitkritischen Kontext, sondern sind Statthalter für außenweltliche Bewusstseinsgehalte.

Erich Frieds dialektischer Dokumentarismus

Eine dialektische Weiterentwicklung des Dokumentarismus trifft man in der Lyrik Erich Frieds an, der den ideologischen Charakter entlarvt, den die scheinbar authentischen Dokumente selbst aufweisen können. In seinem Gedichtband *und Vietnam und* (1966), der auf geschickte Weise die dokumentarische Technik als Mittel der politischen Aufklärung einsetzt, findet sich ein Gedicht wie *17.–22. Mai 1966*, das die fünf Tage wiederholte Mitteilung, in Da Nang fielen nur einzelne Schüsse, mit der am sechsten Tag erfolgenden Nachricht über 1000 Opfer in den vergangenen fünf Tagen konfrontiert. Fried kann sich zur Entlarvung des manipulativen Charakters der Kriegsberichterstattung jedes weiteren Kommentars enthalten und wendet die kritische Funktion des Dokumentarismus auf ihn selbst an.

Nachklänge des Dokumentarismus

Als Nachklang des Dokumentarismus kann man Kipphardts Stück *Bruder Eichmann* (1982) ansehen, dem es um eine Entdämonisierung von dessen Person geht. Eichmann wird ganz im Sinne von Hannah Arendts Formel von der ‚Banalität des Bösen' als ein bürgerlicher Jedermann gezeigt, der lediglich durch die ideologischen Rahmenbedingungen zum Massenmörder geworden sei. Brisanz erhielt Kipphardts Stück 1982 durch sein Verfahren, Eichmanns Haltung in aktuellen Dokumenten zu spiegeln, wie den Äußerungen von amerikanischen Bomberpiloten im Vietnam-Krieg oder dem Kommentar von Israels Verteidigungsminister Sharon zu den Massakern in Palästinenserlagern. Auch Hochhuth kehrte noch 1993 in seinem Stück *Wessis in Weimar* über die Ermordung des Treuhandpräsidenten Rohwedder zur dokumentarischen Methode zurück, um auf der Bühne Gericht über den deutschen Vereinigungsprozess zu halten.

Neue Innerlichkeit

Das Scheitern der revolutionären Hoffnungen der späten 60er Jahre, der Zerfall der Studentenbewegung in dogmatisches Sektierertum und der beginnende Terrorismus führten zu einer Ernüchterung und Distanzierung vom Politischen. Was rasch folgte, war eine Wendung nach innen. Die Neue Innerlichkeit oder auch der Neue Subjektivismus nutzten die Literatur zur Introspektion. Der aus der spontaneistischen Kommune I kolportierte Ausruf: ‚Was geht mich der Vietnam-Krieg an, ich habe Orgasmusschwierigkeiten' wurde nun unausgesprochen zur Maxime einer Literatur der bisweilen narzisstischen Selbstbeobachtung. Sie hielt ein Scherbengericht über die vorangegangene lückenlose Politisierung des Privatlebens. Peter Schneiders Novelle *Lenz* (1973) kann als ein Gründungsdokument für die Subjektivierung der Literatur angesehen werden. Eine Schlüsselszene des Textes ist sicher der Entschluss des Protagonisten, die Poster der weltanschaulichen Ikonen Marx, Engels, Lenin um 180° zu drehen, damit der hypertrophe Geist abtropfen kann. Nachdem bis dato die ephemerste Alltagsverrichtung sich vor dem allgegenwärtigen politischen Bewusstsein zu legitimieren hatte, rebelliert hier nun ein Subjekt gegen die ideologische Kontrolle noch seiner intimsten Momente. Der omnipräsente politische Big brother wird gestürzt, das Subjekt bekennt sich zu seinem ganz individuellen Begehren und Leiden. Beispielhaft ist der Protagonist von *Lenz* auch in seiner Flucht nach Italien, wo er sich von der sinnlichen, eher unintellektuellen Arbeiterkultur revitalisieren lässt.

Diagnosen der Beziehungslosigkeit

Die Werke der neuen Subjektivität führen nicht selten zur Diagnose einer narzisstischen Isolation. Es sind häufig scheiternde Partnerschaftsbeziehungen, die den in der Regel gebildeten bürgerlichen Protagonisten in eine Identitäts- und Sinnkrise stürzen. Als Beispiele lassen sich Rolf Dieter Brinkmanns *Keiner weiß mehr* (1968), Frischs *Montauk* (1975), Nicolas Borns *Die erdabgewandte Seite der Geschichte* (1976), Martin Walsers *Das fliehende Pferd* (1978) oder Botho Strauß' *Rumor* (1980) nennen. Brinkmann schildert den trostlosen Alltag einer kleinfamiliären Existenz, aus der der Protagonist mittels Drogen, Musik und Sexfantasien zu fliehen versucht. Borns Roman, in den Brinkmann in der Schriftstellerfigur Lasski Eingang gefunden hat, ist ein larmoyanter Epilog auf die enttäuschten Erwartungen der Studentenbewegung. Seine Beobachtungen im alternativen Milieu, bei Demonstrationen und auf Wohngemeinschaftspartys führen zu dem immer erneuten Befund der Beziehungslosigkeit. Walsers Novelle *Ein fliehendes Pferd* (1978) legt von der Figurenkonstellation her einen Vergleich mit Goethes *Wahlverwandtschaften* nahe. Zwei Paare begegnen sich, von denen das eine einen Hund namens Otto besitzt. Es geht um das Aufeinanderstoßen kontrastiver Lebensprinzipien, um die Entlarvung von Lebenslügen und den Schritt zur Selbstverwirklichung. Mit diesen Themen ist *Das fliehende Pferd* ein exemplarischer Text der 70er Jahre. Peter Handkes *Die Stunde der wahren Empfindung* (1975), die ebenfalls hierhin gehört, unterscheidet sich von den übrigen Texten dadurch, dass der Protagonist Gregor Keuschnig die Bindung an sein soziales Umfeld gerade deswegen einbüßt, weil ihm durch das Erleben epiphaner Augenblicke der Zugang zu einer Wahrnehmungsdimension zuteil wird, die ihn von den in ihrer Profanität verhafteten Mitmenschen trennt. Handke hat diesen Weg in seinen Erzählungen *Die linkshändige Frau* (1976) und *Langsame Heimkehr* (1979) fortgesetzt.

Väterliteratur

Symptomatisch für die Literatur der Neuen Subjektivität ist die eingehende Beschäftigung mit familiären Konstellationen. Handke hat in *Wunschloses Unglück* (1972) ein sensibles Porträt einer Mutter-Sohn-Beziehung gezeichnet und zugleich ein typisches Frauenleben bis zum Tod beschrieben. Die 70er Jahre sind auch die Blütezeit der so genannten Väterliteratur, in der sich ein Sohn oder eine Tochter an die Recherche des väterlichen Lebens machen und auch private Dokumente wie Tagebücher oder Notizhefte einbeziehen. Als Auslöser fungiert dabei oft das Arrangement mit oder sogar die Parteinahme für den Nationalsozialismus. Beispiele hierfür sind Elisabeth Plessens *Mitteilung an den Adel* (1976), Ruth Rehmanns *Der Mann auf der Kanzel* (1979) oder Christoph Meckels *Suchbild* (1980). Zwar ist die Distanzierung von der Vaterfigur durchaus entschieden und wird etwa bei Plessen und Meckel vor allem an dem Scheitern wirklicher Kommunikation verdeutlicht, aber gleichwohl erfolgen diese Annäherungen auch in der Intention des nachvollziehenden Verstehens.

Wilhelm Genazino

Als eine Summe der subjektivistischen Tendenzen der 70er Jahre kann man die Abschaffel-Trilogie von Wilhelm Genazino betrachten, die aus den Romanen *Abschaffel* (1977), *Die Vernichtung der Sorgen* (1978) und *Falsche Jahre* (1979) besteht. Genazinos Protagonist ist ein kleiner Angestellter, an dem das Gefühl nagt, „nicht eigentlich zu leben, sondern sein Leben immerzu zu überbrücken mit der zweit- und drittbesten Möglichkeit". Weil die Wirklichkeit sich ihm entzieht, versucht er seinem einsamen und ereignisarmen Dasein durch Einbildungen innere Dramatik zu verleihen. In seiner hypertrophen Empfindlichkeit bezieht Abschaffel alles Geschehen auf sich. Lappalien können Weltekel in ihm wecken, er wird von Schüben Selbstmitleids erfasst. Wenn Genazino Abschaffel im Schlussband der Trilogie als Nervenpatienten vorführt, der mittels Gesprächstherapie seine psychischen Verletzungen zergliedert, hat er damit eine repräsentative Rolle geschaffen, die das seelisch-geistige Klima der 70er Jahre resümiert. Zur Authentizität der beschriebenen Angestelltenmentalität trägt Genazinos Stil durch seine Detailwut und die Verwendung der von ihm so genannten ‚Brutalsprache' des Alltags bei.

Lyrik des Neuen Subjektivismus

Dem Festhalten von Alltagssituationen in einer zuweilen vulgären Sprache, die sich an das Vokabular der Pop- und underground-Dichtung anschließt, hat sich auch die Lyrik der Neuen Subjektivität angenommen. Ihre dezidiert unprätentiöse Sprache dokumentiert eine ausgesprochene „Abneigung gegen die Metapher" (Theobaldy/Zürcher 1976, 134), deren indirekter Aussagecharakter verpönt war. Wie die betonte Literarizität des lyrischen Sprechens wurde auch die Verpflichtung zur gesellschaftlichen Vermittlung des subjektiven Befindens oder Bewusstseins aufgekündigt. Vertreter der Neuen Subjektivität wie Brinkmann, Born, Ludwig Fels oder Günter Herburger notierten in loser Assoziation Beobachtungen, Einfälle, Reiseeindrücke, Empfindungen und Sehnsüchte, die alle ihren Ausgang vom Ich als ‚Hauptperson' (G. Herburger) nahmen.

Drama des Neuen Subjektivismus

Als wichtigster Dramatiker der Neuen Subjektivität trat in den 70er Jahren Botho Strauß auf, der mit psychologischem Einfühlungsvermögen den Widerspruch zwischen den Wünschen der Menschen nach einem erfüllten Leben und ihren realen Beschränktheiten aufdeckte. Er bediente sich zu dieser Introspektion des Mittels des Monologs und verfährt mit ihm nach der Technik des Stationendramas, bei dem ein Sprecher das Rederecht an den nächsten abtritt. In der *Trilogie des Wiedersehens* (1977) führt Strauß Figuren aus der Kulturszene zusammen, die in wechselnden Gesprächsanordnungen ihre seelischen Verletzungen ausstellen. In *Groß und klein* (1978) wird der Weg der Protagonistin Lotte in immer größere Einsamkeit gezeigt. Strauß appliziert hier auch das strukturelle Modell des Stationendramas, wenn Lotte in der Folge der Szenen mit Fremden, Verwandten, Freunden in Kontakt zu kommen versucht, doch dabei der Abstand zum anderen immer größer wird.

Frauenliteratur

Ein wesentlicher Effekt der subjektivistischen Wendung Anfang der 70er ist die Entstehung der Frauenliteratur im Sinne der bewussten Thematisierung der Geschlechterrolle. Als Wegbereiterinnen kann man die Österreicherinnen Ingeborg Bachmann und Marlen Haushofer betrachten. Während Haushofer dabei besonders die familiäre Rolle der Frau darstellte und das Unvermögen, die vorgegebenen Muster zu sprengen, von innen heraus zu verstehen suchte, rückte Bachmann die patriarchale Gewalt in den Mittelpunkt. Besonders im Roman *Malina* (1970) aus dem Todesarten-Zyklus hat Bachmann die zerstörerischen Wirkungen familiärer Gewaltverhältnisse geschildert, die beim weiblichen Opfer in der Ausbildung einer pathogenen multiplen Persönlichkeit kulminieren. Karin Strucks *Klassenliebe* (1973) und Verena Stefans *Häutungen* (1975) sind seinerzeit für die spezifisch feministische Erkundung des weiblichen Kontinents bahnbrechend gewesen. Stefan hat aus der Verweigerung sexueller ‚Dienstleistungen' für ihr linkes Berliner Milieu ein neues weibliches Körperbewusstsein entwickelt, das schließlich im lesbischen Coming out gipfelt. Bei Struck dominiert die Opferrolle, das Gefühl zwischen konkurrierenden äußeren Ansprüchen aufgerieben zu werden. Der protokollarische Schreibprozess erscheint als Versuch, dagegen eine eigene bewusst weibliche Identität aufzubauen, die später in *Lieben* (1977) mit der Mutterschaft verknüpft wird.

Pop-Literatur

Die Entstehung der Pop-Literatur ist mit dem Aufkommen der Pop-Musik und Pop-Kultur in den 60er Jahren verknüpft. Die Anregungen dazu kamen vorwiegend aus Amerika durch Beatnik-Autoren wie Jack Kerouac und Allen Ginsberg und aus dem englischen ‚Underground'. Zunächst deutet der Begriff Pop-Literatur, der im deutschen Sprachraum wohl 1964 von H. C. Artmann erstmals benutzt wurde, auf die Aufhebung der Grenze zwischen hoher und niederer Kunst, indem er sich zum Populären bekennt. Phänomene wie Fernsehen, Filme, Werbung, Mode, Musik und Comics sollten als Quelle für den künstlerischen Ausdruck genutzt werden, die Insignien der Alltags- und Massenkultur Eingang ins Kunstwerk finden. Alle diese Bereiche stellen für den Pop-Literaten Prätexte zur Verfügung, die qualitativ nicht hierarchisiert sind und von ihm neu kontextualisiert werden. Die Technik, die dabei zur Anwendung kommt, ist primär die Collage, und darin zeigt sich eine literaturhistorische Verwandtschaft mit dem Dadaismus. Mit ihm verbindet sich auch ein eher kritisch-subversiver Gestus der Pop-Literatur. Jedenfalls zielen die eigenen literarischen Arbeiten von Rolf Dieter Brinkmann und Ralf-Rainer Rygulla und ihre Präsentationen von angelsächsischer Pop-Literatur zunächst auf Skandalisierung und provozieren schon mit Titeln wie *Fuck you!* (1968) oder *Acid* (1969) die Empörung der bürgerlichen Öffentlichkeit. In Parallele zu diesen Aktionen der Kölner Schule sind auch viele Experimente der Wiener Gruppe und anderer Konkreter Poeten zu sehen, die in ihr Schreiben die Alltagssprache einbezogen. Auch die Arbeiten des frühen Peter Handke, der Ende der 60er Jahre als Beatle-Literat gehandelt wurde, wie *Die Innenwelt der Außenwelt der Innenwelt* (1969) oder *Die Angst des Torwarts beim Elfmeter* (1970) verwenden Börsenberichte, Lottozahlen, Mannschaftsaufstellungen als Sprachmaterial. Ähnlich verfährt auch Hubert Fichte in seinem Kiez-Roman *Die Palette* (1968) oder Elfriede Jelinek in *wir sind lockvögel, baby* (1970).

Pop als Massenkultur

In den 70er Jahren fand die Pop-Literatur eine Fortsetzung in den oft satirischen Arbeiten der so genannten Neuen Frankfurter Schule, etwa in Eckhard Henscheids *Trilogie des laufenden Schwachsinns* (1973–78). Allerdings lässt sich nicht übersehen, dass in diesem Umfeld der Übergang von entlarvender Collage vorgefundenen Materials und dialektischem Sprachwitz zu effekthaschendem Wortspektakel und niveaulosem Kalauern fließend war. Seit Beginn der 90er Jahre wurde die Pop-Literatur von der Spaßgesellschaft vollkommen assimiliert. Sie avancierte zu einer massenkulturellen Kunstform, die, so die kürzlich aufgestellte These von Beat Wyss, erst im postindustriellen Zeitalter möglich wurde (vgl. Wyss 2004). Lässt sich für die Generation von Rainald Goetz, Andreas Neumeister und Thomas Meinecke vielleicht davon sprechen, dass hier ein ‚Konformismus des Andersseins' (N. Bolz) seinen medialen Durchbruch schaffte, so gilt für die jüngeren Pop-Literaten wie Christian Kracht, Benjamin von Stuckrad-Barre oder Sibylle Berg, dass sie ein rein affirmatives Verhältnis zu den Gesetzen der Unterhaltungsindustrie haben. Die Zeitkommentare in Ch. Krachts *Faserland* (1995) sind nicht mehr als die Fortsetzung eines beliebigen Artikels aus einem Lifestyle-Magazin. Wenn sein Protagonist sich zwischen Sylt und Zürich von einer Yuppie-Party zur anderen bewegt und über einen Mangel an Zugehörigkeit zu seinem ‚Faserland' lamentiert, so hat er bloß nicht realisiert, dass genau diese Snob- und Glamourwelt seine Heimat ist. Der Abstand zwischen den Outcasts in den Werken von Kerouac, Burroughs oder Bukowski zu den saturierten Dandys des ‚popkulturellen Quintetts' (so die Selbstapostrophierung von Kracht, Stuckrad-Barre, Joachim Bessing, Eckhart Nickel und Alexander von Schönburg) könnte nicht größer sein. In Stuckrad-Barres Romanen *Soloalbum* (1998) und *Livealbum* (1999) ist dagegen der Protagonist mit seiner Medienumwelt völlig identisch und einverstanden. Stuckrad-Barres Sprache ist vor allem an der Werbung orientiert und unterwirft sich wie eine comedy-show dem Zwang zur unablässigen Gagproduktion. Der alerte und allzeit witzige Comedy-Star ist denn auch das erklärte Vorbild dieser jüngsten Pop-Literatur. Die Selbstvermarktung, das Labeling mehr noch der eigenen Person als des Werks, gilt als adäquater Umgang mit den Möglichkeiten der Medienpräsenz. So hat die Pop-Literatur ihren subversiven Stachel in einem typischen dialektischen Prozess eingebüßt und ist zu einem integralen Bestandteil der Kulturindustrie und einem Hätschelkind der Mediokratie geworden.

Slam Poetry und Performance

Parallel mit der Personalisierung des ‚Kultpotentials' von Literatur hat seine Kollektivierung stattgefunden: nämlich im Event der Slam Poetry, wie sie sich seit Mitte der 90er Jahre als neues Phänomen in der Pop-Literatur herausgebildet hat. Hier werden in der Art einer Performance Texte vor einem Publikum rezitiert, das zugleich als Jury agiert. Der Poetry Slam nimmt also das Konkurrenzgesetz des Warenmarktes ganz unverstellt in seinen Funktionsmechanismus auf. Naturgemäß ist das ästhetische Niveau dieser Darbietungen höchst unterschiedlich und verführt die Konkurrenzsituation zu leicht verständlichen publikumswirksamen Gags oder zu Sprachclownerie. Mit der Slam Poetry hat die Pop-Literatur Anschluss an die Eventkultur gefunden, erfüllt die Performance doch aufs Genaueste alle Kategorien, die G. Schulze in seiner soziologischen Studie *Die Erlebnisgesellschaft* aufgestellt hat. Dennoch kann der Poetry Slam im günstigen Fall als eine Art Schmelztiegel für sprachliche Experimente und innovative Vermittlungsformen wirken. Anthologien wie *Poetry! Slam!* (1996) oder *Trash-Piloten* (1997) erweisen diese Bühne als eine Art ‚Talentschuppen', aus dem selbstständige Autorinnen wie etwa Tanja Dückers oder Kathrin Röggla hervorgingen.

Literatur im Internet

Weitgehend offen ist noch die Auswirkung des Internets als jüngstem globalem Kommunikationsmedium auf die Literatur. Zum einen gibt es den Versuch zur Kooperation zwischen dem Autor und seinen Lesern wie bei der Fortsetzung von Matthias Polityckis *Weiberroman* (1997). Zwei Jahre arbeitete Politycki im Netz an seinem Roman *Marietta*, während in einem Parallelforum jedem die Möglichkeit offenstand, seinerseits am Romanstoff mitzugestalten. Zum anderen machte Rainald Goetz die eigene Zeitgenossenschaft durch das Führen seines Internet-Tagebuchs *Abfall für alle* (1998/99) transparent, das freilich unmittelbar nach Abschluss auch gedruckt wurde. 1999 haben Internet-Anthologien wie *Null* und *pool* eine Art literarischen Web-Salon geschaffen, die Werkstattcharakter besaßen und den Beiträgern eine unmittelbarere Reaktion auf öffentliche Vorgänge erlaubten. Freilich ist bei diesen im Feuilleton begleiteten Projekten nicht zu übersehen, dass sie immer auch auf mediale Aufmerksamkeit und damit auf eine Steigerung der eigenen Marktpräsenz zielten.

Hypertexte

Schließlich haben sich Projekte mit kollaborativer Autorschaft gebildet, die ohne den Basistext eines etablierten Schriftstellers einen gemeinsamen Text generieren. Die Verlinkung der Internetliteratur durch Hypertext und Hypermedia führt zu einer „Individualisierung der Rezeption" (Wegmann in Harder 2001, 47), die jeden Lesevorgang vom anderen unterscheidet. So verfügte der erste Internetroman *Die Quotenmaschine* (1996) von Norman Ohler über keinen fixierten Anfang, sondern der Leser konnte sich frei per Mausklick auf einem New Yorker Stadtplan entscheiden, wo er in den Science-Fiction-Krimi einsteigen wollte. Die narrative Chronologie war zugunsten einer rezeptionsästhetischen Arbitrarität aufgehoben. Diese Freiheit des Lesers bestand allerdings nur bis zum Erscheinen von Ohlers Roman in Buchform 1998. Das Internet erscheint so im Fall von Ohler und Goetz als Probelauf für die letztlich angepeilte Überführung in das Medium Buch. Im Falle der Literatur scheint das Verhältnis von Buch und Internet nicht eines der gegenseitigen Ausschließung, sondern der Kohabitation zu sein. Nimmt man noch den ausgeprägten Trend zum Hörbuch hinzu, so ergibt sich das Bild einer medialen Omnipräsenz des Textes, wobei sich das Bewusstsein für die Präsentationsformen des jeweiligen Mediums schärfen könnte.

‚Totale Gegenwart'

Fragt man nach dem gemeinsamen Nenner der Pop-Literatur, so könnte man in ihr mit einem Wort von Goetz das Projekt einer ‚Geschichte der Gegenwart' erblicken. Ähnlich hat auch Meinecke Pop als ‚totale Gegenwart' definiert. Es geht dieser Literatur um eine Intensivierung des Augenblicks, die das Leben gewaltsam in Kunst überführen möchte. Eckhard Schumacher hat unlängst in einer Studie zur Pop-Literatur von der Substitution literarischer Erinnerungsprozesse durch eine mittels „Vergessen induzierte Ausrichtung auf die Gegenwart" (Schuhmacher 2003, 32) gesprochen. Nur in scheinbarem Widerspruch dazu steht die Charakterisierung der Pop-Literaten als ‚neue Archivisten', die Moritz Baßler kurz zuvor im Anschluss an die Vorstellung des ‚kulturellen Archivs' (Boris Groys) vorgenommen hatte (vgl. Baßler 2002). Er will mit diesem Begriff die Inkorporation von Alltagserfahrungen einer Kindheit in den 60er und 70er Jahren in den literarischen Diskurs bezeichnen, womit die Pop-Literaten aus der immer noch andauernden Nachkriegsliteratur, die im Zeichen der Vergangenheitsbewältigung stand und steht, ausgestiegen seien. Allerdings befindet sich diese archivalische Funktion nicht im Widerspruch zur angestrebten Jetztzeitigkeit, da sie nicht aus einer Erinnerungsperspektive entspringt, sondern der distanzlosen Vergegenwärtigung dient. Insgesamt kann man in der Pop-Literatur eine Fetischisierung der Jetztzeit beobachten, die sich aus der Anstrengung ableiten lässt, „mit detailgenauen Phänomenologien gegenwärtiger Signifikations- und Kommunikationsprozesse" (Schuhmacher 2003, 37) immer auf der Höhe der Zeit zu sein. Diese Ästhetik unterliegt notwendig der Aporie der Differenz zwischen Erleben und Schreiben und bezahlt ihre Assimilation ans Jetzt nur zu oft mit dem Verlust kritischer Reflexion.

Deutsch-jüdische Literatur nach 1945 und die Generation nach der Shoah

Seit den späten 80er Jahren ist die Konstitution einer neuen deutsch-jüdischen Literatur zu beobachten, freilich in einem noch bescheidenen Umfang. Aber immerhin ist in dieser Zeit eine neue Autorengeneration auf den Plan getreten, die in ihren Büchern die eigene deutsch-jüdische Identität zum Thema macht. Natürlich gab es auch in der Zeit nach 1945 jüdische Autoren, die zur deutschsprachigen Literatur bedeutende Werke beitrugen, sei es im Inland oder im Ausland. Zu nennen wären für ersteres etwa Jurek Becker, Albert Drach, Grete Weil, Peter Adler oder Wolfgang Hildesheimer und für letzteres u.a. H. G. Adler, Rose Ausländer, Paul Celan, Erich Fried, Edgar Hilsenrath, Jenny Aloni oder Nelly Sachs. Die meisten von ihnen haben sich auch thematisch mit der jüdischen Identität auseinander gesetzt, aber das geschah in der Regel noch im Bann der Shoah.

Junge jüdische Literatur I: Prosa

Die seit den 80er Jahren auftretenden Autoren gehören der Generation der Nachgeborenen an, für die die Judenverfolgung keine persönliche Erfahrung mehr ist, sondern Bestandteil ihrer Familiengeschichten. Sie wenden sich daher ihrem Leben als Juden in der Bundesrepublik zu und werfen auch einen kritischen Blick auf den Umgang mit dem Dritten Reich in den eigenen Familien. In der Titelerzählung ihres Prosabandes *Roman von einem Kinde* (1986) lässt Barbara Honigmann die junge jüdische Protagonistin in der kleinen Schar, die sich zum Pessachfest in der Oranienburgerstraße in Ostberlin zusammenfindet, ihren „Platz im Leben" finden. Esther Dischereit schildert in dem autobiografisch gefärbten Roman *Joëmis Tisch* (1988) die Entdeckung einer durch die Mutter vorenthaltenen jüdischen Identität und den zähen Prozess der Annäherung an die spezifisch jüdische Tradition. Indem die namenlos bleibende Protagonistin beim Purimspiel die Rolle der Esther ausfüllt, öffnet sich ihr ein Weg zur neuen jüdischen Identität. Ähnlich liegt der Fall bei Hans [Chaim] Nolls autobiografischem Roman *Der goldene Löffel* (1989). Der Autor unternimmt hier eine Abrechnung mit seinem Vater, dem bekannten DDR-Autor Dieter Noll, der seine jüdische Identität unterdrückt hatte. Hans Nolls Wiederbesinnung auf diese Wurzeln kommt in seiner Umtaufe auf den jüdischen Vornamen Chaim programmatisch zum Ausdruck. Daniel Ganzfrieds Roman *Der Absender* (1995) handelt von einem Mitarbeiter in der New Yorker Holocaust-Gedenkstätte, der mit der Archivierung von Tondokumenten beschäftigt ist. Als sich schon Routine einzustellen beginnt, stößt er auf ein anonym eingesandtes Tonband, auf dem er die Stimme seines Vaters zu erkennen glaubt. Der Sohn macht sich auf die Suche nach dem Absender und findet den Vater. Rafael Seligmann hat in seinem Roman *Rubinsteins Versteigerung* (1989) in teils satirischer, teils selbstironischer Manier die Erlebnisse eines jungen Juden geschildert, der sich gleichzeitig von seiner jüdischen Familie emanzipieren und in der deutschen Umwelt seinen Platz finden will. Er setzte seine Gegenwartsromane aus jüdischer Perspektive mit den Werken *Die jiddische Mamme* (1996) und *Der Musterjude* (1997) fort. Seligmann kann sich dabei als deutsch-jüdischer Autor auch größere Freiheiten in der kritischen Auseinandersetzung mit der eigenen Elterngeneration nehmen, als dies einem außenstehenden nicht-jüdischen Autor möglich wäre. Diesen selbstkritischen Blick trifft man auch in vielen Texten des Erzählungenbandes *Wenn ich einmal reich und tot bin* (1990) von Maxim Biller und in Dischereits Roman *Merryn* (1992) an.

Junge jüdische Literatur II: Essay, Hörspiel, Lyrik

Die junge deutsch-jüdische Literatur konstituiert sich nicht allein in der Prosa. Biller ist vor allem als Journalist durch seine giftigen Zeitkommentare und Porträts in der Zeitschrift *Tempo* bekannt geworden. In einigen Essays zur Gegenwartsliteratur hat er sich für einen ‚harten' Realismus ausgesprochen, der mit einer aus moralischer Entrüstung gespeisten Wut die vorherrschende „Schlappschwanz-Literatur" (Biller 2001, 325) aufstören soll. Dischereit hat auch Hörspiele und Gedichte geschrieben. In ihrem Hörspiel *Ich ziehe mir die Farben aus der Haut* (1992) wird die konventionelle Verteilung der Täter- und Opferrolle in der sexuell motivierten Beziehung zwischen einer Jüdin und einem Gojim aufgebrochen. Dischereit lässt zwar in Anspielungen an die Shoah die Opferperspektive der Frau aufscheinen, unterläuft sie aber durch deren eigene Bereitschaft zur Gewaltausübung gegenüber ihrer Tochter. Als das Paar bei einem Ausflug eine Radiodiskussion über ein Erinnerungsmahnmal verfolgt, wird bei der Frau das doppelte Bedürfnis geweckt, sich aus der Bindung an den Mann zu lösen und sich zu ihrer jüdischen Herkunft zu bekennen. Auf dem Gebiet der Lyrik ist wohl Matthias Hermann die bemerkenswerteste deutsch-jüdische Stimme. Er hat in seinen Gedichtbänden *72 Buchstaben* (1989) und *Der gebeugte Klang* (2002) den Versuch unternommen, das klare Bekenntnis zur jüdischen Religion mit den ästhetischen Verfahrensweisen der Moderne zu verbinden. Sie enthalten Gedichte über jüdische Friedhöfe, über markante geschichtliche Orte in Israel, über das mit differenziertem Blick gesehene jüdisch-arabische Verhältnis, auch über biblische Gestalten. Seine auf Gedächtnis und Erinnerung fußende Dichtung steht ebenso in der Tradition der Psalmen wie in der von Sachs und Celan.

Theorie des sozialistischen Realismus

Im Anschluss an Äußerungen Lenins über Literatur hatte Alexander Shdanow auf dem Allunionskongress der sowjetischen Schriftsteller 1934 das Konzept des sozialistischen Realismus entworfen. In den folgenden Jahren war es vor allem der Literaturtheoretiker Georg Lukács, der die Methode des sozialistischen Realismus ausarbeitete. Als wesentlicher Katalysator für die Präzisierung des sozialistischen Realismus fungierte die so genannte Expressionismusdebatte der Jahre 1937/38, die in der Moskauer Exilzeitschrift *Das Wort* geführt wurde. In seinem programmatischen Aufsatz *Es geht um den Realismus* (1938) deutete Lukács die literarischen Avantgardebewegungen als Irrwege der Kunst, die vor der krisenbedingten Verselbstständigung der Teilmomente des gesellschaftlichen Ganzen kapitulierten und mit der Preisgabe des realistischen Gestaltens reagierten. Lukács hielt demgegenüber an der Idee der realistischen Widerspiegelung gesellschaftlicher Totalität fest und verlangte vom realistischen Autor, „daß die dialektische Vermitteltheit von Erscheinung (Oberfläche, Alltagsrealität) und Wesen (historisch-gesellschaftliche Gesetzmäßigkeiten) gestaltet werden müsse." (Jung 1989, 121) Er rekurrierte dabei auf eine Vorstellung von Totalität, wie er sie bereits in seinem vormarxistischen Essay *Die Theorie des Romans* (1920) an der großen Epik entwickelt hatte. Im Exil knüpfte Lukács hier an und übertrug die erzählerischen Verfahren des kritischen Realismus des 19. Jahrhunderts auf den sozialistischen Realismus. In seiner Kritik an linkssektiererischen Positionen und an der Avantgarde vertrat er den Anspruch, fortschrittliche Kunst müsse die Wirklichkeit widerspiegeln und zugleich (erzählend) gestalten. Es ist in Lukács' Diktion Aufgabe des Realisten, gedanklich „zu den tiefer liegenden, verborgenen, vermittelten, unmittelbar nicht wahrnehmbaren Zusammenhängen der gesellschaftlichen Wirklichkeit zu gelangen" und in einem zweiten Schritt künstlerisch „eine neue, gestaltet vermittelte Unmittelbarkeit, eine gestaltete Oberfläche des Lebens, die, obwohl sie in jedem Moment das Wesen klar *durchscheinen* lässt, doch als Unmittelbarkeit, als Oberfläche des Lebens erscheint" (Lukács in Schmitt 1973, 205), zu schaffen. An den Werken des kritischen Realismus las Lukács dieses erzählerische Gestaltungsprinzip ab, das im sozialistischen Realismus den drei Kategorien des Typischen, der Parteilichkeit und der Volksverbundenheit zu dienen hatte.

Kategorien des sozialistischen Realismus

Mit dem Typischen ist gemeint, dass das Allgemeine im Besonderen sichtbar wird und die gesellschaftliche Totalität in einem richtig proportionierten Zusammenhang widergespiegelt wird. Hieraus resultierte etwa die Zurückweisung des auffälligen Interesses moderner Literatur an Randexistenzen, Außenseitern oder subkulturellen Milieus. Parteilichkeit bedeutet die Darstellung der objektiven Wirklichkeit in ihrer revolutionären Entwicklung, das heißt der historische Prozess soll im Sinne der marxistischen Geschichtsphilosophie transparent werden. In der Regel bedingt dies die Gestaltung eines positiven, sozialistisch gesinnten Helden, der den Leser zur Identifikation einlädt. Mit der Volksverbundenheit waren die Verwurzelung in der fortschrittlichen nationalen Tradition und das Vermeiden formalistischer Schreibweisen gemeint. Als formalistisch wurde alles stigmatisiert, was einer nicht-mimetischen Ästhetik entsprang und zur ‚Verzerrung' des Menschenbildes führte. Diese dogmatische Auslegung des sozialistischen Realismus wurde unmittelbar nach dem 2. Weltkrieg von Alexander Dymschitz vertreten, der als Kulturfunktionär eine entscheidende Rolle in der Konstitutionsphase der SBZ spielte, da er die für Literatur zuständige Informationsabteilung der SMAD leitete.

Sozialistischer Realismus in der frühen DDR

Der sozialistische Realismus blieb seitens der parteioffiziellen Literaturpolitik während der gesamten Lebensdauer der DDR die maßgebliche Orientierung. Mit der Staatsgründung der DDR 1949 trat an die Stelle der integrativen antifaschistisch-demokratischen Erneuerung die Parole vom Aufbau des Sozialismus. Das hatte seine Konsequenzen für die Grundausrichtung der Literatur. Der 1952 aus dem Kulturbund hervorgegangene Deutsche Schriftstellerverband forderte in seinen Statuten „die führende Rolle der Partei anzuerkennen und sich der Methode des sozialistischen Realismus zu verpflichten". Von den Autoren wurde eine Aufbau- und Produktionsliteratur erwartet, die durch die Lösung von Widersprüchen den Weg zu einer höheren Arbeitsproduktivität wies. Nach Stalins Tod 1953 und dem XX. Parteitag der KPdSU 1956, der dessen Personenkult attackierte, gab es Anzeichen für eine zaghafte Liberalisierung der Kulturpolitik (‚Tauwetter'), aber die gewaltsame Niederschlagung der Aufstände in Polen und Ungarn im Oktober 1956 brachte eine erneute Verhärtung. Nun wurde eine neue Etappe der Kulturrevolution verkündet, die die ‚Entfremdung zwischen Künstler und Volk' überwinden sollte. Die Bitterfelder Konferenz im April 1959 forderte die Schriftsteller auf, in die Betriebe zu gehen und die neuen Produktionsverhältnisse zu studieren. Umgekehrt erging an die Arbeiter unter der Parole ‚Greif zur Feder, Kumpel' der Appell, selbst über ihre Erfahrungen in den Brigaden zu schreiben.

Ankunft in der ‚sozialistischen Nationalliteratur'

Mit dem Mauerbau von 1961 veränderten sich die gesellschaftlichen Rahmenbedingungen. Zum einen, da der sozialistische Staat sein Bestehen gesichert hatte, propagierte man die ‚Ankunftsliteratur' und sah den Schritt zur Etablierung einer ‚sozialistischen Nationalkultur' vollzogen. Dieter Nolls zweibändiger Roman *Die Abenteuer des Werner Holt* (1960/63) kann als ein teleologisch konzipierter Ankunftsroman gelesen werden, der sich zudem um die von Lukács geforderte Transformation des bürgerlich-kritischen in den sozialistischen Realismus bemüht. Noll demonstriert an der Geschichte eines jungen Mannes aus bürgerlicher Familie den Prozess einer grundlegenden Wandlung. Die Kriegserfahrung fungiert als Desillusionierung über die Ideologie seines sozialen Milieus und führt ihn in der unmittelbaren Nachkriegszeit an die Seite der Arbeiterklasse. Noll bedient sich erzählerisch der Muster des Bildungsromans und bietet mittels seines Handlungsreichtums eine Identifikationsmöglichkeit für verschiedenste Leser. Als ein weiteres Beispiel von Ankunftsliteratur kann man auf Helmut Baierls Stück *Frau Flinz* (1961) hinweisen, einer Art realsozialistisch gewendeter Mutter Courage. Die Protagonistin hat zwar im Dritten Reich gelernt, gegenüber dem Staat misstrauisch zu sein, aber nicht bemerkt, dass sich nun ein neuer Staat etabliert hat, der aufgrund seines antifaschistischen Selbstverständnisses einen Vertrauensvorschuss verdient hätte. Frau Flinz muss mit ansehen, wie sie der Reihe nach ihre Kinder an diesen neuen Staat ‚verliert'. Da sie aber, anders als der Krieg es mit Mutter Courages Kindern macht, von diesem Staat nicht getötet werden, vollzieht Mutter Flinz schließlich auch den Schritt zur überzeugten Sozialistin.

Forum-Lyrikdebatte und Fortschrittskritik

Die mit dem Mauerbau verbundene Abschottung erlaubte eine gewisse Liberalisierung im Inneren. Das gewonnene Terrain der Meinungsäußerung führte 1966 zum heftigen Konflikt in der so genannten *Forum*-Lyrikdebatte. Vorangegangen war 1963 die Einführung des Neuen Ökonomischen Systems (NÖS), das im Produktionssektor die Rolle der Leiter und Planer stärker betonte. Ziel war eine Modernisierung des Wirtschaftssystems, die mit einer gewissen Fetischisierung des technisch-wissenschaftlichen Fortschritts verbunden war. Gegen diesen Technikglauben erhoben nun in einer Umfrage des *Forum*-Redakteurs Rudolf Bahro zahlreiche jüngere Lyriker prinzipielle

Einwände. Günter Kunert bezeichnete es als Illusion anzunehmen, in einer sozialistischen Gesellschaft sei Technisierung identisch mit Fortschritt und ihr Missbrauch ausgeschlossen. Gegen den Funktionalismus der technischen Systeme boten Kunert, Sarah Kirsch oder Heinz Czechowski den subjektiven Faktor auf, betonten sie das notwendig Individuelle. Diese Positionen in der DDR wurden durch die Entwicklung in der CSSR beflügelt. Schon 1963 hatte Ernst Fischer dort auf einer Kafka-Konferenz den Gedanken auszusprechen gewagt, Entfremdung existiere auch in den sozialistischen Systemen.

Grenzen der ,Vielfalt ästhetischer Schreibweisen'

Mit dem gewaltsamen Ende des Prager Frühlings 1968 verhärtete sich die Kulturpolitik wieder. Darüber können auch manche Flexibilisierungen in der Auslegbarkeit des sozialistischen Realismus nicht hinwegtäuschen, die nach dem Amtsantritt Honeckers 1971 eine ,Vielfalt der ästhetischen Schreibweisen' oder die ,Dialektik von Individuum und Gesellschaft' konzedierten. Die oft qualvollen und langwierigen Publikationsprozesse selbst bei Autoren wie Heiner Müller, Christa Wolf oder Volker Braun, die die DDR als das bessere Deutschland ansahen, widerlegen den nur behaupteten ästhetischen und ideologischen Spielraum. Spätestens mit der Ausbürgerung von Wolf Biermann 1976 wurde die Intoleranz des SED-Regimes gegenüber kritischer Literatur deutlich. Auch der Beginn der Glasnost-Politik des sowjetischen Staatschefs Gorbatschow 1985 änderte kaum etwas an der DDR-Kulturpolitik. Selbst dort, wo sie Toleranz fingierte wie im Falle der alternativen Literaturszene am Prenzlauer Berg, erwies sich nach 1989, in wie hohem Grade die DDR-Staatssicherheit diese Szene von innen her kontrollierte.

3. Abriss der Literatur 1945–2000

Rückkehr der Exilautoren in die SBZ: Romane von Theodor Plievier und Anna Seghers

Die literarische Landschaft in der sowjetisch besetzten Zone wurde zunächst von den zurückkehrenden Exilautoren dominiert. Der erste bedeutende und sehr erfolgreiche Nachkriegsroman wurde in der SBZ gedruckt, Theodor Plieviers *Stalingrad* (1945). Das Buch erreichte bis 1948 eine Auflage von über 1 Million. Unmittelbar nach dem Ende der Schlacht um Stalingrad hatte Plievier den Plan gefasst, einen Tatsachenroman darüber zu schreiben. Anna Seghers' 1944 noch im Exil begonnener Roman *Die Toten bleiben jung* (1949) liefert eine kritische Bilanz der deutschen Geschichte von 1918 bis 1945. Das Buch beginnt mit der Ermordung des Spartakisten Erwin und verfolgt die Lebensläufe seiner Mörder, um die Errichtung der nationalsozialistischen Herrschaft als Konsequenz des Zusammenspiels von Kapital, Militarismus und Junkertum zu zeigen. Als komplementärer Strang fungiert eine proletarische Familiengeschichte. Der Tod von Erwins Mördern im Krieg ist Ausdruck der historischen Niederlage der von ihnen repräsentierten gesellschaftlichen Kräfte, während das Überleben der proletarischen Familie die Unverwüstlichkeit der Arbeiterklasse beglaubigt. Hieraus erklärt sich der Titel des Buchs, in dem Seghers die marxistische Geschichtsphilosophie in einen naturzyklischen Familienroman übersetzt.

Christa Wolf

Seghers war das Vorbild der jungen Christa Wolf. In ihrem Erfolgsroman *Der geteilte Himmel* (1963) verknüpft sie eine unglücklich endende Liebesgeschichte mit der deutschen Teilung. Die Ich-Erzählerin Rita Seidel hat den Chemiker Manfred Herrfurth kennen gelernt und ist in sein Elternhaus eingezogen. Während sie in einer Arbeitsbrigade Erfahrungen mit der Produktionssphäre sammelt, stößt Manfred immer wieder auf bürokratische Widerstände und Intrigen. Schließlich ist er so zermürbt, dass er nach Westberlin geht. Rita kommt ihn dort besuchen, aber die Entfremdung zwischen ihren Lebenszielen ist nicht mehr zu überbrücken. Sie kehrt in die DDR zurück. Wolfs Erzählung steht erkennbar noch im Zusammenhang mit Devisen des Bitterfelder Wegs. Allerdings hebt sich der Text von der bloßen Erfüllung literaturpolitischer Vorgaben ab, insofern die konkrete Arbeitswelt als Ort unlösbarer menschlicher und ökonomischer Konflikte erscheint. In ihrem Roman *Nachdenken über Christa T.* (1968) reklamiert Wolf die Einlösung der privaten Glücksansprüche des Subjekts in einer sozialistischen Gesellschaft. Die Krankheitsgeschichte der Christa T. erscheint dabei nicht als persönliches Schicksal, sondern auch als Verarbeitungsform der permanent abverlangten Entsagungen. Unverstellter als in *Nachdenken über Christa T.* hat Wolf in *Kindheitsmuster* (1976) eine autobiografische Erkundung vorgenommen. Der Roman spaltet die Erzählhaltung in eine Ich-, Du- und Sie-Perspektive auf, der die drei Zeitebenen der Kindheit, der Wiederbegegnung mit der jetzt polnischen Heimatstadt und der Erzählgegenwart zugeordnet sind. Zentral geht es um Nelly Jordans, das heißt die eigene Kindheit im Dritten Reich und das Erlebnis von Flucht, Vertreibung und erster Orientierung im sowjetisch besetzten Teil Deutschlands. Wolf entwirft das Psychogramm einer Jugendlichen, die wie selbstverständlich in die nationalsozialistische Weltanschauung hineinwächst. Die Autoritätshörigkeit erbt sich in der Nachkriegszeit in dem ebenso fraglosen Absingen von Aufbauliedern fort. *Kindheitsmuster* ist ein mutiger Beitrag, auf dem Wege der Autoarchäologie nach dem Fortbestehen von Einstellungen und Verhaltensmustern aus der Zeit des Nationalsozialismus zu fragen.

Jurek Becker

In die Zeit des Dritten Reichs, wenn auch auf der Opferseite führt Jurek Beckers erfolgreicher Roman *Jakob der Lügner* (1969) zurück. Er spielt im Warschauer Ghetto, wo der Jude Jakob in den Ruf gerät, Besitzer eines verbotenen Radios zu sein. Er sieht sich nun durch die ständigen Nachfragen in die Rolle des Hoffnungsträgers gedrängt, der durch günstige Frontberichte den Lebensmut im Ghetto erhalten kann. Erzähltechnisch bemerkenswert ist das doppelte Ende von *Jakob der Lügner.* Im einen Fall kann Jakob das Ghetto verlassen, und selbst wenn er von einem Posten erschossen wird, ist dies das ‚positive' Ende, weil dem tödlichen Schuss die Artillerie der Roten Armee als Echo antwortet. Der zweite Schluss zeigt Jakob im Viehwaggon auf dem Weg ins Vernichtungslager. In dem Roman *Bronsteins Kinder* (1986) hat Becker sich den Langzeitwirkungen der Judenverfolgung auf provokante Weise zugewandt. Der Roman wird aus der Perspektive von Hans Bronstein, dem Sohn eines ehemaligen KZ-Insassen erzählt. Er überrascht seinen Vater und zwei ehemalige Leidensgenossen dabei, wie sie in einem abgelegenen Haus einen KZ-Aufseher verhören. Hans macht seinem Vater wegen dieser Selbstjustiz heftige Vorwürfe, die dieser mit dem Hinweis auf die Tatenlosigkeit der DDR-Behörden zurückweist. Am Ende findet Hans seinen Vater tot neben dem Angeketteten liegen. Was dem Aufseher als Täter nicht gelang, gelingt ihm als Opfer.

Ulrich Plenzdorf und Irmtraud Morgner

Den in *Nachdenken über Christa T.* enthaltenen Anspruch auf privates Glück brachte am entschiedensten Ulrich Plenzdorf in seinem Roman *Die neuen Leiden des jungen W.* (1973) zum Ausdruck. In einer teils an westlicher Jugendkultur orientierten Sprache lässt er seinen Protagonisten Edgar Wibeau nach einer selbstbestimmten Lebensgestaltung jenseits von Normierung und Ideologie suchen. Plenzdorfs Roman wurde als die vorgeschobenste Position des Subjektivismus empfunden und löste eine literaturpolitische Debatte aus, in der es um den künstlerischen Spielraum nach der Ablösung Ulbrichts durch Honecker ging.

Auf die fantastische Überschreitung des Alltags stößt man in den Werken von Irmtraud Morgner. Sie hat in *Leben der Trobadora Beatriz, erzählt von ihrer Spielfrau Laura* (1974) das Gattungsmodell des Schelmenromans aufgegriffen. Die nach 800-jährigem Schlaf ins Leben zurückgekehrte Trobadora bewegt sich unbefangen durch den sozialistischen Alltag und kann durch ihre verfremdete Perspektive Widersprüche sichtbar machen. Von der berufstätigen Laura wird sie in die Produktionssphäre eingeführt. Morgner hat in dem ‚Hexenroman' *Amanda* (1983) die fantastische Überschreitung des Alltags aus einem dezidiert weiblichen Blickwinkel fortgesetzt.

Christoph Hein

Christoph Heins Novelle *Der fremde Freund* (1982), im Westen unter dem Titel *Drachenblut* (1983) publiziert, ist als Rollenprosa angelegt. Aus der Perspektive der Ärztin Claudia entwirft Hein ein beklemmendes Bild von den zwischenmenschlichen Beziehungen in der DDR. Claudia ist aus einer Ehe geflohen, die sie als Qual empfunden hat. Da ihr die eigene Erfahrung exemplarisch zu sein scheint, versucht sie, ihr Gefühlsleben abzutöten. Die Diagnose einer selbstentfremdeten Existenz straft implizit die Versprechungen der sozialistischen Gesellschaft Lügen. Die Anlage von Heins Roman *Horns Ende* (1985) ähnelt in gewisser Weise Wolfs *Kindheitsmuster.* Auch Hein operiert mit drei Zeitebenen, wovon eine im Dritten Reich und zwei in der DDR spielen. Erzähltechnisch ist sein Roman aber anders strukturiert. In der Erzählgegenwart der 80er Jahre macht sich ein Chronist daran, Zeitzeugen für den Selbstmord des Historikers Horn im Jahre 1957 in der Provinzstadt Guldenberg zu befragen. Durch die Rekonstruktion von Horns Weg in den Suizid wird das ideologische Klima der 50er Jahre zwischen Stalinismus, kurzem Tauwetter und neuer Eiszeit vergegenwärtigt, das für eine sensible und wahrheitsliebende Person wie Horn im wörtlichen Sinne tödlich war. Gleichzeitig entsteht das Porträt einer Kleinstadt mit ihren Duodezfunktionären und ihrer feinmaschigen sozialen Kontrolle. Auch hier läuft wie bei Wolf der mentalitätsgeschichtliche Befund darauf hinaus, dass das Ende des 2. Weltkriegs höchstens ein Bruch in den Sprachregelungen, aber nicht auf der Verhaltensebene gewesen ist.

Erzählliteratur in den Westzonen

Unmittelbar nach dem Ende des 2. Weltkriegs traten verschiedene Tendenzen in der Erzählliteratur der Westzonen zutage. Es gab eine Literatur der christlich-abendländischen Erneuerung, deren wichtigste Vertreter aus der Inneren Emigration kamen und wie Ernst Wiechert oder Elisabeth Langgässer teilweise Lagerhaft oder Schreibverbote erlebt hatten. Es gab den Magischen Realismus (vgl. IV. 2.), der ebenfalls von Autoren der Inneren Emigration wie Hermann Kasack, Ernst Kreuder oder Horst Lange praktiziert wurde. Und schließlich gab es eine zeitkritische Erzählliteratur, die sich der jüngsten Vergangenheit annahm und dabei meist realistische Schreibtechniken anwandte, wobei die Spanne von der komplexen Erzählweise Thomas Manns bis zum konsequenten Kahlschlagstil (vgl. IV. 2.) bei Werner Kolbenhoff reichte. Bemerkenswert ist, dass sich in den prominenten Werken aller genannten Strömungen das Bemühen um eine Verarbeitung des Dritten Reichs findet.

Elisabeth Langgässer und Thomas Mann

In Langgässers Romanen *Das unauslöschliche Siegel* (1946) und *Märkische Argonautenfahrt* (1949) wird das Schicksal der Juden mit einbezogen, wobei der historische Rahmen bis in die Zeit vor dem 1. Weltkrieg ausgeweitet ist. Auch wenn Erlösung und Gnade leitende religiöse Vorstellungen Langgässers sind, wird die Anerkenntnis geschichtlicher Schuld davon nicht berührt. Thomas Manns Roman *Doktor Faustus* (1947) wurde im Mai 1943 in der Absicht begonnen, „nichts Geringeres als den Roman meiner Epoche" (Mann 1984, 29) zu schreiben. Der Roman besteht aus der Biografie des 1941 verstorbenen Zwölftonmusikers Adrian Leverkühn durch seinen Freund Serenus Zeitblom. In *Die Entstehung des Doktor Faustus* schreibt Mann: „Ich fühlte wohl, daß mein Buch selbst das werde *sein* müssen, wovon es handelte, nämlich konstruktive Musik" (ebd. 47) Leverkühns Schaffenskrise macht ihn zum Bündnispartner des Teufels, der ihm die Macht einer neuen Kunst um den Preis des Liebesverzichts verleiht. Leverkühn schreibt darauf das Oratorium *Apocalipsis cum figuris*, das Zeitblom als verhängnisvolle Mischung aus Barbarei und Ästhetizismus charakterisiert. Leverkühn, dessen körperliches Befinden aufgrund einer Syphilis immer schlechter wird, beabsichtigt mit seinem zweiten größeren Werk, der Kantate *Dr. Fausti Weheklag*, die Rücknahme der 9. Symphonie Beethovens, das heißt allen Strebens nach dem Humanen. Nach ihrer Vollendung bricht Leverkühn in geistiger Umnachtung zusammen. Wenn man bei der Deutung an den äußeren Daten von Leverkühns Leben ansetzt, stößt man auf viele Parallelen zu Friedrich Nietzsche. Es ist offensichtlich, dass der Zusammenhang von Ästhetizismus und Barbarei von seiner intellektuellen Gestalt abgeleitet wird. Das Faustische, das für die Verführbarkeit durch den Teufel prädisponiert, ist eine Kombination aus avanciertem Verstand und hinterwäldlerischer Gemüthaftigkeit. Diese Mischung ist für Mann das seelische Paradigma, das den Gang der deutschen Geschichte zu erklären vermag. Im Essay *Deutschland und die Deutschen* bringt Mann die Kombination der beiden Pole explizit mit der Musik in Verbindung. „Sie ist berechnetste Ordnung und chaosträchtige Wider-Vernunft zugleich, [...] abstrakt und mystisch" (Mann 1996, 265). Der Musiker wird zur eigentlichen Verkörperung der deutschen Innerlichkeit, die historisch so fatale Konsequenzen gezeitigt hat.

Kriegsromane I: Hans Werner Richter und Heinrich Böll

Als Beispiel für zeitkritische Kahlschlagliteratur kann man Hans Werner Richters Roman *Die Geschlagenen* (1949) anführen, der die Erlebnisse des Gefreiten Gühler im Zeitraum zwischen dem Waffenstillstand zwischen Italienern und Alliierten und der deutschen Kapitulation in nüchternem Berichtston und Landserjargon schildert. Heinrich Böll hat sich selbst in seinem Aufsatz *Bekenntnis zur Trümmerliteratur* (1952) in den literaturgeschichtlichen Kontext eingeordnet. Die Erzählform des Romans *Wo warst du, Adam?* (1951) zeigt Bölls Herkommen von der Kurzgeschichte, wobei das Episodische der chaotischen Wirklichkeit des Kriegs entspricht. Besonderes Gewicht besitzen die Episoden über die konvertierte Jüdin Ilona, die in ein KZ kommt, das unter dem Kommando von Obersturmführer Filskeit steht. Filskeit ist ein fanatischer Anhänger des Chorgesangs und siebt aus den Häftlingen immer Stimmen für seinen Lagerchor heraus. Filskeit erschießt Ilona, als sie wunderschön und glaubensstark die katholische Sancta Trinitas anstimmt. In den letzten Wochen des Kriegs macht der Protagonist Feinhals sich zu seinem Heimatort auf, der in einer Art Niemandsland liegt. Der Roman endet damit, dass er vor dem Elternhaus von einer deutschen Granate getroffen wird. *Wo warst du, Adam?* ist ein den *Tag- und Nachtbüchern* des katholischen Kulturkritikers Theodor Haecker entstammendes Zitat, das nach der Bewährung des Einzelnen in der Weltkatastrophe fragt. Böll verfährt in seinem Roman gewissermaßen im Sinne einer umgekehrten Theodizee, das heißt es geht nicht um Gottes Existenz, sondern Gott ist derjenige, der fragt, ob sich noch Menschliches entdecken lässt.

Kriegsromane II: Herbert Zand und Jens Rehn

Die Romane von Richter und Böll gehören zum breiten Strom der Kriegsromane. Viele haben der Kriegserfahrung eine Wendung ins Existentialistische und Parabolische gegeben wie etwa Herbert Zands *Letzte Ausfahrt* (1953), in dem die eingeschlossene Lage in einer Kesselschlacht zur Chiffre für die moderne Existenz gesteigert wird. Ähnlich verfährt Zand auch in seiner großen Erzählung *Der Weg nach Hassi el emel* (1956), die von dem allmählichen Sterben eines durch die Wüste irrenden abgeschossenen Fliegers handelt. Sie wirkt als Parallelunternehmen zu Jens Rehns Roman *Nichts in Sicht* (1954), dem unter dieser parabelhaften Kriegsliteratur eine exklusive Stellung zukommt. Die existentielle Grenzsituation besteht hier darin, dass ein deutscher Soldat in einem Schlauchboot über den Atlantik treibt. Seine Reflexionen und die in ihm aufsteigenden Erinnerungsbilder gehen allmählich in Fieberfantasien und die Halluzinationen tödlicher Erschöpfung über. Erzählerisch ist *Nichts in Sicht* dadurch gekennzeichnet, dass die Stationen des Sterbens durch nüchterne medizinische Informationen begleitet und metaphysische Begriffe wie Gott oder Hoffnung in kurzen quasi lexikalischen Artikeln erläutert werden. Zu dieser Technik passt der lakonische Erzählstil, der Rehns Intention einer desillusionierenden Überprüfung der abendländischen Werte dient. Wo auf der konkreten Wahrnehmungsebene des Schiffbrüchigen nichts in Sicht ist, kommt auf der metaphysischen das Nichts in Sicht. Die Diagnose der Verlassenheit des modernen Menschen hat Rehn in seinem Roman *Feuer im Schnee* (1956) über das Thematische hinaus in die erzählerische Struktur überführt. Der namenlose Protagonist ist ein alter Schulmeister, der der einzige Überlebende eines Flüchtlingstrecks ist. Er beschließt der allgemeinen Bewegungsrichtung entgegen nach Osten zu reiten. Vor seinem Aufbruch sortiert er die Bibel, Homers Epen, Goethes *Werther*, die Philosophen und die moderne Dichtung aus dem Reisegepäck aus. *Feuer im Schnee* ist ein Stationenroman, der in sich selbst zurückläuft. Zwei Tage und zwei Nächte ist der Schulmeister in einer Todeslandschaft unterwegs, deren absurde Wirklichkeit alle abendländische Kulturtradition Lügen straft. Als er auf den von ihm zurückgelassenen Stapel Bücher stößt, macht er daraus ein Feuer. Dieses private Autodafé steht natürlich in einem kontradiktorischen Verhältnis zur nationalsozialistischen Bücherverbrennung. Das Fanal, das Rehns Schulmeister hier entfacht, gilt gerade nicht einer ‚zersetzenden' Wirkung des Geistes, es ist vielmehr radikale Kritik an der unzulänglichen Immunisierung der Zivilisation gegen Rückfälle in die Barbarei.

Kriegsromane III: Gert Ledig und Jakov Lind

Gert Ledigs Kriegsromane *Die Stalinorgel* (1955) und *Vergeltung* (1956) repräsentieren zusammen mit Michael Horbachs Roman *Die verratenen Söhne* (1957) den Stil des ‚harten Realismus'. Ledig bedient sich einer Simultantechnik, die er virtuos handhabt. *Die Stalinorgel* lebt dabei vor allem von der spannungsvollen Parallelführung des Geschehens beiderseits der Front bei Leningrad im Sommer 1942. *Vergeltung* ist in dreizehn Kapitel unterteilt, wobei jedem Kapitel in einer Art Steckbrief das Selbstporträt einer Person vorangestellt ist. Die Schicksale seiner Figuren werden im Verlauf eines Luftangriffs auf eine deutsche Stadt verknüpft. Eingerahmt sind die dreizehn Kapitel durch einen Prolog und einen Epilog, die als Überschrift die Uhrzeiten des Beginns und des Endes des Luftangriffs tragen. Ledig wendet im Prolog auch das episierende Mittel an, das Ende seiner Figuren vorwegzunehmen. So lenkt er die Aufmerksamkeit ganz auf den Vorgang der Zerstörung selbst. Ledigs Roman ist einer der härtesten Texte der Nachkriegszeit. Seine literarische Leistung besteht darin, dass die dokumentarische Nüchternheit der Darstellung sich zu parabelhaften und symbolischen Szenen verdichtet. Ledig kommt dabei mit ganz wenigen stilistischen Mitteln aus. Der Text besteht fast durchgehend aus ganz kurzen Sätzen. Der Lakonismus zeigt die Absurdität des Kriegs unverstellter als jede moralische Distanzierung. Als Versuch, einen Kriegsroman mit den Mitteln des Absurden zu schreiben, kann man Jakov Linds *Landschaft in Beton* (1963) auffassen. Er schildert in grotesken Episoden die Anstrengungen, die der für geisteskrank geltende Unteroffizier Gauthier Bachmann unternimmt, um sich wieder der deutschen Wehrmacht zur Verfügung zu stellen.

Avantgardistischer Zeitroman: Wolfgang Koeppen

Der Beginn avancierter moderner Schreibweisen nach 1945 führt noch einmal in die frühen 50er Jahre zurück. Da sind zum einen Wolfgang Koeppens Romane *Das Treibhaus* (1953), *Tauben im Gras* (1954, s. V. 1.) und *Der Tod in Rom* (1956) zu nennen. Sie operieren erzähltechnisch mit der Knotenpunkttechnik, dekonstruieren und montieren mythologisches Material und entwerfen allegorische Tableaux. *Das Treibhaus* löste mit seiner kritischen Darstellung des Bonner Parlaments einigen Wirbel in der noch jungen Bundesrepublik aus. Der Protagonist Keetenheuve stürzt sich in den demokratischen Neuaufbau, erlebt aber politisch nur Enttäuschungen. Inmitten des Restaurationsklimas erfährt sich Keetenheuve als „Ausländer des Gefühls". Das Buch endet in einem allegorischen Tableau auf einem Trümmergrundstück. Es ist überdeterminiert von Todeszeichen. Eine Wandtapete zeigt das zerstörte Pompeji, das Menetekel historischen Verfalls schlechthin. Überall hocken heraldische Vögel mit blutigen Schnäbeln herum und die apokalyptische Perspektive wird vollendet mit der Begattung zwischen Piefkes und Rheintöchtern. Dieses Tableau konzentriert die Tendenzen der Zeit zu einer Art allegorischem ‚Endspiel'. Der Titel fungiert als Zeichen für den Zustand der Gesellschaft. Morbidität, Verwesung und aasigen Geruch registriert Keetenheuve allenthalben. Die Gesellschaft stinkt ihm. *Der Tod in Rom* (1954) spielt im Nachkriegsrom und versammelt dort zwei deutsche Familien sowie ein jüdisches Emigrantenpaar. Auf der einen Seite die Judejahns, bestehend aus Gottlieb, einem ehemaligen Nazi-General, der in den Nürnberger Prozessen in Abwesenheit zum Tode verurteilt worden ist, seiner Frau Eva, einer „nordischen Erinnye", die seit Deutschlands Niederlage Schwarz trägt, und ihrem Sohn Adolf, der sich vor den Eltern in den Schutz der katholischen Kirche geflüchtet hat. Die andere Familie sind die Pfaffraths, bestehend aus Friedrich Wilhelm, der einst im Nazireich Oberpräsident einer Provinz war, nun als demokratisch gewählter Oberbürgermeister wieder im eigenen Benz nach Rom fahren kann, seiner Frau Anna, dem Sohn Dietrich, Jurastudent und Burschenschaftler, ein aalglatter Karrierist, und dessen Bruder Siegfried, der Komponist moderner Musik geworden ist. In Rom soll seine 12-Ton-Symphonie *Variationen über den Tod und die Farbe des Oleanders* uraufgeführt werden. Dirigent ist Kürenberg, der ehemalige jüdische Generalmusikdirektor seiner Heimatstadt, der mit seiner Frau Ilse in Rom lebt.

Der Tod in Rom als Künstlerroman

Das Konzert wird von Koeppen erzähltechnisch dazu genutzt, alle wichtigen Figuren an einem Ort zu versammeln. Alfred Andersch, der den Roman als „Choreographie des politischen Augenblicks" (Andersch in Texte und Zeichen 1955, 251) würdigte, wies zu Recht darauf hin, dass *Der Tod in Rom* auch die Züge eines Künstlerromans trägt. Der moderne Komponist Siegfried erinnert an den modernen Komponisten Adrian Leverkühn aus Th. Manns *Doktor Faustus.* Beide versuchen mit ihrer Musik, geschichtliche Erfahrung zu verarbeiten. Der Bezug auf Leverkühn wird noch einmal deutlich, wenn Adolf Judejahn beim Anhören von Siegfrieds Musik bemerkt, er habe „kein Lied an die Freude" gehört. Hier wird wie im *Doktor Faustus* ein negativierender Bezug zu Beethovens 9. Symphonie hergestellt. Während Leverkühn seine revocatio in eine Musik kleidet, die das geschichtliche Scheitern der Humanität zugleich verkörpert und reflektiert, zieht Siegfried die Konsequenz, seine künstlerische Reflexion über Geschichte in die Idee einer geschichtslosen Musik münden zu lassen. Die Utopie seiner Musik besteht darin, die Geschichte als Katastrophenzusammenhang ästhetisch zu transzendieren.

Alfred Andersch

Die erzählerische Gestaltung von Anderschs erstem Roman *Sansibar oder der letzte Grund* (1957), die für sein literarisches Schaffen wegweisend sein wird, erinnert an die Knotenpunkttechnik in den Romanen von Koeppen oder Ledig. Die einzelnen Kapitel sind jeweils mit dem Namen von einer, gelegentlich von mehreren Figuren überschrieben. Durch den ständigen Perspektivewechsel entsteht so ein differenziertes Bild des Geschehens und eine distanzierte Haltung des Lesers, der sich veranlasst sieht, die verschiedenen Wahrnehmungen zu prüfen und ein eigenes Urteil zu bilden. Anderschs Roman spielt im Jahr 1937 in dem Fischerstädtchen Rerik. Gregor, ein Funktionär des kommunistischen Jugendverbands, ist von der Partei nach Rerik beordert worden, um dort mit dem Parteimitglied und Fischer Knudsen Kontakt aufzunehmen und die illegale Parteizelle nach dem neuen Fünfergruppensystem zu reorganisieren. Gregor kommt mit der Absicht nach Rerik, von dort aus Deutschland zu fliehen. In der Kirche des Pfarrers Helander, wo er Knudsen trifft, entdeckt er die Plastik *Der lesende Klosterschüler.* Helander möchte die Figur, die von einem verfemten Künstler stammt, nach Schweden in Sicherheit bringen lassen. Die Plastik ist die eigentliche Hauptfigur des Romans. Sie symbolisiert den tätigen und freien Geist. Gregor erkennt in ihr einen, „der ohne Auftrag lebt". Aufgrund dieser künstlerischen Aussage macht Gregor die Rettung der Plastik zu seiner eigenen Sache und verknüpft sie mit der Rettung des jüdischen Mädchens Judith. Neben diese Akte des politischen Widerstands tritt noch die Sansibar-Sehnsucht von Knudsens Bootsjungen, die für das utopische Denken schlechthin steht.

Arno Schmidt

Das Besondere von Arno Schmidts Schreiben liegt im Bereich der sprachlichen Gestaltung. Wenn man seine Bücher aufschlägt, sticht zuerst Schmidts so genannte Rastertechnik ins Auge. Diese besteht in einer starken typografischen Untergliederung des Textes. Zum zweiten ist Schmidt darum bemüht, die Dialektfärbung seiner Figuren phonetisch nachzubilden. Entsprechend dieser sprachlichen Milieutreue nimmt Schmidt auch den Umgangston mit auf. Davon hebt sich seine Neigung zu sprachlichen Neologismen ab. Schmidts Prosa ist zugleich zeitkritisch. In *Das steinerne Herz* (1956) übt Schmidt kompromisslose Kritik an beiden Teilen Deutschlands. Den westdeutschen Adenauerstaat nennt er „Bundesdiktatur", weil dort gegen die öffentliche Meinung die Wiederaufrüstung durchgesetzt wird, an dem ostdeutschen Teilstaat stört ihn die dogmatische Kulturpolitik. Der Ich-Erzähler Eggers betreibt einen bis zur Pedanterie gehenden Präzisionswahn. Wenn Eggers von seiner „wahnsinnigen Lust am Exakten von Namen, Zahlen, Daten, Grenzen, Tabellen, Karten" spricht, formuliert er ein Kernelement von Schmidts Poetik, wie ein Blick auf Schmidts dichtungstheoretische Texte mit dem Titel *Berechnungen I* und *II* (1955/56) zeigt. Schmidt geht davon aus, dass auch für die Literatur das „Zeitalter der Physik" begonnen habe und entwirft in seinen *Berechnungen* Tabellen, in denen detaillierte Vorschriften über die Verknüpfung von Bewegungsform und Bewegungstempo der Figuren mit der rhythmischen und sprachlichen Erzählform gemacht werden. Schmidt revolutioniert zwar die technische Seite des Erzählens, aber seine Erzählintention weist auf das 19. Jahrhundert zurück. Die Zentralperspektive, die das Ich einnimmt, ist bei Schmidt über jeden Zweifel erhaben. Der spätere Entwicklungsweg von Schmidt hat ihn zunehmend in immer größeren Realitätsverlust geführt und zum Teil eine kauzige und wirklichkeitsblinde Haltung des Weltverächters einnehmen lassen.

Max Frisch

Max Frisch hat in *Stiller* (1954) sein Thema der Identität breit entfaltet. Der ehemalige Bildhauer Anatol Ludwig Stiller möchte in der Rolle des amerikanischen Staatsbürgers White ein neues Leben beginnen. Er muss jedoch die Erfahrung machen, dass es zu viele Spuren Stillers im Leben anderer gibt, als dass er sie sei's auslöschen, sei's ignorieren könnte. In seinem Selbstentwurf stößt Stiller auf die vom gesellschaftlichen Umfeld eng gezogenen Grenzen. Er wird konfrontiert mit der Prädetermination von Lebensentwürfen durch das Gesetz der Reproduktion bestehender Muster. *Stiller* ist darüber hinaus auch ein zeitkritischer Künstlerroman. Die Zerstörung der Werke in Stillers Atelier ist Konsequenz seiner Einsicht in die Funktionslosigkeit einer in der Gegenwart zum Dekor verkommenen Kunstpraxis. Frischs Roman *Mein Name sei Gantenbein* (1964) ist wohl der avancierteste Versuch zur ästhetischen Gestaltung seiner zentralen Rollenthematik. Die Erzählhaltung des Textes ist durch die leitmotivische Formel „Ich stelle mir vor" gekennzeichnet. Sie dient dazu, die drei biografischen Rollen Gantenbein, Swoboda und Enderlin zu erproben, die alle in Relation zu der Frauenrolle Lila stehen. Auch sie verfügt über keine fixierte Identität, sondern wird in das Anprobieren von Lebenskostümen einbezogen. Schon ihr Beruf als Schauspielerin prädestiniert sie für diese Rollenwechsel. Der Ich-Erzähler macht Gantenbein in der Rolle des Blinden zu ihrem Ehemann. Frisch will die fingierte Blindheit als Mittel der Beobachtung nutzen. Besonderen erzählerischen Reiz besitzt der *Gantenbein*-Roman durch die die Rollenentwürfe reflektierenden und kommentierenden Geschichten, die Gantenbein dem Callgirl Camilla Huber erzählt. Die letzte dieser Geschichten handelt vom vergeblichen ‚Fluchtversuch' einer Wasserleiche, „abzuschwimmen ohne Geschichte".

Günter Grass: *Die Blechtrommel*

Der Übergang von den 50er zu den 60er Jahren markiert in allen deutschsprachigen Literaturen eine Zäsur. In der BRD erscheint *Die Blechtrommel* (1959) von Günter Grass, in der Schweiz *Der Stumme* (1959) von Otto F. Walter, in Österreich *Die Wolfshaut* (1960) von Lebert, aus der DDR geht der nur im Westen gedruckte Roman *Mutmaßungen über Jakob* (1959) von Uwe Johnson hervor. Die Originalität der *Blechtrommel* rührt in hohem Maße von ihrer Erzählerfigur Oskar Matzerath her. Oskar ist eine Kunstfigur, denn von Geburt an verfügt er bereits über einen ausgebildeten Intellekt. Im Alter von 3 Jahren beschließt er das Wachstum einzustellen. Das verleiht seiner Perspektive einen spezifischen ‚Blick von unten'. Eine weitere Besonderheit seiner Erzählperspektive besteht darin, dass Oskar seine Lebensgeschichte retrospektiv aus einer Heilanstalt heraus mitteilt. Dabei hat er ein durchaus selbstreflexives Verhältnis zu seinen autobiografischen Rekonstruktionen. Die eigene episodenreiche Fabulierlust, die den Zeitraum von 1900 bis 1954 umfasst, wird von ihm mehrfach in ihrem Realitätsgehalt in Zweifel gezogen. Als Korrektiv wirken auch mehrere andere Erzählerfiguren, die dann auf den Plan treten, wenn Oskar sein Kommunikationsmedium, die Blechtrommel, nicht benutzen kann. Darüber hinaus besitzt Oskar die Eigenschaft, Glas zersingen zu können. Beide Medien, Stimme und Trommel, setzt Oskar auch zur Irritation politischer Manifestationen des Nationalsozialismus ein. Dabei hat man sich ihn nicht als Widerstandsfigur vorzustellen. Er ist sogar ein Stück weit in die Gesellschaft integriert. Diese Partizipation am herrschenden Bewusstsein macht ihn zum Kommentator der kleinbürgerlichen Mentalität, um deren Durchleuchtung es Grass in seiner Danziger Trilogie vornehmlich geht. Mit der Gestalt von Oskars ‚Meister', dem Liliputaner Bebra, kommt noch eine Künstlerthematik ins Spiel. An Bebras sukzessiver Assimilation an das Dritte Reich, dessen Propagandaabteilung er seine Unterhaltungskünste zur Verfügung stellt, will Grass die Unhaltbarkeit einer rein ästhetischen ‚Inneren Emigration' deutlich machen.

Günter Grass: *Hundejahre*

Grass hat in *Hundejahre* (1963) seine zeitgeschichtliche Diagnose aus der *Blechtrommel* fortgesetzt und sich besonders des Mittels der Groteske bedient. Das wird etwa an der Verwendung eines stark heideggerisierenden Tonfalls für die militärische Befehlssprache und die Frontberichte des 2. Weltkriegs oder an der Leidenschaft des jüdischen Protagonisten Eduard Amsel für den Bau kunstvoller und monströser Vogelscheuchen deutlich. Nach dem Krieg sucht Amsels Jugendfreund Walter Matern, der eine Mitläuferbiografie hinter sich hat, den zum Bergwerksdirektor Brauxel gewordenen Kameraden auf und wird in die Stollen von dessen Bergwerk geführt. Sie durchwandern 32 Firstenkammern, in denen Vogelscheuchen in verschiedenen Produktionsgängen vorgeführt werden. Dieser Gang gleicht einem Abstieg in die Hölle, worauf auch die Umbenennung von Materns Hund in Pluto hindeutet. Die *Hundejahre* enden so gewissermaßen dantesk. Zu den literarischen Bezügen des Romans zählen noch die Weininger-Lektüre Amsels, die zur ‚Überwindung' des eigenen Judentums führen soll, und die Heidegger-Manie des Soldaten Harry Liebenau, der im Danziger Kaiserhafen Dienst tut. In dieser Episode lässt Grass den heideggerschen Existentialismus krass mit der grauenvollen Hinterlassenschaft des benachbarten KZ Stutthof zusammenstoßen. Gegenüber der *Blechtrommel* hat Grass die erzählerische Gestaltung des Romans noch differenziert.

Martin Walser

In Martin Walsers Anselm-Kristlein-Trilogie *Halbzeit* (1960), *Das Einhorn* (1966) und *Der Sturz* (1973) wird das soziologische Porträt des Angestellten geliefert, es ist eine Parallelaktion zu Grass' Physiognomie des Kleinbürgers. Allerdings ist bei Walser ein deutlicher Entwicklungsverlauf zu erkennen. Ist Kristlein in *Halbzeit* der anpassungsbereite Träger einer gesellschaftlichen Rolle, der mit raschem Emporkommen belohnt wird, bricht im *Einhorn* der Widerspruch zwischen angestrebter Selbstverwirklichung im Beruf des Schriftstellers und ökonomisch bedingter Manipulation des Bewusstseins unversöhnlich aus. *Der Sturz* schließlich bringt die endgültige Aufkündigung jeglicher Abhängigkeit. Aus dem ehemaligen konfliktscheuen Angestellten entpuppt sich ein gesellschaftskritischer Autor.

Otto F. Walter und Uwe Johnson

Walters *Der Stumme* beschreitet im schweizer Kontext sowohl stilistisch als auch thematisch neue Wege. Der Roman spielt unter einer Bautruppe, die an einer Verbindungsstrasse arbeitet. Ihre Tätigkeit ist insofern von symbolischer Bedeutung, als das menschliche Thema die scheiternde Verbindung zwischen Vater und Sohn ist. Der Sohn ist der Stumme, der die Sprache verlor, als der Vater die Mutter misshandelte. Stilistisch tritt neben den inneren Monolog des Sohns die direkte Du-Anrede des Erzählers, die ihn seine Figuren von außen sehen lässt, ohne sich als allwissende Instanz zu gerieren. Handlungsort des Romans ist die moderne Arbeitswelt. Dieser Sphäre scheinen auf den ersten Blick auch Johnsons *Mutmaßungen über Jakob* anzugehören. Ihr Protagonist Jakob Abs wirkt zunächst wie eine Einlösung der vom sozialistischen Realismus verlangten Figurengestaltung. Er kommt als Flüchtling aus dem Osten in die SBZ, beginnt eine Tätigkeit bei der Reichsbahn, beteiligt sich an Räumungsarbeiten in den Ruinen, nimmt am Vereinsleben teil und steigt aufgrund seiner Kollegialität zum Streckendispatcher in einem großen Bahnhof auf. Jakob liefert also zunächst das Paradebeispiel eines am Aufbau mitwirkenden Werktätigen. Freilich liegt diese Existenzform vor der im Roman geschilderten Zeit. Erste Risse erhält Jakobs unproblematisches Verhältnis zum Staat, als der Stasi-Offizier Rohlfs ihn dazu instrumentalisieren will, die NATO-Sekretärin Gesine Cresspahl für eine Spionage-Tätigkeit zu gewinnen. Die Verurteilung des Ungarn-Aufstands, auf den sein intellektueller Freund Blach so große Hoffnung gesetzt hatte, entfremdet ihn auch politisch der DDR. Schließlich folgt Jakob Gesine in den Westen. Als er dort von den Bombardierungen der Engländer in Ägypten hört, verliert auch der Westen für ihn seine Glaubwürdigkeit. Er kehrt an seinen Arbeitsplatz zurück und kommt noch am selben Abend auf ungeklärte Weise beim Überqueren der Gleise ums Leben. Die beiden Züge, zwischen die er gerät, lassen sich als Symbol für Ost und West verstehen. Sein Tod erscheint so als Konsequenz aus dem politischen tertium non datur. Die *Mutmaßungen über Jakob* sind Mutmaßungen über die Ursachen und Umstände dieses Endes. Erzähltechnisch ergibt sich daraus ein gleichsam tastendes Schreiben, das sich konzentrisch Jakobs Ende annähert. Johnson wählt dabei eine offene Form, in der sich die verschiedenen Erzählperspektiven wechselseitig ergänzen und relativieren. Der Roman entwickelt sich als fortschreitender Denk- und Aufklärungsprozess, ohne den ‚Nebel', in dem das Unglück passierte, wirklich lichten zu können. Die Diskrepanz zwischen subjektiver Wahrnehmung und Wirklichkeit, die in Jakobs Entwicklung zutage tritt, ist auch durch die Bemühung um präzise Rekonstruktion nicht zu kompensieren.

Hans Lebert: *Die Wolfshaut*

Um mysteriöse Todesfälle geht es auch in Leberts *Wolfshaut*. Dem Autor zufolge ist sie zugleich eine Kriminal- und Gespenstergeschichte und ein religiöser Roman. Auf der reinen Handlungsebene kehrt der Matrose Unfreund Jahre nach dem Krieg in sein Heimatdorf Schweigen, ein ödes Gebirgsnest zurück. Er bezieht die Töpferhütte seines Vaters, der Selbstmord begangen hat. Die Suche nach dem Motiv für diese Tat führt Unfreund zur Aufklärung eines Verbrechens in den letzten Kriegstagen, als einige Zwangsarbeiter von den Dörflern, darunter auch seinem Vater liquidiert wurden. Im Verlauf des Geschehens kommen alle Täter bis auf den Hauptverantwortlichen zu Tode. Einige der Todesfälle sind höchst mysteriös. Sie erweisen sich als Morde, die aus dem Jenseits erfolgen. In Schweigen lebt der Fotograf Maletta, der voller Menschenhass ist, seit man ihn im Krieg zwang, an einer Massenerschießung teilzunehmen. Er fungiert als Speicher des Bösen und Medium der Rachegelüste der Toten. Unter bestimmten Konstellationen verwandelt sich Maletta in einen vom Jenseits gesteuerten Werwolf und schlägt zu. Erst der Matrose kann ihn zur Strecke bringen, denn er begegnet in Maletta seinem anderen Ich, das er überwinden muss. Die religiöse Dimension kommt ins Spiel, da der Lykanthropos zugleich als „Tiergestalt Gottes" apostrophiert wird. Der blasphemische Kern von Leberts Roman manifestiert sich in der Dreifaltigkeit von Gott, Satan und den Toten: der rächende Wolf ist eben sowohl der inkorporierte Satan, der Meister des Bösen, als auch der ‚Meister des Meisters'. Als Wolf ist der Satan eine Hypostase des abgespaltenen mysterium tremendum Gottes, seine absolute negative Epiphanie. Zur Inversion religiöser Anschauungen kommt hinzu, dass die Welt im Zeichen einer negativen Genesis steht. Hierauf weist die beispiellose Metaphernsprache Leberts. In den 99 Tagen der Handlung herrscht zumeist ein infernalisches Wetter, die ganze Landschaft ist eine einzige aufgeweichte Lehmgrube. Die stillgelegte Töpferhütte des Matrosen wird damit als Symbol des aufgegebenen göttlichen Schöpfungsprojekts lesbar.

Albert Drach

Gott und Teufel gehören auch zum Personal in Albert Drachs Roman *Das große Protokoll gegen Zwetschkenbaum* (1964), dessen Entstehung auf das Jahr 1939 zurückgeht. Drach brachte damit das Thema Ostjudentum in die Nachkriegsliteratur ein und positionierte sich in ihr mit seinem unverwechselbaren Protokollstil. Dessen poetologisches Konzept zielt auf eine strikt unparteiische Darstellung des Romanpersonals, wobei selbst die wüstesten Ressentiments der Figurenrede in der Regel nicht erzählerisch relativiert werden. Drachs Stil ist eine extrem verfremdende, bürokratische Umständlichkeit kopierende und alles Menschliche versachlichende Kunstsprache. Schmul Leib Zwetschkenbaum wirkt wie ein Musterexemplar ostjüdischer Identität. Er stammt aus Brody in Galizien, ist Talmudschüler und Chassidim, spricht nur Hebräisch, führt als einzige Habe religiöse Schriften mit sich und ist vor den russischen Pogromen im 1. Weltkrieg nach Österreich geflohen. Seine exotische Erscheinung und seine Verwurzelung in einer religiösen Kultur machen ihn zu einem Fremdkörper, der sofort Abwehrreflexe und Stigmatisierungen auslöst. Er wird zum prädestinierten Opfer seiner christlichen und jüdisch-assimilierten Umgebung. Seine von außen betriebene schrittweise Assimilation führt zu einem fortschreitenden Selbstverlust, der mit der Einbuße seines visionären Vermögens verbunden ist. In seiner großen Himmelfahrtsvision kann Schmul sich mit Gottes Hilfe der Versuchung durch den Teufel jedoch entreißen und findet letztlich zu seiner Identität zurück. Bis zu welchen Konsequenzen die Preisgabe der jüdischen Identität führen kann, versinnbildlicht Schmuls Bruder Salomon. Er raubt einem Gefallenen den Pass und wechselt von der Opfer- auf die (nationalsozialistische) Täterseite. Hier liegt der Grund, warum der Teufel in der Himmelfahrtsvision die Züge Salomons durchscheinen lässt. Drachs differenzierte und selbstkritische Darstellung des Judentums findet sich auch in den autobiografischen Romanen *Unsentimentale Reise* (1966) und *Z. Z. das ist die Zwischenzeit* (1968). Sein Protokollstil wirkt in der Anwendung auf die Judenverfolgung oder die französischen Internierungslager dabei zuweilen zynisch, hält aber durch dieses erzählerische Mittel die schmerzlichen Beobachtungen über das Verhalten von Menschen in Lagern nüchtern fest.

Thomas Bernhard

Einen deutlichen Nachhall hat Leberts *Wolfshaut* in Thomas Bernhards Roman *Frost* (1963) gefunden. Die Grundkonstellation besteht darin, dass ein Famulant, der als Ich-Erzähler fungiert, den Auftrag zur Beobachtung des Malers Strauch erhält, der sich aufs Land zurückgezogen hat. Strauch ist keineswegs in dieses Milieu integriert, er steht ihm vielmehr voller Hass und Verachtung gegenüber und seine Ausfälle gegen die kretinhafte Landbevölkerung schließen an die in Leberts *Wolfshaut* an. Auch die Dominanz widriger winterlicher Witterungsverhältnisse haben beide Romane gemein. Der Famulant begleitet Strauch nun auf seinen Spaziergängen durch die abweisende Natur und gerät immer stärker in den Sog von dessen monologisch fließender Rede. Die Natur ist für Strauch nur böse, der Mensch rein triebhaft und gewalttätig. Das Gasthaus mit seinen Prügeleien und Besäufnissen, seinen Intrigen und seinem Dreck sieht er als Modell der Welt und das Schlachthaus als ihre Chiffre. Sein Weltekel bricht sich u. a. in der Inversion des Vaterunsers Bahn. Bernhard bedient sich eines breiten stilistischen Arsenals, um Strauchs besessene Tiraden sprachlich zu gestalten. Auffallend sind die vielen Neologismen und Pleonasmen, die litaneihafte oder sich in spiraliger Bewegung steigernde Rhetorik, die wahnhaften Ausbrüche von Todeswünschen. *Frost* ist ein Paradebeispiel für den Übertreibungskünstler Bernhard. Er hat sich selbst als ‚Geschichtenzerstörer' bezeichnet, der das auf ein Ziel zulaufende Erzählen geradezu ‚hasst'.

Gerhard Fritsch

In der Nachfolge von Lebert und Bernhard ist auch Gerhard Fritschs Roman *Fasching* (1967) zu sehen. Der Protagonist Felix Golub verdankt sein Überleben im nationalsozialistischen Österreich seiner Maskerade als Dienstmädchen. In dieser Kostümierung hat er beim Anrücken der Roten Armee den Ortskommandanten in einer delikaten Situation entwaffnen und zur Kapitulation zwingen können. Die Einwohner der Provinzstadt empfinden diese Rettung jedoch als Schmach, und als Golub Jahre später aus der Gefangenschaft zurückkehrt, wollen sie an ihm Rache nehmen. Beim großen Narrenball wird er zur Faschingsbraut gekürt und soll seine unkeusche ‚Rettungstat' bereuen. Golub weigert sich und kann vor dem Volkszorn in eben jenes Verlies entkommen, das ihm auch schon im Dritten Reich als Zufluchtsort diente. Fritsch hat seinen Roman mit einem ganzen Netz von Topographien der Macht überspannt, an denen sich der Geist der Vergangenheit manifestiert. Dazu gehören der Turnsaal, das Wirtshaus und das Heimatmuseum, das vom Erzähler explizit als „Ersatz für das großgermanische Reich" bezeichnet wird. Die seelischen Extremlagen, in die Golub gerät, schlagen sich stilistisch in einer radikalen Modernität von Fritschs Erzählen nieder. Verzicht auf Interpunktion, Übergang zu assoziativen Satzfetzen, surreale Bildlichkeit, Traumsequenzen, stilistische Selbstkommentare und Phrasenmontagen ergeben ein Gesamtbild, das viele Leser, die seinen noch dem Habsburger-Mythos verpflichteten Roman *Moos auf den Steinen* (1956) begrüßt hatten, verschreckte.

Hans Lebert: *Der Feuerkreis*

Ein erratischer Block in der Literatur dieser Zeit ist Leberts Roman *Der Feuerkreis* (1971), der mit seinem provokanten Projekt einer Transposition des Nibelungen-Mythos auf die Geschichte des 20. Jahrhunderts heftige Reaktionen hervorrief. Lebert stellt hier das Halbgeschwisterpaar Gottfried Jerschek und Hilde Brunner in den Mittelpunkt, die in einem allegorischen Sinn für die ins Exil gegangenen bzw. dem Nationalsozialismus anheim gefallenen Österreicher stehen. Jerschek kommt kurz nach Kriegsende als britischer Offizier in das steirische Gebirgsdorf, wo seine Halbschwester im elterlichen Haus wohnt und sich vor der Erinnerung an ihre KZ-Laufbahn in harte Landarbeit geflüchtet hat. Die beiden sind einander in Hassliebe verfallen und werden von Lebert nach dem Wagnerschen Vorbild bis an die Grenze des Inzests getrieben. Aus ihrer symbolischen Vereinigung geht Veronika hervor, eine entschuldete wiedergeborene Hilde und zugleich ein allegorisches Felix Austria. Veronika ist als Produkt der unverwirklichbaren Verbindung von Jerschek und Hilde der neue ‚Ring des Nibelungen', nicht mehr Instrument irdischer Macht, sondern Erscheinungsform überirdischer Liebe. Voraussetzung für Veronikas mythische Geburt war indes die Bereitschaft Hildes zur Reue für ihre Untaten. Der von Rückfällen in fanatische Bekenntnisse zur nationalsozialistischen Weltanschauung nicht freie Weg Hildes bis zum Eingestehen der eigenen Schuld macht den wesentlichen Gehalt des geistigen und emotionalen Ringens zwischen den Halbgeschwistern aus. In einem blutigen Showdown nimmt sie alle KZ-Verbrechen auf sich und gewinnt durch ihr Sterben das verwirkte Leben allegorisch zurück. Das Haus, das das Haus Österreich versinnbildlicht, wird samt Hildes Leiche in einer Feuersbrunst verzehrt. Lebert stiftet im *Feuerkreis* den Mythos der allegorischen Reinigung und Wiedergeburt eines Österreich, das damit seinen Sündenfall des die eigene Identität auslöschenden Anschlusses an Hitlerdeutschland überwindet. Er wählte für diesen Mythos gerade den Wagnerschen *Ring*, um, wie er sagte, „den Gegner aus einem trojanischen Pferd heraus anzugreifen". Auf dem Zenit der ideologiekritischen Entlarvungen von NS-Wegbereitern traf Leberts Wagner-Inversion jedoch auf Unverständnis.

Peter Weiss

Eines der ambitioniertesten Erzählprojekte dieser Zeit ist die dreibändige *Ästhetik des Widerstands* (1975–81) von Peter Weiss. Vielleicht steht sie mit der subjektivistischen Literatur der 70er Jahre insofern in Verbindung, als sie eine Art Wunschautobiografie darstellt. Es gibt jedenfalls einen Ich-Erzähler, der im Unterschied zu fast allen übrigen Figuren nicht historisch ist und dessen Lebensweg in den des Autors einmündet. Die *Ästhetik des Widerstands* mutet es ihrem Leser zu, die teilweise diffizilen ideologischen Differenzen der verschiedenen sozialistischen Fraktionen in ausgedehnten Diskussionsprotokollen mit zu vollziehen. Ambitioniert ist Weiss' opus maximum aber auch in dem Versuch den politischen Diskurs mit dem ästhetischen zu kontaminieren. In die Romanhandlung werden ausführliche Reflexionen über prominente oder unbekannte Kunstwerke eingeflochten, an denen das enge Verhältnis von Historizität und ästhetischer Technik exemplifiziert wird. Dabei versucht Weiss, die gegenseitige Ausschließung von proletarisch-revolutionärer Agitation und ästhetischer Moderne als falschen Reflex zu vermeiden. Im Verlauf des Romans wird deutlich, dass der *Divina Commedia* von Dante als intertextuellem Modell ein besonderer Status zukommt. Sie tritt in dieser Funktion umso klarer hervor, als sich die politische Sphäre verdüstert. Weiss verabschiedet nicht das utopische Denken überhaupt, wie das in diesen Jahren so viele mit leichter Hand getan haben, aber es ist doch unübersehbar, dass das Katastrophenszenario von Dantes Inferno zum heimlichen Fluchtpunkt seines geschichtsphilosophischen Denkens wird und die dichterische Fantasie des surrealistischen P. Weiss (re-)aktiviert.

Kuno Raeber

Einen dichterischen Fantasieraum ganz eigener Prägung hat sich der schweizer Erzähler Kuno Raeber geschaffen, in dem bildende Kunst, christliche Legenden, Mythos und Sexualität ein originäres Amalgam bilden. Sein Roman *Alexius unter der Treppe oder Geständnisse vor einer Katze* (1973) verwirklicht die erzähltechnischen Möglichkeiten, die Hofmannsthal in seiner dichtungstheoretischen Interpretation der Alexius-Gestalt im Essay *Der Dichter und diese Zeit* angedeutet hatte. Als ‚Schattenbeschwörer ohne Maß' wird das Bewusstsein der Erzähler-Figur zum Schauplatz mythologischer, historischer und fantastischer Ereignisse. Alexius selbst verfügt über keine feste Identität, sondern durchläuft eine unabschließbare Folge von Rollen. Er ist Hippie, Taucher, Herodes, Johannes der Täufer, der letzte Doge oder auch eine Reliquie. Der Auffächerung des Subjekts Alexius entspricht die vielgestaltige Identität aller Handlungselemente, die aktuelle Hippiekultur verschmilzt mit der italienischen Renaissance oder dem biblischen Palästina zu einem großen simultanen Maskenspiel. Raeber hat seine Überblendungstechnik, die auf der Vorstellung der Gleichzeitigkeit und Metamorphose alles Lebendigen basiert, in *Sacco di Roma* (1989) und dem posthumen Roman *Bilder Bilder* (1994) konsequent fortgesetzt. Er hat in diesen Büchern ein zentrifugales Schreiben entwickelt, das in immer neuen Ansätzen Gedanken und Satzfügungen sukzessive vorantreibt und durch parallele Textspiralen Beziehungen zwischen zeitlich und räumlich entfernt liegenden Vorgängen oder Personen stiftet. Das in einem Strudel über einem Abfluss kreisende Wasser als Leitmotiv von *Sacco di Roma* ist das für Raeber signifikante poetologische Zeichen. Sein Werk, in dem neben ägyptischer Kunstgeschichte S/M-Szenen und neben einem Laokoon-Kommentar Devotionalienkitsch stehen kann, ist ein Beispiel für postmoderne Literatur avant la lettre.

Hermann Burger

Ein weiterer eigenwilliger Erzähler in der schweizer Literatur war Hermann Burger. In seinen Frankfurter Poetikvorlesungen *Die allmähliche Ver-*

fertigung der Idee beim Schreiben (1986) hat er seine erzählerische Methode des Pararealismus erläutert, die Autobiografie, Sprachartistik und Symbolik vereint. Als Antriebskräfte seines Schreibens nennt Brenner, das alter ego des Autors im Roman *Brunsleben* (1989), „das Cimiterische, das Cigarristische und das Circensische". Mit dem Cimiterischen ist die ständige Todesnähe von Burgers Schreiben gemeint, der er in seinem *Tractatus logico-suicidalis* (1988) in über 1000 so genannten ,Totologismen' Ausdruck verliehen hat. Das Cigarristische zielt im Sinne von ,blauem Dunst' auf die dichterische Fantasie und mit dem auf Proust anspielenden „Madeleine-Effekt des Tabaks" auf die Erinnerungsarbeit des Schreibens. Das Circensische verweist auf Burgers künstlerisches Selbstverständnis als Magier. In der großen Erzählung *Diabelli, Prestidigitateur* (1979) hat Burger ein Selbstporträt des Schriftstellers als Zauberer gezeichnet. In seinen Romanen agiert der Erzähler als Wortmagier, dessen sprachartistische Vorführungen zugleich einen Buchstabenpanzer um das hinter der Kunstfigur verborgene, verletzliche Ich bilden. Im Roman *Die künstliche Mutter* (1982) begibt sich der Protagonist in eine unterirdische Kuranstalt zur Heilung seiner „multiplen Matrose", das heißt den Folgeschäden fehlender Mutterliebe.

Peter Handke

Nicht bloß auf die Heilung des Ichs, sondern auf die der ganzen Welt ist das Schreiben von Handke spätestens seit seinem Roman *Langsame Heimkehr* (1979) aus. Hier erhebt der Protagonist Sorger explizit die Schaffung einer ,friedensstiftenden Form' zu seinem Gesetz und erteilt sich die Lizenz zur ästhetischen Überblendung der Geschichte. Die dem Ich gewährten epiphanen Augenblicke erlösen es vom historischen Schuldzusammenhang und prädestinieren es selbst zur Erlösergestalt. Sorger ist das Sprachrohr von Handkes Poetik, wenn er verkündet, dass sein Glauben die Geschichte wieder ,hell' machen kann. Zugleich verlangt das in den epiphanen Momenten geoffenbarte Gesetz nach einer Form als Medium seiner dauerhaften Überlieferung. Diese Form ist ein Erzählen, das seinen Ort in den Zwischenräumen bzw. auf der Schwelle hat. Die Schwelle ist der Ort, der, indem er trennt, verbindet. Das Erzählen nach diesem Formgesetz ist die permanente Wieder-Holung. Handkes gleichnamiger Roman *Die Wiederholung* (1986) ist ein ambitionierter Versuch, das eigene Erzählen in die Tradition des klassischen Epos zu rücken und ihm damit eine heilende Kraft zu verleihen. Schon im Journal *Das Gewicht der Welt* (1976) hatte Handke der Poesie eucharistischen Charakter zugesprochen und sich in den *Phantasien der Wiederholung* (1983) selbst als „Götter-Bote" apostrophiert. Handkes Schreiben entwirft sich selbst als Fortsetzung der Heiligen Schrift, die die Welt gesund erzählen kann. Der Glaube an die „Heilkraft der Sprache" (Egyptien in Handke 1989, 54) und ihr Vermögen zur Positivierung der materiellen Geschichte ist Handkes poetologisches Gegenmodell zur Trauerarbeit sprachlichen Eingedenkens.

Vergangenheitsbewältigung der 90er Jahre in Ost und West

Der Nationalsozialismus und seine Folgen bleiben auch in den 90er Jahren ein häufiges Thema der Literatur, wobei die nachgeborenen Autoren beider Seiten nach neuen künstlerischen Wegen suchen. Zu nennen wären etwa W. G. Sebalds Erzählungen *Die Ausgewanderten* (1992) und die Romane *Engel sind schwarz und weiß* (1992) von Ulla Berkéwicz, *Gebürtig* (1992) von Robert Schindel, *Der Schneemensch* (1993) von Jens Sparschuh, *Flughunde* (1995) von Marcel Beyer und *Der Vorleser* (1997) von Bernhard

Schlink. Ab 1989 dehnte sich das Verfahren literarischer ‚Vergangenheitsbewältigung' auch auf die Erfahrungen mit dem totalitären System der DDR aus. Bei dieser Durchleuchtung stieß man immer wieder auf die Kontinuität von individuellen Haltungen und staatlichen Maßnahmen, die ihre Wurzeln in der Zeit vor 1945 hatten. In Monika Marons Roman *Stille Zeile sechs* (1991) quittiert die Protagonistin zuerst ihren Dienst als Historikerin, weil sie nicht länger an der staatsfrommen Hagiographie mitwirken will. Sie wird dann jedoch Privatsekretärin des Parteiveterans Beerenbaum, der ihr seine von ideologischen Phrasen strotzenden Memoiren diktiert. Der Roman vermittelt die Einsicht, dass erst das Verschwinden der von Beerenbaum repräsentierten Generation die Voraussetzung für geistige Freiheit schafft.

Wolfgang Hilbig

In Wolfgang Hilbigs Roman *„Ich"* (1993) wird die Form des fingierten autobiografischen Romans als Mittel zur Analyse der Identitätsproblematik in einem totalitären System genutzt. Am schizophrenen Bewusstsein des Schriftstellers und Stasi-Spitzels Cambert demonstriert Hilbig den Prozess einer Depersonalisation. Die labyrinthischen Räume der Berliner Kellergänge, durch die sich der ‚Schnüffler' „blind wie ein Maulwurf" bewegt, sind nicht nur äußeres Aktionsfeld, sondern zugleich Allegorie einer unübersichtlich gewordenen Innenwelt. Hilbigs Protagonist bewegt sich dabei auf den intertextuellen Spuren von Kafkas Tier im *Bau*, der Zischer ist zur Stasi-‚Firma' transformiert, und wie es in Kafkas Erzählung offen bleibt, ob das Geräusch seine Quelle außerhalb des Tiers hat oder sein Atem ist, so gilt auch für Cambert, dass sich die Grenzen seines Selbst auflösen. Zentrales Thema ist die zunehmende Ununterscheidbarkeit von Simulation und Wirklichkeit, von Wahnwelt und Realität. Das Ich dissoziiert sich in eine Metawelt von Zeichen, es wird zum kontingenten Diskurseffekt. Hilbigs Roman weist in dieser Diagnose eine geistige Verwandtschaft mit dem Poststrukturalismus auf.

Thomas Brussig und Grit Poppe

Thomas Brussigs erfolgreiches Buch *Helden wie wir* (1995) knüpft an die Tradition des Schelmenromans an. Der Protagonist entstammt einer hyperkonformen DDR-Familie und avanciert sogar als Stasi-Mitarbeiter zum Blutspender für Honecker. Dann gerät er jedoch in den Trubel der Montagsmärsche, hört eine Ansprache der satirisch gezeichneten Ch. Wolf und verletzt sich an seiner empfindlichsten Stelle. Nach einer eher missmutigen Lektüre von Wolfs *Der geteilte Himmel* kann er sich entlassen wieder ins Getümmel stürzen und sprengt mittels seines krankhaft vergrößerten Glieds die Grenze. Als weibliches Pendant zu Brussigs *Helden wie wir* kann man Grit Poppes Roman *Andere Umstände* (1998) betrachten, da auch hier das Ende der DDR mit einer Geschlechterthematik verbunden wird. Allerdings werden bei Poppe diese beiden Sphären nicht zur Konvergenz gebracht, sondern bewegen sich in gegeneinander abgeschlossenen Diskursen. Die Protagonistin betrachtet die stürmischen Zeiten der Wende allein unter dem Aspekt der Erleichterung intimen Zusammenseins. Ihr Denken oder besser: Empfinden ist ein rein naturgeschichtliches. Ihr geht es um die Erhaltung von Kontinuität, darin sieht sie die Funktion des Weiblichen als Gegenmodell zum Geschichtsbruch der Maueröffnung. Mit dieser Konzeption wirkt *Andere Umstände* fast wie eine Parodie auf Anna Seghers' *Die Toten bleiben jung*, wo der Fortbestand der proletarischen Weltanschauung ebenfalls mit der weiblichen Gebärfähigkeit verknüpft war.

Berlin-Romane der 90er Jahre

Der Mauerfall hat aus der ‚siamesischen' Stadt eine von sozialen, kulturellen und ethnischen Spannungen geprägte Metropole gemacht, die mit ihrer Dynamik und ihren krassen Widersprüchen Erinnerungen an das Berlin der späten Weimarer Republik weckt. Ingo Schramm hat in seinem Roman *Fitchers Blau* (1996) auf den Spuren von Döblins *Alexanderplatz* versucht, ein Bild vom Berlin der 90er Jahre zu entwerfen, in dem der Moloch der Großstadt der eigentliche Gegenspieler seines Protagonisten ist. Berlin erscheint als eine anthropomorphisierte Stadt-Maschine, die gefrässig sich selbst und ihre Einwohner zerstört. Inka Pareis Roman *Die Schattenboxerin* (1999) gehört auch zu den Berlin-Romanen der Nachwendezeit. Die Leitmetapher ihres Romans ist der Dreck, die vorherrschende Atmosphäre die Kälte. Hell durchstreift nach dem Verschwinden ihrer Nachbarin Dunkel ganz Berlin, das als eine gigantische Ruinenlandschaft erscheint. Die Handlung schreitet quasi von einem Müllplatz zum anderen fort. Gibt es am Ende von Pareis Roman eine wenngleich verhaltene private Zukunftsperspektive, so lässt sich Tim Staffels *Terrordrom* (1998) als apokalyptischer Zukunftsroman lesen. In Berlin gibt es wieder eine Mauer, die zwar keine politischen Systeme, aber einen abgeschlossenen ‚Freizeitpark der Gewalt' von den Wohngebieten trennt. Dieser Park, das Terrordrom, ist ein Übungsgelände für Bürgerkriegsszenarien, in dem die Bewohner ihr survival training absolvieren können. Ein besonderer Reiz besteht darin, dass die Kampfhandlungen live im Fernsehen übertragen werden. Staffel operiert hier mit Erzähltechniken, die dem Film *Last days* entnommen sein könnten.

Drama in der SBZ: Friedrich Wolf

Die Bühnen in der SBZ präsentierten anfangs Stücke des klassisch humanistischen Erbes, der Exilautoren, sowjetischer und ‚fortschrittlicher' bürgerlicher Dramatiker sowie Zeitstücke. Bei letzteren konkurrierten zwei dramaturgische Konzepte: zum einen das auf Identifikation des Zuschauers angelegte, vom Konflikt der Handlung und der Wandlung des Helden lebende illusionistische Theater, das theoretisch vor allem von Friedrich Wolf vertreten wurde, zum anderen das auf kritisch distanzierte Beobachtung, epische Verfremdung und Abkehr vom Protagonisten zielende Theater Brechts. Ein Beispiel für den ersten Typ ist Wolfs Schauspiel *Wie Tiere des Waldes* (1948), das in den letzten Kriegswochen in der Umgebung von Berlin spielt. Im Mittelpunkt steht die tragische Liebesgeschichte zwischen Hanne, der Tochter eines Nazis, und dem Deserteur Kurt. Die beiden fliehen in den Wald, um sich vor den Suchtrupps zu verbergen. Als sie aber aufgestöbert werden, entschließen sie sich, gemeinsam in den Tod zu gehen. Kurt erschießt Hanne, wird aber an der Selbsttötung gehindert. Hannes Mutter verzeiht Kurt nicht nur die Tötung ihrer Tochter Hanne, sie nennt ihn ‚Sohn' und lehnt sich erstmals gegen ihren despotischen Mann auf. Es ist eine Art Generationenvertrag zur Schaffung einer besseren Zukunft. Auffällig an Wolfs *Wie Tiere des Waldes* ist, dass Politik als Thema so gut wie nicht vorkommt. Wolf scheint mit dieser Konzeption ganz auf der Linie der kommunistischen Parteitaktik zu liegen, die in den ersten Nachkriegsjahren ein breites antifaschistisches Bündnis anstrebte und keine dezidiert sozialistische Meinungsäußerung.

Brechts *Tage der Commune*

Auf eine solche stößt man in Bertolt Brechts *Die Tage der Commune* (1949) als Beispiel des distanzschaffenden epischen Theaters. Auf den ersten Blick handelt es sich um ein Geschichtsdrama, wie Brecht es als Typus im Exil entwickelt hatte. Historischer Hintergrund ist die Ausrufung der Commune, der sozialistischen Stadtherrschaft, die das Zentralkomitee der Nationalgarde nach der Niederlage im Deutsch-französischen Krieg 1870/71 in Paris errichtete. Brecht geht es darum zu zeigen, dass die Kommunarden keine Chance hatten, ihr gesellschaftliches Experiment zu realisieren und selbst unmittelbar nach einem Krieg die Klassensolidarität der Bourgeoisien stärker ist als nationale Konflikte. Das Deutsche Reich zögerte nicht, dem Erbfeind Frankreich zu helfen, die Pariser Commune zu zerschlagen, weil das sozialistische Gesellschaftsmodell eine größere Bedrohung bedeutet als die französische Konkurrenz. Bezogen auf das Jahr 1949 stellt das Stück den Versuch dar, die Notwendigkeit einer ‚Diktatur des Proletariats', wenigstens in der SBZ, am historischen Beispiel zu erweisen.

Produktionsstücke

Zu Brechts letzten Projekten gehörte auch die Inszenierung von Erwin Strittmatters Stück *Katzgraben* (1953), das den Konflikt zwischen Klein- und Großbauern behandelt. Einerseits verleihen die soziale Typisierung und die Kalenderlieder in den Intermezzi dem Stück gestischen Charakter, andererseits weist die begeisterte Aufbaurede eines Parteisekretärs schon auf das seinerzeit offiziell verlangte Produktionsstück hin. Zu diesem Typus gehören auch Volker Brauns *Die Kipper* (1965) und Peter Hacks' *Moritz Tassow* (1965), in denen tatkräftige Individuen mit kleingeistigen Parteifunktionären um den Aufbau ringen. Heiner Müller hat in *Der Bau* (1965) das Problem in den Mittelpunkt gestellt, wie mit Menschen, die ihre tiefsten Prägungen im Nationalsozialismus erfahren haben, ein sozialistischer Staat ‚gebaut' werden könne.

Heiner Müller

Auf der Suche nach den Wurzeln von Gewalt in öffentlichen wie privaten Verhältnissen ist Müller immer weiter in die Geschichte zurückgegangen. Entgegen den offiziellen Bemühungen um eine Integration des preußischen Erbes hat er in *Leben Gundlings Friedrich von Preußen Lessing Schlaf Traum Schrei* (1977) die historische Gestalt Friedrichs radikal demontiert und ihn als einen grausamen Zyniker dekouvriert. Friedrich II. gehört auch zum Personal in Müllers Stück *Germania Tod in Berlin* (1977). Er tritt in einer Szene gemeinsam mit dem Müller von Potsdam im Clownskostüm auf. Der Auftritt hat wie viele andere in diesem Stück Slapstick-Charakter. Müller arbeitet mit zahlreichen grotesken Verwandlungen und Montagen, unter denen die Niederkunft von Goebbels mit einem ‚Contergan-Wolf im Schafspelz' nur die monströseste ist. Das ästhetische Verfahren der Montage wird von Müller auch ganz konkret in den häufigen Demontagen und Neumontagen der agierenden Körper praktiziert.

Christoph Hein

Christoph Heins Drama *Die Ritter der Tafelrunde* (1989) ist noch vor der Wende geschrieben, nimmt aber das Ende der DDR bereits vorweg. Hein verwendet die Artusrunde als Modell für das Politbüro der SED und den Gral als Chiffre für die sozialistische Utopie. Die Tafelrunde ist eine Versammlung von Greisen, die unter erheblichem Realitätsverlust leidet und sich an die Glanztaten einer fernen Vergangenheit klammert. Die jüngeren Artusritter haben Zweifel an der Existenz des Grals und spüren die Entfremdung, die zwischen Tafelrunde und Volk eingetreten ist. Wenn Artus am Ende des Stückes eine Erneuerung durch Mordred erhofft, die zugleich mit Zerstörungen einhergeht, so antizipiert das nicht bloß den Untergang der DDR, sondern steht intertextuell auch mit Tankred Dorsts *Merlin* (1981) in Verbindung.

Max Frisch: *Nun singen sie wieder*

Im ersten Jahr nach Kriegsende nahmen etwa 150 deutschsprachige Bühnen wieder ihren Spielbetrieb auf. Das Repertoire setzte sich in den Westzonen zunächst vorwiegend aus klassischen Stücken von der Antike über Shakespeare bis zu Goethe und Büchner zusammen, zudem aus den aktuellen Stücken der Autoren aus den westlichen Demokratien wie Williams, O'Neill, Wilder, Priestley, Giraudoux, Anouilh, Sartre, Cocteau und Claudel. Die ersten Akzente in der deutschsprachigen Nachkriegsdramatik wurden durch den schweizer Autor Max Frisch gesetzt. Auf die geschichtlichen Ereignisse der Gegenwart reagierte Frisch mit seinem Requiem *Nun singen sie wieder* (1945). Es beginnt mit dem Gespräch zwischen den beiden deutschen Soldaten Herbert und Karl über die Erschießung von 21 Geiseln in einem russischen Dorf. Es waren Greise, Frauen und Kinder, die während ihrer Hinrichtung gesungen haben. Karl desertiert, als er auch den Popen töten soll, und schlägt sich nach Hause durch. Sein Vater ist von seiner Fahnenflucht entsetzt und fordert ihn zur Rückkehr an die Front auf, obwohl Karl ihm von den Gräueltaten der Deutschen erzählt. Als ein amerikanischer Luftangriff erfolgt, verweigert er dem Sohn den Zutritt in den Bunker. Karl erhängt sich und kehrt als Schemen an den Tatort zurück. Dort werden die abgeschossenen amerikanischen Flieger vom Popen mit Brot und Wein bewirtet. An einer Tafel sitzen die Geiseln und singen wieder. Im letzten Bild besuchen zwei überlebende Flieger das Kloster und schwören Rache. Hinter ihnen stehen alle Toten des Stücks. Ein paar von ihnen versuchen, die Lebenden zur Umkehr zu bringen und ihnen die Rache auszureden, aber ihre Stimmen erreichen sie nicht. Die Toten beharren darauf, dass ihr Tod umsonst gewesen sei, die Lebenden hingegen wollen ihm einen Sinn geben und ihn zur Legitimation eigener Ziele umfunktionieren. Frischs Requiem trägt Züge einer Parabel. Es konfrontiert zwei Parallelwelten ohne Kommunikation. Zwar vermögen die Toten die Lebenden zu sehen und zu hören, aber sie können sich ihnen nicht mitteilen. Sie sind die ohnmächtigen Zeugen des sich fortsetzenden katastrophalen Kreislaufs der Geschichte. Frischs *Nun singen sie wieder* vereint auf originelle Weise die Atmosphäre eines Requiems mit Elementen moderner Dramaturgie. Die Struktur des szenischen Bilderbogens zeigt seine Auseinandersetzung mit Brechts Idee des epischen Theaters.

Max Frisch: *Die Chinesische Mauer*

Diese Tendenz tritt in Frischs nächstem Stück *Die Chinesische Mauer* (1946) deutlicher zutage. Es spielt auf zwei Zeitebenen, der des Mauerbaus und der Gegenwart. Im Wesentlichen geht es darum, dass alle Formen absoluter Herrschaft in der Gegenwart die Gefahr enthalten, durch die fortgeschrittene Waffentechnik zur Weltvernichtung zu führen. Der Handlungsverlauf des Stückes gibt allerdings wenig Anlass zur Hoffnung auf eine Änderung. Der chinesische Kaiser, der ein totalitäres System geschaffen hat und es durch den Mauerbau verewigen will, wird zwar durch einen Volksaufstand gestürzt, aber an dessen Spitze setzt sich ein General, der sofort eine Militärdiktatur errichtet. Im Vorspiel erläutert die Figur des Heutigen den Charakter des Stücks und agiert damit auch im Sinne des epischen Theaters. Wenn sie betont, dass die Zuschauer keine Antworten erwarten dürften, zeigt sich die Differenz zu Brechts Dramatik. Man spricht im Blick auf Frischs Dramaturgie daher auch vom ‚Lehrstück ohne Lehre'.

Wolfgang Borchert

Das bekannteste Nachkriegsdrama ist Borcherts *Draußen vor der Tür* (1947). Es ist die Geschichte des Kriegsheimkehrers Beckmann, über den es im Vorspruch heißt: „Einer von denen, die nach Hause kommen und die dann doch nicht nach Hause kommen, weil für sie kein Zuhause mehr da ist." Das Vorspiel besteht aus dem Dialog zwischen einem Beerdigungsunternehmer und einem alten Mann. Der alte Mann nennt sich den „Gott, an den keiner mehr glaubt", während der andere „der neue Gott", der Tod, ist. Der allegorische Charakter dieses Vorspiels lässt Borcherts literarische Orientierung am Expressionismus leicht erkennen: Das zeigen auch Szenen, die als Traumbilder angelegt sind, der Reihungsstil und die Metaphorik, das Leitmotiv des Schreis und die Struktur des Stationendramas. Wir begleiten Beckmann auf seinem Weg durch das nächtliche Hamburg auf der vergeblichen Suche nach einer Bleibe. Auch der Tod ignoriert Beckmanns Bitte um Aufnahme. So legt er sich zum Sterben auf die Straße und setzt zu einer litaneihaften Klage an, die in einem verzweifelten Ruf nach Antwort gipfelt. Beckmann bezeichnet sich selbst als ein „Gespenst aus dem Krieg", er ist ein Fremdkörper in der Nachkriegsgesellschaft. Durch Borcherts Drama hallt der Schrei eines verzweifelten Nihilismus, einer existentiellen Ausgestoßenheit, die sich in das Gewand eines expressionistischen Märtyrerdramas gekleidet hat, ohne dass das Martyrium irgendeinen individuellen oder sozialen Sinn hätte.

Erwin Sylvanus

Dramaturgisch lehnt sich Erwin Sylvanus in seinem Theaterstück *Korczak und die Kinder* (1957) an Brecht an. Janusz Korczak ist ein polnischer Jude, der 1942 im Warschauer Ghetto ein Waisenhaus für jüdische Kinder geleitet hat. Im Zuge der Räumung des Ghettos sollten auch alle Kinder in das Vernichtungslager Treblinka gebracht werden. Obwohl man ihm für die Begleitung die eigene Rettung anbot, ging Korczak mit den Kindern zusammen in die Gaskammer. Sylvanus ist dem epischen Theater Brechts verpflichtet, indem es den Spielcharakter der Aufführung unterstreicht und jeder Identifikation des Zuschauers mit einer Person vorbeugen möchte. Dass die Gefühle des Zuschauers ausgeblendet werden sollen, erhellt daraus, dass Redesequenzen mehrfach von dem jeweils Regie führenden Spielleiter unterbrochen werden, wenn sie in Sentimentalität abzugleiten drohen. Dem Nachdenken wird explizit der Vorzug vor der Spannung gegeben. Im strengen Sinn gibt es überhaupt nur Sprechhandlung in *Korczak und die Kinder.* Die ersten beiden Szenen bestehen aus Gesprächen, die quasi wie Kulissendiskussionen der beteiligten Schauspieler über das Stück und ihre Rolle wirken. Erst mit der dritten Szene erfolgt die Hinwendung zum Publikum. In der 16. Szene schildert der Sprecher, wie Korczak in den letzten Stunden vor dem Transport die Züge eines Propheten annimmt. Das Drama endet mit einem langen Bibelzitat, das der Sprecher aus seinen gehobenen Händen vorliest. *Korczak und die Kinder* ist in hohem Maße gestisches Theater. Die permanente Selbstreflexivität und der ständig betonte Spielcharakter des Dramas machen es zu einem Paradebeispiel des nach-Brechtschen epischen Theaters. Freilich teilt es dabei wie die Stücke von Frisch das Erbe eines Lehrstücks ohne Lehre.

Frischs Parabelstücke

Die Parabelstücke von Frisch schließen auch an Verfahrensweisen des epischen Theaters an. Sowohl *Biedermann und die Brandstifter* (1958) als auch *Andorra* (1961) sind experimentelle Anordnungen, um den Funktionsmechanismus der Entstehung von totalitärer Herrschaft durchschaubar zu machen. *Biedermann und die Brandstifter* führt die Ohnmacht des Kleinbürgers gegenüber der schleichenden Kolonisierung seines Bewusstseins vor. Im Mittelpunkt des Erfolgsstücks *Andorra* (1961) steht der 20-jährige Andri, der von seinem Stiefvater als Kleinkind aus dem benachbarten Reich der Schwarzen mitgebracht wurde, weil er dort als Jude verfolgt worden wäre. Aber auch in Andorra werden sämtliche Vorurteile gegenüber Juden auf Andri projiziert. Im Laufe der Handlung tritt Andri daher die Flucht nach vorne an und identifiziert sich mit der ihm auferlegten Rolle. Diese Identifikation mit der Außenseiterrolle des Juden verfestigt sich bei Andri so sehr, dass er für die Wahrheit über seine wirkliche ,schwarze' Identität unzugänglich wird. Selbst als seine leibliche Mutter ihn besuchen kommt, beharrt er auf seiner internalisierten Judenrolle. Auf dem Rückweg ins Reich der Schwarzen wird die Mutter durch einen Steinwurf getötet. Die Schwarzen überfallen Andorra und nehmen alle gefangen. Sie fahnden aber nicht nur nach dem Mörder, sondern auch nach Juden. Auf dem Marktplatz findet deshalb eine ,Judenschau' statt, bei der alle Andorraner antreten müssen. Ein professioneller Judenschauer prüft ihre rassische Zugehörigkeit. Der ans Judentum assimilierte Andri wird von ihm herausgefischt und von den schwarzen Soldaten getötet. Andorra, so Frisch selber, sei ein Modell, das den Mechanismus gesellschaftlicher Ausgrenzung vorführe. Zu diesem Mechanismus gehört, dass für seine tödlichen Folgen niemand Verantwortung tragen will. Die meisten Beteiligten beteuern auch im nachhinein ihre Unschuld, die wenigen Einsichtigen bestenfalls ihre Ohnmacht.

Absurdes Theater

Als Beispiel für das absurde Theater der späten 50er Jahre kann man auf Wolfgang Hildesheimers Drama *Verspätung* (1958) hinweisen, in dem der angebliche Professor Scholz-Babelhaus über die Abstammung der Menschheit aus einer Wesenheit namens Gurícht (eine Wortschöpfung Kafkas) fantasiert, die ebenso eine Leerformel bleibt wie Becketts Godot. Hildesheimers *Verspätung* nimmt zudem Motive aus Dürrenmatts *Besuch der alten Dame* (s. V.2.) auf. Am Anfang beider Stücke dienen verspätete Züge als Zeichen für den ökonomischen Niedergang des Handlungsorts. In Hildesheimers *Verspätung* hat Professor Scholz-Babelhaus das Dorf Dohlenmoos in den Ruin getrieben, um eine Leere zu schaffen, in der er verschwinden kann. Ein weiteres gemeinsames Motiv ist der auf der Bühne anwesende Sarg, der von Beginn an auf den Tod der beiden Hauptfiguren vorausweist. Dürrenmatts Anleihen am Theater des Absurden sind etwa in seinem Theaterstück *Der Meteor* (1966) erkennbar, in dessen Mittelpunkt der Literaturnobelpreisträger Schlitter steht, der nicht sterben kann. Das Stück spart nicht an grotesker Situationskomik und arbeitet mit Slapstick-Elementen wie Treppenstürzen oder dem aus dem Sarg springenden Totgesagten. In den Zusammenhang der Rezeption des absurden Theaters kann man auch Thomas Bernhards Stück *Ein Fest für Boris* (1970) stellen, das mit dem unbemerkt bleibenden Tod des Protagonisten inmitten seiner dreizehn wie er selbst beinlosen Gäste endet. Der dysfunktionale Körper, der hier alle Figuren als standardisierte soziale Krüppel kennzeichnet, kehrt in Bernhards späterer Dramatik in der notorischen Verwendung von greisenhaften Protagonisten wieder.

Peter Weiss

In der ersten Hälfte der 60er Jahre fand der Paradigmawechsel von der absurden, parabolischen oder psychologischen Dramatik zum Dokumentarischen Theater (s. IV.2.) statt. Peter Weiss lässt in seinem Stück *Die Verfol-*

gung und Ermordung Jean Paul Marats dargestellt durch die Schauspielgruppe des Hospizes zu Charenton unter der Anleitung des Herrn de Sade (1964) den dokumentarischen Rahmen weit hinter sich. Er übernimmt nur die Ausgangssituation von de Sades zeitweiser Verwahrung in der Irrenanstalt Charenton, um mit dem Mittel eines Spiels im Spiel ein rezeptionsästhetisches Modell vorzuführen. Die von den Patienten nur gespielte Empörung schlägt in einen echten Aufruhr um. In einem Akt anarchischer Verweigerung scheint die Perspektive auf eine Selbstverwirklichung und Befreiung vom Rollenzwang, dem Statthalter gesellschaftlicher Zurichtung, auf. Dieser spontan-emanzipativen Ebene sekundiert der auf höchstem intellektuellem Niveau geführte Streit zwischen de Sade und Marat, die in großen Monologen die alte Opposition von Geist und Tat wiederaufleben lassen. Dramaturgisch entfesselt Weiss' Stück das ganze Repertoire des living theatre mit seinen Clownerien, seinem artistischen Körpereinsatz, seiner drastischen Komik, surrealen Fantastik und dem Zeigegestus, der es mit dem epischen Theater verbindet.

Kritisches Volksstück

Ebenfalls in der zweiten Hälfte der 60er Jahre kommt es zu einer Wiederentdeckung des kritischen Volksstücks. In den Dramen von Martin Sperr oder Franz Xaver Kroetz stehen vor allem die Unterprivilegierten im Zentrum der Texte. Die Protagonisten sind oft sprachohnmächtig bis hin zum Stottern und ständiger Sprechhemmung. An ihnen demonstriert das neue Volksstück die strukturelle Gewalt der Gesellschaft. Zum einen wird ihnen die Chance auf Ich-Werdung schon durch den Ausschluss aus allen Bildungsinstitutionen verwehrt, zum anderen prädisponiert ihre restringierte Sprache sie für Taten, die sie zum Opfer machen. Sperr, Kroetz oder auch Rainer Werner Fassbinder machen die gedankenlos aus Sexualtrieb, Besitzgier oder Protzerei begangenen Untaten als blinde Reflexe auf soziale und psychische Zwangslagen verstehbar. Die Gemeinschaft der Normalen greift dabei nicht nur sanktionierend ein, wenn sich die Gewaltausbrüche für sie selbst als gefährdend erweisen, sie schreitet auch zu repressiven Maßnahmen, wenn sie auf eine Form der Devianz stößt. Im Falle von Sperrs *Jagdszenen aus Niederbayern* (1966) besteht diese Devianz in der Homosexualität eines jungen Mannes. Zu Beginn des Stücks kehrt er aus dem Gefängnis zurück, wo er wegen eines Vergehens gegen den Paragraphen 175, also Homosexualität eingesessen hat. Sehr eindrucksvoll setzt Sperr die allmählich sich verschärfende Atmosphäre der Verfolgung des anders Veranlagten in Szene. Das beginnt mit vergleichsweise harmlosen Hänseleien und endet mit der Hatz auf den straffällig Gewordenen, an der sich fast das ganze Dorf beteiligt, nicht zuletzt motiviert durch die Höhe der ausgesetzten Belohnung. In den frühen Stücken von Kroetz wird auf die Protagonisten in der Regel ein solcher Druck ausgeübt, dass sie ‚ausrasten' und eine Katastrophe eintritt. In *Wildwechsel* (1971) tötet ein junges Paar den Vater des dreizehnjährigen Mädchens, der ihre Beziehung immer wieder zu zerstören sucht. In *Heimarbeit* (1971) ertränkt ein Vater sein eigenes Kleinkind, weil er der permanenten Überbelastung durch Arbeit und Familie nicht standhält. In *Geisterbahn* (1973) bringt die leicht debile Beppi ihr Kind um, weil sie fürchtet, dass es ihr von der Fürsorge genommen wird.

Peter Handke und Wolfgang Bauer

Peter Handkes *Kaspar* (1968) ist das Beispiel eines Sprechstücks, das auf alle Handlungsführung verzichtet, dafür aber die Zurichtung eines Subjekts durch Sprache demonstriert. Kaspar ist eine Kunstfigur, die einer Gruppe von ‚Einsagern' ausgesetzt wird, die seine Sprache und damit auch sein Selbstbild formieren. Die Entindividualisierung, der er dabei unterworfen wird, zeigt sich darin, dass die Phrasen, die er einüben muss, über Lautsprecher vermittelt werden. Kaspar wird so zu einer Sprechmaschine, einem seelenlosen Automaten, und hat alle Möglichkeiten zur Selbstbestimmung verloren. Ausdruck der erfolgreichen Normierung, die an ihm vollzogen wurde, ist seine Vervielfältigung am Ende des Stücks. Er ist zum Typus geprägt worden, beliebig reproduzierbar.

Aus dem avantgardistischen Umfeld des Grazer Forum Stadtpark ging auch der Dramatiker Wolfgang Bauer hervor, der nach einer Reihe von unaufführbaren ‚Mikrodramen' für Aufsehen mit seinem Stück *Magic Afternoon* (1968) sorgte. Es handelt sich um Kammertheater, insofern die Handlung sich in nur einem Zimmer abspielt. Zwei bohemehafte Schriftsteller und ihre Freundinnen versuchen durch Alkohol, Drogen, Sex und Musik ihre Unproduktivität und ihren Selbstüberdruss zu kaschieren. Die latente Frustration führt zu einer immer aggressiveren Aufladung der Stimmung, die sich schließlich in einer Mordtat entlädt. Das Stück, das sich einer provokativ vulgären Alltagssprache bedient, wurde als Diagnose einer explosiven gesellschaftlichen Situation gedeutet, als Psychogramm einer Generation, die einen Ausweg aus der Langeweile erstarrter Verhältnisse suchte.

Tankred Dorst

Eines der wichtigsten Theaterstücke im Kontext der Studentenbewegung ist Tankred Dorsts *Toller* (1968). Das zentrale Thema in *Toller* ist die Frage nach der Bewahrung der moralischen Integrität in einer revolutionären Situation und die Zusammenführung von Kunst und Politik. Toller, der pazifistische expressionistische Dichter, erhält durch die Dynamik des geschichtlichen Prozesses eine politische Funktion, in der er unausweichlich seine moralische Unschuld einbüßt. Dorst unterzieht Tollers politisches Engagement einer kritischen Prüfung, wenn er ihn in den revueartigen Szenen des Stücks als einen narzisstischen Ästheten entlarvt, der die dramatische Bühne der Räterepublik als Medium der Selbstinszenierung instrumentalisiert habe.

Botho Strauß

In Botho Strauß' Drama *Paare Passanten* (1981) findet sich die vielzitierte Stelle „Ohne Dialektik denken wir auf Anhieb dümmer, aber es muß sein: ohne sie!" Strauß verabschiedet hier eine Konzeption der Ästhetik, die in seinen vorangegangenen Stücken die Idee von Versöhnung und Glück wenigstens ex negativo perpetuiert hatte. *Kalldewey, Farce* (1981) und *Der Park* (1983) öffnen seine Dramatik einer mythischen Ebene, die personal oder thematisch in die Alltagswelt einbricht. Strauß nutzt diese Konfrontation zur Diagnose einer Entfremdung der Menschen von ihren authentischen Trieben und Wünschen, über die sich die Abhängigkeit von der ‚sekundären Welt' geschoben hat. Auf deren Zurschaustellung konzentrieren sich seine Theaterstücke der 90er Jahre. Die elektronischen Medien usurpieren den von den Göttern verlassenen Thron und üben über die Menschen eine mythische Gewalt aus. Auch das Stück *Schlußchor* (1991) rückt seine Anspielungen auf die Wiedervereinigung unter die Perspektive der Kommunikationsstörung. Seine Beobachtungssplitter aus der Nacht des 9. November erscheinen als ein skeptischer Zwischenruf in den Enthusiasmus der Maueröffnung. Die Anverwandlung eines antiken Stoffs in Strauß' *Ithaka*

(1996) steht durchaus im Kontext seiner kulturkritischen Perspektive aus dem *Anschwellenden Bocksgesang*. Thema des Stücks ist die Heimkehr des Odysseus und die Tötung der Penelope belagernden Freier. Deren Aufenthalt am Königshof wird als dekadente Orgie und Prasserei in Permanenz geschildert. Mit dieser parasitären ‚Spaßgesellschaft' macht Odysseus Schluss. Seine blutige Abschlachtung der Freier wird als „göttliche Reinigung" sanktioniert. Am Ende des Stücks, als die Verwandten der getöteten Freier Odysseus zum Kampf stellen, tritt Athene als Friedensstifterin zwischen sie und verkündet den Willen der Götter: „Wir aber verfügen, was recht ist: aus dem Gedächtnis wird Mord und Verbrechen des Königs getilgt. Herrscher und Untertanen lieben einander wie früher." Diese Verfügung wird ausdrücklich als Vertrag bezeichnet. Er erscheint jedoch als eine recht naive Variante eines Gesellschaftsvertrags und erinnert in seiner paternalistischen Formulierung weit mehr an die romantische Herrschaftsutopie in Novalis' *Glauben und Liebe oder Der König und die Königin*. Dramaturgisch ist an *Ithaka* der raffinierte Einsatz der drei fragmentarischen Frauen – ein Knie, ein Schlüsselbein, ein Handgelenk – hervorzuheben, die als Begleiterinnen der Penelope und zugleich als Kommentatorinnen des Bühnengeschehens fungieren.

Harald Mueller

Das dramatische Werk von Harald Mueller lässt sich im Wesentlichen in Außenseiter- und gesellschaftskritische Zeitstücke einteilen. Seine frühen Dramen wie *Großer Wolf* (1970) oder *Halbdeutsch* (1970) sind im Randgruppen- und Obdachlosenmilieu angesiedelt, die Sprache ist entsprechend roh und obszön. Jede Hoffnungsperspektive ist kassiert, es herrscht eine no future-Stimmung. Apokalyptische Dimensionen gewann diese Prägung in Muellers erfolgreichstem Stück *Totenfloß* (1986), das im Jahre 2050 in einer verseuchten Restwelt angesiedelt ist, in der die letzten Gesunden hermetisch abgeriegelte Inseln bewohnen. Das Endzeitdrama schildert das Schicksal der ausgestoßenen Itai, die zusammen mit anderen Beschädigten das angebliche Paradies Xanten erreichen möchte. Dieser von der Nibelungensage mythisch überschriebene Ort erweist sich aber als umkämpfte, leicht kontaminierte Festung, die keine Zuflucht bietet. Am Ende treibt „eine pervertierte heilige Familie" (Preusser 2003, 234) aufs Meer hinaus, das den einzig verbleibenden Wunsch nach Untergang zu erfüllen verheißt. Das Stück verdankte wohl nicht zuletzt dem Reaktor-Unfall von Tschernobyl im selben Jahr seine enorme Resonanz.

Thomas Bernhard und Elfriede Jelinek

Bernhard hat mit seinem Stück *Heldenplatz* (1988) die wirkungsmächtigste seiner Österreich-Beschimpfungen lanciert. 50 Jahre nach dem Anschluss lässt er den jüdischen Professor Schuster einer Einladung des Wiener Bürgermeisters folgen, das Land seiner Herkunft erstmals wieder seit seiner Exilierung zu betreten. Als Schuster seine Landsleute aber so undemokratisch und antisemitisch antrifft, wie er sie verlassen hat, stürzt er sich aus seiner Unterkunft am Heldenplatz aus dem Fenster.

Während Bernhard manche seiner Stücke wie *Minetti* (1975) oder *Ritter, Dene, Voss* (1984) ganz bestimmten Schauspielern auf den Leib geschrieben hat, lässt sich an der Entwicklung von Elfriede Jelineks dramatischem Schaffen beobachten, dass es auf eine Tilgung des Schauspielers zuläuft. Das hängt mit den Veränderungen ihres eigenen Schreibprozesses zusammen. Jelineks erste Stücke *Was geschah, nachdem Nora ihren Mann verlas-*

sen hatte (1977), *Clara S.* (1982) und *Krankheit oder Moderne Frauen* (1987) nehmen aus marxistischer Sicht den feministischen Geschlechterdiskurs in der Intention auf, das Konzept einer genuin weiblichen Ästhetik zu dekonstruieren. Die auftretenden Figuren verfügen daher über keine Innerlichkeit, sie sind gewissermaßen ‚entseelt' und dienen mehr zur Gegenüberstellung und Entlarvung sprachlich erzeugter Stereotypien. Schon in dieser Werkphase kündigt sich mit Jelineks Neigung zum entstellenden Zitieren ein Prozess ihres Schreibens an, der schließlich zur völligen ‚Entdramatisierung' ihrer Theatertexte geführt hat. *Wolken. Heim* (1988) besteht aus einem über 50-seitigen Wir-Monolog aus Versatzstücken von Hölderlin-Gedichten, Zitaten deutscher Philosophen und Briefen von RAF-Mitgliedern. Das nationale Wir-Kollektiv verleibt sich alles ein und ergießt sich als monotone Sprachwalze über das Publikum. Das gleiche Prinzip hat Jelinek auch in *Totenauberg* (1991) angewandt.

Werner Schwab

An das Konzept einer Verselbstständigung der Sprache knüpft die Dramaturgie von Werner Schwab an. Seinen Stücken sind in der Regel Regieanweisungen zum Charakter der Sprache vorangestellt, die diese im Falle von *Mein Hundemund* (1991) als „Körper der agierenden Personen" bezeichnen. Über die Sprache in *Die Präsidentinnen* (1990) heißt es: „Die Sprache, die die Präsidentinnen erzeugen, sind sie selber." Schwab verwendet auch den Begriff der ‚Partitur' für seine Bühnensprache. Die genannten Stücke gehören zu Schwabs so genannten ‚Fäkaliendramen'. Sie spielen auf Bauernhöfen, in Kneipen, auf Volksfesten, in Pensionistenwohnungen oder im Kleinbürgermilieu. Schwabs Stücke sind von ‚Sterblingen' aller Art bevölkert und enden in der Regel mit (Selbst-)Mord und Totschlag. Man kann in ihnen eine weitere Variante des kritischen Volksstücks sehen, wobei sie sprachlich allerdings nicht auf den restringierten Code oder den Soziolekt von Kroetz und Sperr zurückgreifen, sondern regelrechte Sprachwut entfesseln.

Urs Widmer

Eines der erfolgreichsten Stücke der 90er Jahre war *Top Dogs* (1996) von Urs Widmer. Der Titel ist in Analogie zu Underdogs gebildet und bezeichnet Angehörige des Managements in internationalen Unternehmen. Widmer stellt acht entlassene Führungskräfte auf eine nur mit wenigen Requisiten ausgestattete Bühne, die ein Outplacement-Büro simuliert. In 12 Szenen wird die Gefühls- und Bewusstseinslage der geschassten Manager vorgeführt. Auffällig ist, dass allein schon das Aussprechen der Vokabel ‚Entlassung' einem Tabu unterliegt. Das Sprachverhalten der Figuren dient dazu, eine Art künstliche Welt gegen die Wirklichkeit zu errichten. In der 12. Szene *Die große Klage* bauen sich die zunächst am Boden Kriechenden durch die Beschwörung von Firmennamen, die als Platzhalter für Gottheiten fungieren, allmählich wieder auf. Die de profundis-Sprechhaltung wandelt sich durch diese sprachliche Autosuggestion in ein pathetisch vorgetragenes kollektives Glaubensbekenntnis. Der gemeinsame Glaube an den Mammon wirkt als Selbststimulierung. Widmer konterkariert diesen Prozess durch die Einblendung von Zitaten aus der Apokalypse, die die Verfallenheit dieses Bewusstseins an den Untergang offenbaren. In drei Intermezzi hat Widmer ‚Gangübungen' vorgesehen, die dazu dienen sollen, bei Bewerbungen ein erfolgreiches Auftreten herbeizuführen. Die Parole dieser Strategie lautet höchst aktuell: ‚Körper machen Leute'.

Albert Ostermaier

Albert Ostermaier hat in seinem Stück *The Making Of.* (1998) den Versuch unternommen, Brechts *Baal* ans Ende des 20. Jahrhunderts zu versetzen. Das Drama operiert auf mehreren Spielebenen. Außer der Bühnenhandlung kann der Zuschauer parallel eine Videoleinwand betrachten, auf der Ausschnitte des Geschehens zu sehen sind. Ein Fernsehteam mit Regiepult und Schneideplatz macht die mediale Umsetzung der Handlung zu einem Bestandteil ihrer selbst. Ostermaier möchte auf diese Weise den Kampf der Medien um die Wirklichkeit betonen. Das Stück beginnt in Afrika, wohin der Dichter Andreas Müller wegen Erfolglosigkeit geflohen ist. Dort wird er von seinem ehemaligen Freund, dem Schauspieler Silber aufgespürt und zu einem Deal überredet. Silber will Andreas in den Söldner und Dichter Brom verwandeln, der mit gezielter Provokation die Aufmerksamkeit der Medienwelt auf sich ziehen soll. Mit Lyrik im Stil von Rimbaud und Brecht wird er zum Hätschelkind der Medien und einer Mäzenatin, die ihn auf ihrer Schickeria-Party als Attraktion präsentiert. Das Theater wird auf ihn aufmerksam und will sein Stück inszenieren. Zur medialen Vorbereitung gehört ein Auftritt Broms in einer Kultur-Talkshow zusammen mit Silber und einem Theaterkritiker. Ostermaier wirft in diesem Bild mit Textzitaten aus der Theaterliteratur und virtuosen Parodien des aktuellen Kulturjargons nur so um sich. Besonders zieht er den Kult des Authentischen ins Lächerliche, dessen Vertreter sich an Broms angeblicher Dichtung aus dem Felde berauschen. Als das Stück seine Premiere hat, verfolgen die beiden die Publikumsreaktionen von der Garderobe aus. Es kommt zu einem Leidenschaftsausbruch zwischen ihnen, der damit endet, dass Brom Silber scheinbar erwürgt. Die folgende Szene spielt nur auf einem Videoscreen und wieder in Afrika. Brom sitzt dichtend in einer Söldnerkneipe. Sie machen sich über seine Verse lustig, und im Streit wird er getötet. Doch in der folgenden Schlussszene tritt Brom wieder auf und ersticht Silber, der auf der Premierenfeier versucht, das Kunstgebilde Brom platzen zu lassen. Hier nun wird die Eigendynamik der Medienkultur besonders greifbar. Die anwesende Kulturschickeria reagiert auf Silbers Enthüllung des Betrugs nicht mit Verblüffung oder Empörung, sondern applaudiert ihm, weil sie diese Enthüllung für einen weiteren Publicity-Gag hält. Der Tod von Silber ist aber echt, sofern man mit solchen Kategorien hier überhaupt noch operieren kann. Echt ist er aber wenigstens in dem Sinn, dass mit Silber die Wirklichkeit wirklich stirbt und die inszenierte Welt, der Fake sich an ihre Stelle setzt. In Abwandlung einer berühmten Formulierung aus Adornos *Minima moralia* sagt Brom einmal sehr treffend: „Es gibt nur Falsches im Falschen." Gemeint ist damit wohl, dass in der von den Medien erzeugten sekundären Kunstwelt auch nur das Künstliche, das medial Inszenierte eine Existenzchance hat. Nicht das wirkliche Leben ist von Interesse, sondern das Leben als Film. Zur Herstellung dieses Films muss Brom nun die Realität, das heißt Silber auflösen. Silber ist das sensible Medium, das mit Hilfe von Brom aus Realität Kunst macht.

Brechts Nachkriegslyrik

Nach dem 2. Weltkrieg setzte Brecht seine antifaschistische Exillyrik ungebrochen fort, da er mit der Restauration des Kapitalismus in den Westzonen die ökonomische Ursache für den Nationalsozialismus weiter bestehen sah. Bildkräftig und sprachgewaltig, dabei jedoch in der politischen Deutung allzu vereinfachend prangerte Brecht in dem Langgedicht *Der ana-*

chronistische Zug oder Freiheit und Democracy (1948) die Wiederkehr der alten Mächte an. Brechts wichtigster Beitrag zur (DDR-)Lyrik nach 1945 sind seine *Buckower Elegien* (1953). Es sind durchweg kurze Texte, die Brecht – etwa in *Eisen* – als Meister der dialektischen Parabolik zeigen und die auf sublime Weise die Zäsur des 17. Juni 1953 verarbeiten.

Günter Kunert

In die Fußstapfen von Becher und Brecht trat der gerade 21-jährige Günter Kunert mit seinem Gedichtband *Wegschilder und Mauerinschriften* (1950). Mit dialektischen Denkübungen gibt sich Kunerts Lyrik in ihrem dialogischen und aufklärerischen Charakter als Lehrdichtung zu erkennen. Trotz der grundsätzlichen Ausrichtung auf den Aufbau des Sozialismus und das Bemühen um eine weltanschauliche Perspektivierung stößt man schon in Kunerts erstem Gedichtband auf „Spurenelemente eines individuellen Skeptizismus" (Kasper 1995, 44), die seine spätere Wendung zum apokalyptischen Denken antizipieren. Der Gedichtband *Der ungebetene Gast* (1965) bezeichnet in Kunerts Werk die Wende zu einer fortschrittskritischen Position, wie sie in seiner Stellungnahme in der *Forum*-Lyrikdebatte (s. IV. 2.) deutlich wurde. An den kritischen Ton von Brechts *Buckower Elegien* knüpft Kunert mit seinen schwarzen Lehrgedichten in *Verkündigung des Wetters* (1966) an. Kunert hat in seinem Aufsatz *Das Bewußtsein des Gedichts* (1970) die Subjektivität des dichterischen Sprechens gegen jede Indienstnahme verteidigt. Das Bewusstsein des Gedichts definiert er als „den relativ autonomen Prozeß intuitiver Erkenntnis auf Grundlage subjektiver Empirie" (Kunert 1976, 263). Man merkt solchen Formulierungen den ideologischen Eiertanz zwischen der Behauptung geistiger Unabhängigkeit und Rücksichtnahme auf offizielle Sprachregelungen an.

Erich Arendt, Johannes Bobrowski, Peter Huchel

Interessanterweise sind von den bedeutenden Lyrikern der DDR drei der Hermetischen Dichtung zuzurechnen: Erich Arendt, Peter Huchel und Johannes Bobrowski. Zu Huchel ist freilich zu bemerken, dass seine wichtigsten Werke zuerst bzw. nur im Westen, in den er 1971 ausreisen konnte, erschienen. Arendt hat nach der ideologisch opportunen Soziallyrik des umfangreichen Gedichtbands *Trug doch die Nacht den Albatros* (1951) und den noch im Bann der Technikeuphorie stehenden *Flug-Oden* (1959) mit dem *Gesang der sieben Inseln* (1957) seinen an Ezra Pound und den Surrealismus anschließenden Ton und sein Thema gefunden. Fels, Meer, Licht, Stille, Raum, Nacht und Tod rücken nun ins Zentrum. Die Ägäis sollte zu Arendts poetischer Wahlheimat werden. Ausdrücklich sind ihr die Gedichtbände *Ägäis* (1967) und *Starrend von Zeit und Helle* (1980) gewidmet und unter ihrem Eindruck konzentrierte er sich immer stärker auf elementare Grundstrukturen und -rhythmen. Die extreme Verknappung seiner späten Lyrik führt zu einer nicht leicht zugänglichen Chiffrensprache.

Für Bobrowski wurde das Trauma seiner Beteiligung an der Vernichtung des Baltikums durch die deutsche Wehrmacht zum Antrieb seines Schreibens. Der geographische Raum, in dem über Jahrhunderte Juden, Polen, Litauer und Deutsche miteinander gelebt hatten, wurde für ihn zur mythischen Geschichtslandschaft ‚Sarmatien', der er mit seinem Werk ein Denkmal setzen wollte. Bobrowski bediente sich in den beiden zu Lebzeiten publizierten Gedichtbänden *Sarmatische Zeit* (1961) und *Schattenland Ströme* (1962) einer freirhythmischen Sprechweise, die den elementaren Grundstrukturen der sarmatischen Landschaft evokativen Ausdruck verleihen sollte. Eine wichtige Funktion nehmen in Bobrowskis Lyrik auch die Porträtgedichte ein, die als Medien der poetologischen Selbstreflexion fungieren. Auf den Spuren von Bobrowskis Verschmelzung von Geschichte und Landschaft bewegt sich die Lyrik Wulf Kirstens in *die erde bei Meißen* (1987).

Huchel hatte nach seinen naturmagischen *Gedichten* (1948) mit der Herausgeberschaft der Zeitschrift *Sinn und Form* eine Schlüsselfunktion im literarischen Leben der DDR übernommen. Im letzten von ihm redigierten Heft ließ er als eine Art Vermächtnis das Gedicht *Winterpsalm* erscheinen, das im Bilde des zugefrorenen Flusses die Vereisung des Geschichtsstroms indiziert. *Winterpsalm* ging in den Gedichtband *Chausseen Chausseen* (1963) ein, der nur mehr im Westen erscheinen konnte. Der ganze Band ist ein Dokument seiner Desillusion und zunehmenden Verfinsterung, die Huchel in eine individuelle Chiffrensprache hüllt, in der mythologische, biblische und historische Überlieferung verschmolzen werden.

Sächsische Dichterschule

In den 60er und 70er Jahren bilden die Autoren der so genannten Sächsischen Dichterschule die produktivste Erscheinung in der Lyrik der DDR. Von den ca. 20 Autoren, die dieser über Sachsen hinausreichenden Strömung angehörten, seien Adolf Endler, Volker Braun, Heinz Czechowski, Elke Erb, Sarah Kirsch, Rainer Kunze, Kirsten und Karl Mickel hervorgehoben. Die Tatsache, dass einige der Genannten in den Westen gingen, andere wie Braun bis zuletzt in der DDR das ‚bessere Land' sahen, zeigt bereits, dass man es mit einer weltanschaulich disparaten Gruppe zu tun hat. Das trifft auch auf die lyrischen Schreibweisen zu. Mickel, dessen Gedicht *Der See* in der Lyrik-Debatte eine erhebliche Rolle spielte, vereinte eine enorme Virtuosität und Formstrenge mit einer anarchischen, auf Verschlingung ausgehenden Weltaneignung. Braun versuchte in den Gedichtbänden *Provokation für mich* (1965) und *Wir und nicht sie* (1970) eine moderne literarische Form mit der Beibehaltung einer politisch-operativen Schreibintention zu verknüpfen. In der Handhabung der lyrischen Sprache achtete Braun immer das Primat der Kommunikabilität und vermied schroffe Brüche. Auf diesem Gebiet ging wohl Erb am weitesten, die sich in ihrem ‚prozessualen Schreiben' an die radikale Avantgarde um 1920 (z. B. Schwitters, Chlebnikow) anschloß.

Lyrik am Prenzlauer Berg

Diese Richtung ist von den Autoren der so genannten Prenzlberg-Connection wie Bert Papenfuß-Gorek, Rainer Schedlinski, Sascha Anderson oder Andreas Koziol fortgesetzt worden. Sie etablierten in einem scheinbar subkulturellen Ostberliner Milieu eine Alternativkultur, in der sie ihre Texte zunächst in Szenelokalen vortrugen und später häufig in Zusammenarbeit mit bildenden Künstlern auf privaten Handpressen ästhetisch anspruchsvoll gestalteten. Die Texte schreiten die sprachexperimentellen Möglichkeiten der Avantgarden aus und versuchen diese poetischen Verfahrensweisen für eine Art ostdeutsche ‚Samisdat'-Literatur produktiv zu machen. Das Ende der DDR hat die Ernüchterung gebracht, dass diese Gegenkultur teilweise eine von der Stasi gepflegte Sumpfblüte war.

Wilhelm Lehmann

In den Westzonen dominierten unmittelbar nach dem Krieg die Naturlyriker. Der dichterisch bedeutendste war Wilhelm Lehmann. Er entwickelte seine Poetik auf einer zivilisationskritischen Grundlage. In seinem Aufsatz *Dichterische Grundsituation und notwendige Besonderheit des Gedichtes*

(1953) schreibt er: „Dichtung setzt den Menschen wieder in seine verlorene Stellung ein, weil sie der Natur ihr verlorenes Recht wiedergibt." (Lehmann 1960, 26) Die dichterische Methode des naturmagischen Autors ist die ‚Schau'. Die Position des schauenden Beobachters geht im Prozess des Schreibens gewissermaßen in eine Osmose über, die die Einheit von Subjekt und Objekt als gemeinsame Bestandteile der Schöpfung stiftet. Problematisch wird diese Position, wo sie von der geschichtlichen Welt Besitz ergreift und sie ihrer Perspektive unterwirft. In *Nach der zweiten Sintflut* aus *Noch nicht genug* (1950) steht: „Wo Bomber stürzte, rostet Eisen, / Vergeßlich hüllt das Gras den Platz." Was das naturmagische Gedicht verweigert, ist die Apperzeption der Gegenwart, mit der Zeitgeschichte ist es nicht bereit, einen osmotischen Prozess einzugehen.

Günter Eich

Als Vertreter einer zeitbewussten Naturlyrik kann man Günter Eich betrachten. Von ihm erschienen *Abgelegene Gehöfte* (1948), *Untergrundbahn* (1949) und *Botschaften des Regens* (1955). Formal und thematisch bieten sie ein weites Spektrum. Seine besondere Note bekommt Eichs Band *Abgelegene Gehöfte* durch eine Gruppe von Gedichten, die den Aufenthalt in einem Kriegsgefangenenlager schildern. Zu dieser Gruppe gehört das berühmte Gedicht *Inventur*, das Paradebeispiel der Kahlschlagdichtung. In dessen Nachbarschaft befindet sich auch das Gedicht *Latrine*, das in krasser Form körperliche Notdurft und Bildungsreminiszenzen aufeinander prallen lässt. „Irr mir im Ohre schallen/Verse von Hölderlin/In schneeiger Reinheit spiegeln/Wolken sich im Urin." Das Ich ist auf die primitivsten Körperfunktionen reduziert, die dem erhabenen Anspruch von Hölderlins ‚vaterländischer' Dichtung Hohn sprechen. Eich dürfte es dabei auch um eine Kritik an der Pervertierung von Hölderlin durch die Nationalsozialisten gehen. Zahlreiche seiner Gedichte stehen noch im Bann der naturmagischen Schule, insofern es ihnen um die Lesbarkeit der Welt geht. Eich reibt sich dabei an der unaufhebbaren Distanz zwischen ahnender Empfindung und fixierender Wortbedeutung. Sein Gedicht *Fragment* aus *Untergrundbahn* kann man wohl als dichterische Konzentration seiner Poetik verstehen. Es heißt darin: „Das Wort, das einzige! Immer suche ichs, [...]/wie liegst du mir auf der Zunge!/[...]/dennoch faß ich dich/niemals, niemals, niemals!" In diesem Gedicht Eichs spricht sich bereits eine Überzeugung aus, die er später in seiner Dankrede für den Hörspielpreis der Kriegsblinden theoretisch fasste. Eich sieht den Dichter als Übersetzer aus einem Urtext, dessen Sprache er nur unvollkommen beherrscht. Die Natur, so konstatiert ein Gedicht in den *Botschaften des Regens*, spricht *In anderen Sprachen*. Der Zugriff auf das Schlüsselwort muss in die Sphäre des Unbewussten und Traumhaften, letztlich ins Jenseits verlegt werden. Gleich das erste Gedicht in den *Botschaften des Regens* endet mit der Strophe: „ Es heißt Geduld haben/Bald wird die Vogelschrift entsiegelt,/unter der Zunge ist der Pfennig zu schmecken." Die Chiffren enträtseln sich also erst auf der Überfahrt ins Totenreich, wenn Charon der Obolus abgestattet ist. Eich überschreitet damit die Grenze des naturmagischen Gedichts oder anders gesagt: er verschiebt diese Grenze ins Jenseits, in sprachlich unzugängliches Gelände.

Nelly Sachs

Ganz im Zeichen des Holocaust stehen die Gedichtbände *In den Wohnungen des Todes* (1947) und *Sternverdunkelung* (1949) der im schwedischen Exil lebenden jüdischen Autorin Nelly Sachs. Man kann ihre Dichtungen als ein einziges großes Kaddisch, als ein Totengebet verstehen. Das spiegelt sich auch in der formalen Gestaltung und der Sprechhaltung ihrer Gedichte, die die Tradition der Psalmen aufgreifen. Am Beginn des früheren Gedichtbands findet sich ein Motto aus dem Buch Hiob und das lyrische Ich bezeichnet sich einmal als „die Hiobzerschlagene". Sachs rekurriert damit auf ein Interpretationsmodell des Holocaust, das unter religiös geprägten jüdischen Intellektuellen dieser Zeit nicht selten anzutreffen war. Bereits 1946 war das religions- und geschichtsphilosophische Buch von Margarete Susman *Das Buch Hiob und das Schicksal des jüdischen Volkes* erschienen, und 1950 erfolgte die posthume Publikation des Gedichtzyklus *Hiob oder Die vier Spiegel* des im Exil verstorbenen Dichters Karl Wolfskehl. Die zentralen Begriffe in Sachs' erstem Gedichtband sind Sand und Staub, sie gehören zu den immer wiederkehrenden Metaphern der Auslöschung und des Vergehens. Die Gedichte sind in die Luft geschriebene Grabinschriften, die einmal dem ganzen jüdischen Volk gelten, ein andermal ganz individuell dem Gedenken an einzelne Personen gewidmet sind. Wenn man nach den Spezifika des zweiten Gedichtbands *Sternverdunkelung* fragt, wird man sagen können, dass die Orientierung an Motiven des AT noch deutlicher hervortritt. Ein ganzer Zyklus ist biblischen Gestalten vorbehalten, wobei besonders das prophetische Element betont wird. Zum anderen tritt im lyrischen Sprechduktus und in der Bildlichkeit eine Hinwendung zu Hölderlin und Trakl zutage, die den Psalmenton quasi modernisiert. Die Metapher vom „Psalm der Nacht" lässt sich dabei als Kennzeichnung des eigenen Werks lesen. Neben den Klageton treten auf dem Hintergrund der 1948 erfolgten Gründung des Staates Israel Verse voll Zuversicht und Freude.

Gottfried Benn

Die beherrschende Gestalt der Nachkriegslyrik wurde Gottfried Benn. Er trat mit seinen *Statischen Gedichten* (1948) hervor und ließ die schmalen Bände *Trunkene Flut* (1949), *Fragmente* (1951), *Destillationen* (1953) und *Aprèslude* (1955) folgen. Benns *Statische Gedichte* akzentuieren bereits mit dem Titel den Rückzug auf Maß und Form, die Haltung der unbedingten Distanz gegenüber der geschichtlichen Welt. Im Titelgedicht wählt Benn die Sprecherrolle eines Weisen, der mit abgeklärter und leicht verachtungsvoller Geste alle Formen von Aktivität als Ausdruck von geistiger Unklarheit verwirft. Eines von Benns prominentesten Gedichten ist *Nur zwei Dinge* aus den *Destillationen*. Das Gedicht spricht von einer Folge von Verwandlungen, die alle ihr Gemeinsames in der unbeantwortbaren Frage nach ihrem Zweck haben. Die Sinnfrage wird durch ihre Apostrophierung als Kinderfrage disqualifiziert. Das Gedicht mündet in die im Titel genannten Dinge: die Leere und das gezeichnete Ich. Die Leere soll hier die völlige Entwirklichung der Welt benennen, also wiederum die Erfahrung eines Nihilismus, der die Folie für die ästhetische Formgebung des Künstlers als seiner metaphysischen Tätigkeit liefert. Gleichsam im Schatten von Benn setzte mit Eugen Gomringers *konstellationen* (1953) eine neue Strömung in der Lyrik ein, die man Konkrete Poesie genannt hat (s. IV. 2.).

Ingeborg Bachmann

Ingeborg Bachmann geht in ihren 1959/60 gehaltenen Frankfurter Poetik-Vorlesungen von der Beobachtung aus, dass zu einem vollständigen Verständnis der Gegenwart die sprachlichen Mittel fehlten. Sie sieht ihre Aufgabe in der „Herausführung aus der babylonischen Sprachverwirrung" (Bachmann 1982, 10), bei der die Rechtfertigung der dichterischen Existenz in der ständigen Reflexion auf die sprachskeptischen Einsichten von Hofmannsthals *Chandos*-Brief liegt. Der Schriftsteller verleiht der Sprache eine „neue Fassungskraft" (ebd. 16), indem er von der allgemeinen Sprache einen individuellen Gebrauch macht. Diese Qualität manifestiert sich dort, „wo ein moralischer, erkenntnishafter Ruck geschieht" (ebd.). Bachmanns Sprachkonzeption erinnert damit an Wittgensteins frühe Philosophie, in der Ethik und Ästhetik ineins fielen. Der apriorische moralische Antrieb führt den Schriftsteller zu einem Denken, das mit und durch Sprache auf die Erkenntnis der Realität gerichtet ist. Als diese Realität bezeichnet Bachmann „die durchgehende Manifestation einer Problemkonstante" (ebd. 17) im jeweiligen dichterischen Werk. Mit der Favorisierung von Dichtung, die „nicht genießbar, aber erkenntnishaltig" (39) ist, schließt sich Bachmann der Position von Brecht an, der gegen das Kulinarische und für das Intellektuelle im modernen Gedicht votiert hatte. An Bachmanns Gedicht *Landnahme* aus ihrem Band *Anrufung des großen Bären* (1956) lässt sich die ihrer Poetik entsprechende lyrische Schreibart gut ablesen. Das Gedicht hat eine viergliedrige zeitliche Struktur. Aus der Gegenwart blickt es zurück auf die in der Vergangenheit liegende Ankunft des lyrischen Ichs im nächtlichen Weideland und seine Handlung des Horn-Ausziehens. Dieser Vergangenheit geht eine Vorvergangenheit voraus, in der dieses Horn in den Boden gerammt worden ist. Am anderen Ende der Zeitachse befindet sich die offene Zukunft, die Erwartung des Kommenden. Durch den auffälligen Parallelismus der Zeilen „Aus der Erde zog ich's, / zum Himmel hob ich's" wird die Aufmerksamkeit des Lesers auf diesen Kraftakt gelenkt, der an Siegfrieds Befreiung des Schwerts Notung aus dem Stamm eines Baums erinnert. In Bachmanns Gedicht ist es aber keine welterobernde Waffe, sondern ein welterweckendes Instrument. Man darf in diesem klingenden Horn die Chiffre für die Dichtung, wohl auch für die eigene erblicken. Die Klänge der Poesie erscheinen dann als Fanfare, die das Leben aus der Erstarrung erlöst.

Ernst Meister

Der Begriff der hermetischen Dichtung (s. IV. 2.) wird primär mit den Namen Paul Celan und Ernst Meister verbunden. Das Werk Meisters in den 50er Jahren ist noch stark von der Auseinandersetzung mit der Poetik Benns geprägt. In mehreren Reden ging Meister auf Benns Konzept des verlorenen Ichs und seine monologische Dichtung ein. Er hielt dem die Überzeugung entgegen: „Ohne Existenz im Totum hat Dichten keinen Grund." (Meister 1989, 19) Meisters Konzentration auf das Dasein als Totum, auf seinen Grund, der in das Nichts zuvor und nachher hinausweist, markiert seine Gegenposition zu Benns Metaphysik der Form. Diese Orientierung auf den Grund des Seins gewährleistet die Intersubjektivität des Gedichts. Meister machte „das verhängt Untergängliche jedes aufgegangenen Lebendigen" (ebd. 54) zum Ausgangspunkt seiner Dichtung und äußerte als seine Maxime: „Ich muss die Dinge jetzt verstehen von ihrer Vernichtbarkeit her." (Meister in Arntzen/Wallmann 1985, 3) Im letzten Gedichtband *Wandloser Raum* (1979) heißt es knapp: „Der Erkennende / ist der Gräber, / die Erkenntnis das / Grab." Die Verschlingung von Erkenntnis und Tod zeigt auf eindrucksvolle Weise das Gedicht *Und ich will mich* aus den *Ausgewählten Gedichten* (1964). Das lyrische Ich ist hier an einem Haken im Himmel aufgehängt und denkt pendelnd über die Zeit, das Gras, den Leib nach. Die Lage des Menschen lässt an Heideggers Idee von der ,Hineingehaltenheit in das Nichts' denken. Über die existentielle Metaphorik des in den Himmel gehängten und in seiner Pendelbewegung nachdenkenden Menschen hinaus kann man eine motivische Verknüpfung mit dem germanischen Gott Odin erkennen. In der *Edda* findet sich *Odins Runenbericht*, der davon erzählt, wie Odin neun Nächte im Windbaum aufgehängt war. Aus dieser Lage heraus erkennt und ,errafft' Odin die Runen, aus denen er seine ,Zauberlieder' formt. Bezogen auf das Gedicht Meisters könnte darin ein Modell für das Ich liegen, wie es sein schwebendes Nachdenken in Erkenntnis überführt: nämlich durch das Ergreifen des dichterischen Worts. Die Sprache ist Gegenstand zahlreicher Gedichte von Meister. Der Text *Es schlug einer* aus dem Band *Es kam die Nachricht* (1970) ist ein geradezu programmatischer Versuch, den archimedischen Punkt des Todes als Sprechperspektive einzunehmen. Man könnte vielleicht behaupten, dass der mit einem Ausrufezeichen versehene Satz „Zu sterben, das ist Grammatik!" die bündigste Formulierung für Meisters Poetologie darstellt. Das Zitat, fast schon eine Sentenz, ist symptomatisch für die zur Spruchdichtung tendierende Sprache von Meisters Spätwerk. Die Technik der Verknappung geht bei Meister mit einer Vereinfachung der syntaktischen Struktur zusammen. Meisters Sprache wird lapidar, meidet entlegenes Vokabular, erweckt aber gleichwohl den Eindruck eines hieratischen und verkündenden Sprechens. Meisters Lyrik bewegt sich immer entschiedener auf eine Thanatopoesie zu, die die Verkündigung Gottes durch die Verkündigung des Todes ersetzt hat.

Paul Celan

Das lyrische Werk von Celan ist wohl das bedeutendste im behandelten Zeitraum. Seine *Todesfuge* dürfte das bekannteste deutschsprachige Gedicht des 20. Jahrhunderts sein. Die Bildlichkeit und Traum-Sprache seines ersten Gedichtbands *Mohn und Gedächtnis* (1952) zeigen surrealistische Einflüsse. Die darin enthaltene *Todesfuge* und andere Gedichte wie *Spät und tief* lassen aber von Beginn an keinen Zweifel daran, dass die Erfahrung der Kriegs- und Lagerzeit Celans Lyrik ihr unauslöschliches ,historisches Datum' (s. V.4.) eingeschrieben hat. Auf *Mohn und Gedächtnis* folgten zu Celans Lebzeiten sechs weitere Gedichtbände, zwei erschienen als Nachlasspublikationen. Seit Celans drittem Gedichtband *Sprachgitter* (1959) lässt sich eine stilistische Entwicklung beobachten, die dem Sprechen am Rande des Schweigens entspricht. Der fließende Tonfall in Celans Gedichten aus der frühen Nachkriegszeit hat nun einem Sprechen Platz gemacht, das durch Fragmentierung und syntaktische Verknappung gekennzeichnet ist. Vor allem die Verben sind dieser Verknappung zum Opfer gefallen, wodurch der Effekt eines statischen Zustands entsteht. Die Zahl poetologischer Äußerungen Celans ist ähnlich wie bei Meister recht spärlich. Das liegt daran, dass seine Lyrik in hohem Maße selbstreflexiv und sprachkritisch ist, das heißt die Dichtungstheorie ist integraler Bestandteil der Dichtung selbst. Es liegt zum anderen vielleicht auch daran, dass Celan behauptet hat, zum Verständnis seiner Gedichte sei nichts anderes als eine immer wiederholte Lektüre nötig. Dies stimmt aber nur sehr eingeschränkt, wenn man etwa ein Gedicht wie *Schneid die Gebetshand* aus dem Band *Lichtzwang* (1970) nimmt, das angemessen nur auf der Folie von Celans Lektüre der entomologischen Abhandlungen über die Mantis religiosa von Jean-Henri Fabre verstanden werden kann. Celan benutzte in seiner späten Dichtung gern solche entlegenen Quellen als Medien der existentiellen Selbstreflexion.

Peter Rühmkorf: Engagement und Artistik

Bei Peter Rühmkorf handelt es sich um einen Dichter, der einen hohen Anspruch an die artifizielle Gestalt des Gedichts mit gesellschaftlicher Stellungnahme verbinden will. Seine Dichtung ist ein Balanceakt zwischen Artistik und Engagement. Es gibt wohl keinen zweiten Lyriker, der von Beginn an so intensiv und kontinuierlich seine literarische Praxis durch poetologische Reflexionen begleitet hat. Ein nicht unerheblicher Teil dieser dichtungstheoretischen Bemühungen gilt der produktiven Kritik an Benn. Benn ist für Rühmkorf auch deshalb eine wichtige Orientierung, weil er zu den wenigen Lyrikern nach 1945 zählt, die den Reim für ein unverzichtbares Element der Dichtung erklärt haben. Rühmkorf hat seine Frankfurter Poetikvorlesungen *agar agar zaurzaurim* (1985) ganz in den Dienst einer anthropologischen Fundierung des Reims gestellt. 1952 schafften sich Rühmkorf und sein Dichterfreund Werner Riegel mit der Zeitschrift *Zwischen den Kriegen* eine Plattform für ihr dichtungstheoretisches Programm des Finismus. Der Begriff entsprang dem Lebensgefühl, in der Epoche vor einem neuen und letzten Weltkrieg zu stehen, und er reflektierte den Anspruch, alle künstlerischen Theorien der Moderne durchdacht zu haben. Die Schreibmethode, die dem Finismus entspricht, taufte Riegel auf den Namen Schizographie. Sie ist der Versuch, aufklärerische und artifizielle Absichten in einem ständigen Balanceakt auszutarieren. Als literaturgeschichtlicher Gewährsmann dieser Haltung gilt Rühmkorf Heinrich Heine, dem er im Band *Irdisches Vergnügen in g* (1959) das *Heinrich-Heine-Gedenklied* gewidmet hat. Im zugehörigen Selbstkommentar *Paradoxe Existenz* zitiert Rühmkorf die Zeilen „Ich liebe das gemeine Volk / und halte mich fern von ihm" aus seinem *Gedenklied* als „die Heine-Formel schlechthin" (Rühmkorf in Bender 1969, 152). Der zitierte Vers ist zugleich ein Beispiel der für Rühmkorf typischen Partialverrückung von idiomatischen Wendungen. Sie dient Rühmkorf dazu, abgegriffene Sprachklischees ‚aufzurauen' und ihnen damit neue semantische Schärfe zu verleihen.

Variation und Levitation

Aus seiner Methode der variierenden Verarbeitung von vorgeformtem Material hat Rühmkorf in dem Gedichtband *Kunststücke* (1962) regelrecht ein poetisches Programm gemacht. Hier geht es um die aktualisierende Reformulierung ganzer Gedichte. Was am *Heinrich-Heine-Gedenklied* an einzelnen Stellen praktiziert wurde, wird in den *Kunststücken* zum Prinzip. Der Band enthält als letzten Zyklus die *Variationen*, die aus Reformulierungen von Gedichten Hölderlins, Klopstocks, Eichendorffs und Claudius' bestehen. Im beigefügten Essay *Abendliche Gedanken über das Schreiben von Mondgedichten* mit dem Untertitel *Anleitung zum Widerspruch* hat Rühmkorf sein Verfahren der kritischen Variation systematisch entfaltet. Als exemplarisches Beispiel für die poetische Überprüfung führt Rühmkorf sein Gedicht *Variation auf „Abendlied" von Matthias Claudius* an. Stellt Claudius eher eine allgemeine Reflexion über das menschliche Dasein an, rückt Rühmkorf die dichterische Subjektivität ins Zentrum. Für sie findet er das Selbstbildnis des Hochseilartisten. Das Gedicht *Hochseil* (1975) kann man als Schlüsseltext zum Verständnis von Rühmkorfs Poetik betrachten. Für den im Hochseilakt versinnbildlichten dichterischen Aufschwung benutzt Rühmkorf häufig den Begriff der Levitation. Dieses Schweben ist allerdings an die beständige Gefahr des Absturzes gekoppelt, wobei Rühmkorf diesem ikarischen Aspekt der Levitation eine produktive Seite abgewinnt, wie die schon im *Irdischen Vergnügen in g* formulierte Absicht, „die Welt im eigenen Fall zu erfahren", zeigt. Rühmkorf bestimmt in *Hochseil* seine künstlerische Existenz als Balanceakt zwischen dem Tod („Freund Hein") und einer Autorschaft, die durch Ambivalenz („Freund Heine") gekennzeichnet ist. Die Kunst des Artisten besteht gerade darin, diese mit tödlichem Risiko verbundene Existenzform hinter einer graziösen Haltung, das heißt: ästhetisch zu verbergen. In seinem poetologischen Essay *Einfallskunde* als Nachwort zum Gedichtband *Haltbar bis Ende 1999* (1979) hat Rühmkorf sich polemisch mit der politischen Gebrauchslyrik der zurückliegenden Jahre beschäftigt. Er betont entschieden die subjektive Perspektive und schreibt: „Dichtung ist Ausnahmezustand und wird es immer bleiben, und die erste notwendige Voraussetzung für das Entstehen von originellen Versgebilden ist eine eigentümlichverrückte Schiefstellung zur Welt" (Rühmkorf 1979, 94). In dem Band *Einmalig wie wir alle* (1989) finden sich Beispiele für das Einsetzen von Rühmkorfs Alterslyrik. Das Gedicht *Liegestuhl, mein langgestrecktes Leben* liefert das Selbstporträt des Künstlers als sinnender Weiser. Das Du befindet sich in einer durch die Schönheit der Natur ausgelösten Stimmung der Rührung und Sehnsucht. Natürlich ist Rühmkorf nicht zum Metaphysiker geworden, aber das Gedicht legt der Parodie zugunsten des Preisens Zügel an. Es steigert gewissermaßen die Levitation im Gedankenspiel bis an die Grenze des Transzendenten. Rühmkorf selbst hat seinen umfangreichen Gedichtband *wenn – aber dann* (1999) mit dem Untertitel *Vorletzte Gedichte* versehen. In der Tat ist das ‚Altern als Problem für Künstler' (Benn) das vorherrschende Thema seiner Gedichte, mit dem er in gewohnter Manier witzig und selbstironisch, zuweilen aber auch etwas kokett umgeht.

Hans Magnus Enzensberger

Mit den Gedichtbänden *verteidigung der wölfe* (1957), *landessprache* (1960) und *blindenschrift* (1964) von Hans Magnus Enzensberger erreicht das politische Gedicht eine qualitativ neue Stufe. Wie Rühmkorf geht es Enzensberger darum, gesellschaftlichen Gehalt und artistische Haltung zu verbinden. Auffällig ist bei Enzensberger die häufig drängende Frageform. So beginnt etwa das *Gedicht für die Gedichte nicht lesen* aus *landessprache*: „Wer ruft mit abgerissenem Mund / aus der Nebelkammer? Wer schwimmt, / einen Gummiring um den Hals, / durch diese kochende Lache / aus Bockbier und Blut?" Was kann man sich unter dieser kochenden Lache, aus der neblige Dämpfe aufsteigen, vorstellen? Die Antwort lautet: das Deutschland der Restaurationsperiode. Für sein Klima ist ein Gemisch aus Bockbier und Blut kennzeichnend, eine Atmosphäre der Gemütlichkeit, die jeden Augenblick in Terror umschlagen kann. Enzensberger bietet gegen die Bedrohungen des Individuums den Begriff der Kälte auf und stellt sich damit in die Tradition Brechts. Kälte bezeichnet eine nüchterne, bis zur völligen Ausschaltung jeden Gefühls und vor allem jeder Gefühligkeit fortschreitende Rationalität. Der paradoxe Titel des Gedichts enthält die resignative Einsicht, dass von dem Angebot zur kritischen Reflexion diejenigen, die sie am nötigsten hätten, keinen Gebrauch machen. Zu den bekanntesten Gedichten von Enzensberger zählt *An alle Fernsprechteilnehmer* aus *landessprache*. Es entwirft in einem Parlando-Ton die Bedrohung durch ein ‚Etwas', das sich unsichtbar über alles ausbreitet und die Menschen auf tödliche Art einspinnt. In seinem Selbstkommentar *Wie entsteht ein Gedicht?* (1961) hat

Enzensberger zwar zugegeben, dass das Gedicht auf einer ersten Verstehensebene „eine Beschreibung der Radioaktivität und ihrer Wirkungen" (Enzensberger in Poetik 1962, 82) enthalte, das Etwas im Übrigen aber als Platzhalter für Phänomene fungiere, von denen die Radioaktivität nur eines ist. Durch den gezielten Einsatz der semantischen Polyvalenz seines Wortmaterials möchte Enzensberger eine poetische Mehrdeutigkeit des Textes erreichen.

Fortschrittskritik

In dem Band *blindenschrift* fällt die Verknappung der Sprache auf. Die komplexen Langstrophen sind durch kürzere und syntaktisch klar gegliederte ersetzt worden. Einfachheit ist auch das Kennzeichen des Vokabulars. In *blindenschrift* trägt Enzensberger den inneren Konflikt zwischen dem Rückzug auf einen reinen Beobachterstandpunkt und dem Schritt zum gesellschaftlichen Engagement aus. In Gedichten wie *zweifel*, dem Adorno gewidmeten *schwierige arbeit*, *lachesis lapponica* oder *weiterung* versucht Enzensberger einen intellektuellen ‚trigonometrischen Punkt' zu finden. Besonders an dem Gedicht *weiterung*, das eine intertextuelle Auseinandersetzung mit Brecht betreibt, wird das Bemühen Enzensbergers sichtbar, sich allen ideologischen Festlegungen zu entziehen. In dem kontrafaktischen Bezug auf Brechts *An die Nachgeborenen* kappt er die Hoffnungsperspektive von Brechts Exilgedicht. Enzensberger hat in seinem Gedichtband *Mausoleum* (1975) in *37 Balladen aus der Geschichte des Fortschritts* eine kritische Revision der technischen und gesellschaftlichen Utopien unternommen. In Gestalt von Porträtgedichten hat er eine Galerie von Erfindern, Entdeckern, Denkern und Revolutionären geschaffen, die den Befund nahe legt, dass all ihre Bemühungen, die Summe des menschlichen Leids zu verringern, vergeblich waren. Bereits mit dem Titel *Mausoleum* rückt Enzensberger diese Beglückungsprojekte in eine historische, ja antiquarische Perspektive.

Ironische Distanz

Mit dem Gedichtband *Zukunftsmusik* (1991) knüpft Enzensberger formal an sein Frühwerk an. Auch thematisch kann man Wiederaufnahmen entdecken, etwa in dem Gedicht *Das Gift*, das *an alle Fernsprechteilnehmer* aufgreift. Die Grundhaltung des lyrischen Ichs ist ironische Distanz. Die Gedichtsammlung *Kiosk* (1995) bewegt sich wieder auf dem ästhetischen Niveau seiner frühesten Lyrikbände. Mit diesen teilt *Kiosk* auch die zyklische Anordnung. So eröffnet Enzensberger seinen *Kiosk* gewissermaßen mit der Lektüre der politischen Schlagzeilen der 90er Jahre, wobei an die Stelle der polemischen Sprachgeste des zornigen jungen Mannes die abgeklärt-distanzierte, aber nicht minder scharfe Diagnose des Beobachters getreten ist. Enzensbergers Beobachterrolle schärft seinen Blick für das Nächste wie für das Fernste. Man glaubt in Enzensbergers Dichtung zunehmend einen quietistischen, quasi ‚chinesischen' Tonfall einer heiteren Weisheit, wie er besonders in dem Gedicht *Zur Frage der Reinkarnation* anklingt, zu vernehmen.

Peter Lehner

Eine eigenständige Spielart der politischen Lyrik der späten 60er und frühen 70er Jahre stellt das Werk des Schweizers Peter Lehner dar. Seine Gedichtbände *ein bißchen miß im kredit* (1967), *sakralitäten-blätterbuch* (1971) und *wehrmännchens abschied* (1973) entfalten ein weit gefächertes Spektrum der Gesellschaftskritik. Lehner operiert häufig mit Wortspielen, dialektischen Pointen und antithetischem Strophenbau. Am originellsten sind Lehners Versuche, Techniken der Konkreten Poesie fruchtbar zu machen. So übersetzt er etwa seine Kritik an der spiegelbildlichen Verblendung westlicher wie östlicher Dogmen in ein Gedicht, das in zwei parallelen Textkolonnen die Austauschbarkeit der Ideologien optisch umsetzt. Das *sakralitäten-blätterbuch,* dem man in Ausstattung und Präsentation die Nähe zur underground-Literatur ansieht, ist eine Collage aus Wortmaterial, Fotografien, Zeitungsausschnitten, Comic strips, Reklamebildern, Schalt- und Bauplänen, das Lehners Texte wie ein Palimpsest überschreiben.

Erich Fried

In der politischen Dichtung von Erich Fried finden sich dialektische Lehr- und Warngedichte in der Art von Brecht und Kunert. Fried hat sich nie gescheut, auch auf ideologische Borniertheiten im eigenen Lager hinzuweisen. So hat er sich in dem Gedichtband *Unter Nebenfeinden* (1970) u.a. mit der Aktionskunst, der Kritischen Theorie und dem Sektierertum auseinander gesetzt. In dem Band *Höre, Israel!* (1974) übte er scharfe Kritik an der Palästinenserpolitik Israels. Seine Formulierung, dass aus Verfolgten Verfolger geworden seien, führte zu heftigen Reaktionen. Frieds enorme Produktion politischer Lyrik in den 60er und frühen 70er Jahren hat es mit sich gebracht, dass unter seinen Texten auch viele sind, die ästhetisch misslungen und gedanklich unreif erscheinen. Aus heutiger Perspektive gehört dazu sicher auch die falsche Oppositionsbildung zwischen Politik und Ökologie, wie sie aus seinem Gedicht *Neue Naturdichtung* in *Die Freiheit den Mund aufzumachen* (1972) spricht.

Erika Burkart

Ökologisches Bewusstsein avant la lettre findet sich im lyrischen Werk der schweizer Dichterin Erika Burkart, deren Anfänge noch im Banne der naturmagischen Dichtung stehen. Mit der Erfahrung eines unaufhebbaren ‚Schöpfungsbruchs', die das poetologische *Bekenntnis zur Droste (*1959) verzeichnet, ist ein selbstreflexives Moment in Burkarts Dichtung eingezogen, das ihr Werk als bedeutende Fortsetzung der Naturlyrik nach 1945 erscheinen lässt. Diese Selbstreflexivität manifestiert sich vor allem in der kontinuierlichen Thematisierung des Verhältnisses von dichterischer Sprache und Natur. Burkart führt in ihren Aufzeichnungen *Grundwasserstrom* (2000) aus, ihrer Dichtung gehe es darum, „Aspekte des Sichtbaren zu zeigen, die das Unsichtbare erkennen lassen" (Burkart 2000, 152). Für dieses Dichtungsverständnis hat Burkart mit dem Gedicht *Dazwischen* aus dem Band *Ich lebe* (1964) die klassische Formulierung gefunden: „Ich suche das Wort / das mich fände. / Jedes Wort / ist ein Maß für Distanzen, / die ich mit Worten / nicht überwinde. Wortlos lerne ich lauschen. / Lauschen ist ein Gespräch mit dem Schweigen. / Gedichte sind Grade des Schweigens." Burkart macht Geschichte höchst selten zum expliziten Gegenstand ihrer Lyrik, verarbeitet sie eher im Medium von Mythos und Märchen, die sie dem Verfahren der Inversion unterwirft. In *Grundwasserstrom* heißt es zum Thema ‚Dichtung nach Auschwitz': „Kein Wort bedeutet dasselbe wie einst, und jeder Farbe ist ein fahles caput mortuum beigemischt" (ebd. 255).

Sarah Kirsch

Sarah Kirsch hat in ihren im Westen entstandenen Gedichtbänden ab *Erdreich* (1982) einige der ästhetisch überzeugendsten Gedichte mit ökologischer Thematik geschrieben. Hervorgehoben sei ihr Gedicht *Bäume* aus *Katzenleben* (1984) mit dem Wortlaut: „Früher sollen sie / Wälder gebildet haben und Vögel / Auch Libellen genannt kleine / Huhnähnliche Wesen die zu / Singen vermochten schauten herab." Kirsch entwirft hier eine negative Utopie vom Ende der Naturgeschichte. Die Zukunft, aus der hier gesprochen wird, ist gekennzeichnet durch Gedächtnislosigkeit und Fantasieverlust. Wenn als Maßstab der verkümmerten Vorstellung nur das Huhn übrig geblieben ist, kommt darin der nackte Utilitarismus zum Ausdruck, der von den Mitgeschöpfen des Menschen nur überleben lässt, was industriell nutzbar ist.

Günter Kunert

Zum entschiedensten Verkünder einer apokalyptischen Stimmung avancierte nach seiner Übersiedlung in die BRD Günter Kunert. Die Gedichtbände *Unterwegs nach Utopia* (1977), *Abtötungsverfahren* (1980), *Stilleben* (1983) und *Berlin beizeiten* (1987) zeigen Kunert als melancholischen Diagnostiker des Untergangs, der wie ein Paläontologe aus den Sedimentschichten einer versteinerten Gegenwart die fossilen Spuren vergangenen Lebens herausliest. Das Modell für diese Perspektive liefert ihm das von der Geschichte um seine Geschichtlichkeit gebrachte Berlin, das Kunert als ‚neues Troja' deutet. Er sieht dabei den Katastrophenzusammenhang der Geschichte mit einem Typus von Denken verknüpft, das nur an Zwecken und Herrschaft orientiert ist. In dieser Konstellation gewinnt für Kunert das Gedicht seine neue Funktionsbestimmung als ästhetischer Raum der Zweckfreiheit. Wenn sich für ihn letztlich das Utopische in der reinen Existenz des Gedichts manifestiert, hat sich seine Poetologie endgültig von Brecht emanzipiert und Adornos Position angenähert.

Sprachreflexion in der Lyrik seit den 80er Jahren, z. B. Thomas Kling

Der allgemeine Paradigmawechsel zu einer primär sprachkritisch oder -reflexiv verfahrenden Dichtung hat sich seit Mitte der 80er Jahre vollzogen. Die Lyrik der Neuen Innerlichkeit hatte sich ebenso erschöpft wie der apokalyptische Ton. Thematisch befindet sich die Beobachtung des Alltags auf dem Rückzug, das Gedicht öffnet sich wieder weiten historischen Räumen und ihrem Formenreichtum. Eine Erklärung mag darin bestehen, dass in den Poetiken und Essays der Lyriker die Frage nach den Bedingungen lyrischen Sprechens auch zu derjenigen seines Ursprungs geführt hat. Diese im Zeichen der Sprache stehende selbstreflexive Haltung bedingt, dass viele jüngere Autoren wieder eher Anschlüsse an die spätmoderne Dichtung der 50er und 60er Jahre, an Autoren wie Bachmann, Benn, Celan, Eich oder Huchel suchen.

Thomas Kling hat seine ‚Sprach-Installationen' zuerst auf Performances dargeboten. Zwischen 1986 und 1996 sind dann fünf Gedichtbände erschienen. In *nacht. sicht. gerät* (1993) findet sich die Formulierung „aufgerissne sprachräume", die in doppelter Hinsicht für Klings Lyrik signifikant ist. Zum einen benennt sie einen quasi spracharchäologischen Zugriff, der den Ursprüngen der Worte nachsinnt, zum anderen verweist sie auf das unverfugte Nebeneinander von Vokabularien ganz heterogener Herkunft. Kling wendet in seiner Dichtung polylinguale Zerlegungskünste an.

Durs Grünbein

Durs Grünbeins Gedichtbände *Schädelbasislektion* (1991) und *Falten und Fallen* (1994) sind durch eine Sprache gekennzeichnet, die sich den modernen Naturwissenschaften, speziell der Neurologie und Physiologie ebenso öffnet wie der Terminologie der Computertechnik. Mit dieser Kombinatorik und ihrer artifiziellen, ‚zerebralen' Machart erinnern sie an Benn. Grünbeins Gedichtband *Nach den Satiren* (1999) fokussiert den Blick auf die Zeit der Rückkehr der Dämonen, wenn die Gesänge der *satura*, die mit vollem Magen vorgetragenen Spottlieder verklungen sind. Mit großer Virtuosität nimmt er spätantike Formen auf und nutzt sie als Medium einer

Selbsterkenntnis der Moderne. Dazu gehört auch ein ironisch distanzierter Rückblick auf den schon historisch gewordenen Mauerfall. In *Novembertage I. 1989* erscheinen die sozialistischen Machthaber als Greise, die die „Geiselnahme" des Ichs für beendet erklären. Die in den Westteil der Stadt strömenden Menschen schlafen „selig unter den Vitrinen, / Auf teurem Pflaster träumend freien Grund". Das Ende nimmt ironisch Bezug auf Faustens Utopie, die von der DDR-Führung ja als Vorwegnahme des im Sozialismus eingelösten Geschichtsversprechens betrachtet wurde. Wie seine Dichtung ist auch die Essayistik von Grünbein durch die Synthese von Poesie und Naturwissenschaft gekennzeichnet. Eine programmatische Wendung ins Dichtungstheoretische gibt Grünbein seinem Denken in dem Essay *Mein babylonisches Hirn*. Hier heißt es explizit, dass „in Neurologie die Poetik der Zukunft" versteckt liege. Grünbein vergleicht den dichterischen Schaffensprozess mit „Wanderungen durchs kollektive Gedächtnis" und prägt dafür die schöne Formulierung vom „konfabulierenden Sprechen", also einer Zusammenführung der überlieferten Stimmen mit der eigenen. Es bietet sich ihm hier der Begriff des Archivs an. Die Raummetapher, die Grünbein für diese Konstellation einführt, ist das babylonische Hirn, sozusagen die zerebrale Version von Baudelaires babylonischem Herzen im Zeitalter der Postmoderne.

V. Einzelanalysen repräsentativer Werke

1. Inversion des Mythos. Wolfgang Koeppen: *Tauben im Gras*

Moderne Erzähltechniken

Wolfgang Koeppen zeigt sich in seinem Roman *Tauben im Gras* (1951) als ein kompromisslos moderner Autor, der erzähltechnisch den Weg konsequent fortsetzt, den er mit seinem Debütroman *Eine unglückliche Liebe* (1934) eingeschlagen hatte. Der war bereits geprägt durch literarische Verfahren wie Rückblende, Montage, Traumsequenz oder innerer Monolog, die Koeppen schon in den 20er Jahren bei Joyce und Döblin kennen gelernt hatte und die er jetzt wieder aufgreift. Für *Tauben im Gras* ist noch besonders auf die so genannte Knotenpunkt-Technik zu verweisen, die Koeppen aus John Dos Passos' Roman *Manhattan Transfer* übernommen hat. Sie besteht darin, dass die 100 Textsequenzen von *Tauben im Gras* erzählperspektivisch auf eine Vielzahl von Figuren verteilt sind, deren Lebensfäden sich auf ihren Wegen immer wieder überschneiden. Bei diesen räumlichen Begegnungen springt die Erzählperspektive regelmäßig von einer Figur zur anderen über, ohne dass diese Figuren bewusst einander wahrnehmen. Bereits mit seinem Titel exponiert Koeppens erster Nachkriegsroman *Tauben im Gras* (1951) eine Diagnose der Sinnlosigkeit. Es ist ein von Gertrude Stein übernommenes Bild für ein unübersichtliches, ständig bewegtes Gewimmel, das sich allen Ordnungsversuchen entzieht.

Inhalt

Eine Inhaltsangabe von *Tauben im Gras* zu versuchen, gleicht daher einer Sisyphosarbeit. Dennoch sollen die vielfach verstrebten Handlungsstränge wenigstens in groben Zügen skizziert werden. Ort der Handlung ist das Nachkriegsmünchen zur Zeit der amerikanischen Besatzung. Erzählt werden die Ereignisse eines einzigen Tages, worin rein äußerlich ein enger Anschluss an das große Vorbild des *Ulysses* von Joyce liegt. Zu den Hauptfiguren gehört Philipp, ein Schriftsteller, der nicht (mehr) schreibt, Autor eines durch das Dritte Reich in Vergessenheit geratenen Buches. Am Abend besucht er den Vortrag Edwins, eines in Europa lebenden amerikanischen Dichters, der sich selbst als klassenlosen Außenseiter betrachtet und in München über „die Ewigkeit des Geistes, die unvergängliche Seele des Abendlandes" reden soll. Edwins Vortrag im Amerikahaus fungiert als eine Art Sammellinse für die einzelnen Erzählstränge, indem Koeppen dort einen Großteil seines Personals zusammenführt. Während Edwins Vortrag tritt die Kommunikationslosigkeit zwischen den Menschen besonders krass zutage. Die Rede bleibt zunächst durch einen technischen Defekt der Lautsprecher unverständlich, und als sie endlich das Auditorium erreicht, trifft sie auf Unverständnis. Selbst die, die Edwins Rede folgen und mitschreiben, tragen nur tote Worte nach Hause, denn die Beschwörung der abendländischen Werte inmitten dieser Trümmerlandschaft ist ein vergebliches Unterfangen, das seine eigene Argumentation gegen das Sinndefizit ad absurdum führt. Vor dem Vortrag ist Edwin zufällig in einem Antiquitätengeschäft Philipps Frau Emilia begegnet, die dort eine alte Tasse verkaufen wollte. Emilia hofft auf Philipps „großes Werk“, das ihr wieder Reichtum und Sicherheit gewähren soll. Sie lebt aus dem Bewusstsein früheren Glanzes, eine „Lumpenprinzessin“, die sich und Philipp durch das Versetzen von Schmuck etc. ernährt. Einmal schenkt sie, als der Juwelier ihre Offerte zurückweist, der jungen amerikanischen Lehrerin Kay eine Kette, die am Schluss bei Philipp, der Kay nach dem Vortrag mitgenommen hat, landet. Kay ist mit ihren Kolleginnen auf einer Art Bildungsreise, vom Bus aus sieht sie auch einmal Odysseus Cotton, einen dunkelhäutigen amerikanischen Soldaten, der von dem alten Kofferträger Josef durch die Stadt geführt wird. Seine ‚Irrfahrt‘ endet zunächst in einem Halbweltlokal, wo er, nachdem man ihn bestohlen hat, in eine Schlägerei verwickelt wird. Josef kommt durch einen Steinwurf ums Leben, Odysseus flieht in den Negerclub, wo ihn Susanne, die Prostituierte, die ihn bestohlen hat, ausfindig macht und zu sich nimmt. In diesem Club hält sich gleichzeitig Washington Price, ebenfalls ein dunkelhäutiger Armeeangehöriger, mit seiner deutschen Freundin Carla auf, die ein Kind von ihm erwartet. Carla hat zunächst vorgehabt abzutreiben, aber Washington hat bei ihrem Arzt interveniert und sie schließlich für seine Idee gewinnen können, in Paris gemeinsam eine neue Zukunft zu suchen. Gegenüber dem Negerclub liegt ein zünftiges Bräuhaus, in dem bierselige Deutsche und weiße Amerikaner sich beim Badenweiler Marsch in den Armen liegen. Als dort die Nachricht von Josefs Ermordung durch einen Schwarzen einläuft, werden Ressentiments wach. Die alkoholisierten Bräuhausbesucher schleudern Steine auf den Negerclub. Carla und Washington werden tödlich getroffen. Zur selben Zeit wird Edwin das Opfer einiger Strichjungen.

Zeitgenössische Rezeption

Die zeitgenössische Rezeption warf dem Buch z. T. vor, es tummele sich „fast ausschließlich im Morbiden, im Sumpfe“ (Schwab-Felisch in Greiner 1976), eine Kritik, die sich gegenüber Koeppens folgenden Romanen *Das Treibhaus* (1953) und *Tod in Rom* (1954) noch verschärfte. Aber es gab auch positive Stimmen. Karl Korn würdigte Koeppens Roman als ein Buch, das „unsere literarische Situation verändert“ habe und ein „Zeitdokument“ sei, das die Gefahr aufzeige, „den Gewinn der geistigen und seelischen Erschütterungen von 1945 […] zu vertun im Taumel einer fragwürdigen Restauration.“ (in Greiner 1976) Damit ist das Thema der drohenden Wiederkehr geschichtlicher Fehlentwicklungen und Kriege angesprochen.

Kreisstruktur

Bereits rein formal kehrt in den *Tauben im Gras* mit der kreisförmigen Struktur die Vorstellung einer Wiederkehr des Ewiggleichen wieder. Koeppens Roman endet mit der variierenden Zitation seines Anfangs. In einer Exposition skizziert der Text die bedrohliche Atmosphäre der Gegenwart. „Flieger waren über der Stadt, unheilkündende Vögel. Der Lärm der Motoren war Donner, war Hagel, war Sturm. Sturm, Hagel und Donner, täglich und nächtlich, Anflug und Abflug, Übungen des Todes, ein hohles Getöse, ein Beben, ein Erinnern in den Ruinen. Noch waren die Bombenschächte der Flugzeuge leer. Die Auguren lächelten. […] Spannung, Konflikt, man lebte im Spannungsfeld, östliche Welt, westliche Welt, man lebte an der Nahtstelle, vielleicht an der Bruchstelle, die Zeit war kostbar, sie war eine Atempause auf dem Schlachtfeld.“ In der Coda wird die Bedrohung noch intensiviert, indem das Tempus ins Präsens wechselt.

Natur-Geschichte

Die Kreisstruktur von Koeppens Roman lässt sich als Dementi einer geschichtlichen Entwicklung deuten. Dazu passt auch sein Verfahren, geschichtliche Abläufe in die Metaphorik von Naturvorgängen zu transponieren. In der Sequenz, in der Odysseus Cotton von der obersten Ebene des Domturms auf die Stadt blickt, fungiert er als Sprachrohr für Koeppens Geschichtsauffassung. „Er stand oben. Sie lag unter ihm […], eine Stadt, aus der sie gekommen waren und dann Orte wie New York gegründet hatten. Die Black Boys waren aus dem Wald gekommen. War hier nie Wald gewesen, immer nur Häuser? Natürlich, auch hier war Wald gewesen, dichter Urwald, grünes Gestrüpp, Odysseus sah gewaltige Dschungeln unter sich wachsen, Gestrüpp, Farne, Lianen überwucherten die Häuser; was gewesen war, konnte immer wieder kommen." Koeppens Vorstellung vom historischen Prozess geht jedoch im Begriff der zyklischen Wiederkehr nicht auf. Sein Modell wäre eher als anarchisch oder – um einen Begriff von Benn zu verwenden, dessen Geschichtsdenken demjenigen Koeppens nahe steht – ‚sphingoid' zu bezeichnen, das heißt Geschichte erscheint ihm als Prozess, der über eine rätselhafte und unberechenbare Verwandlungsfähigkeit verfügt.

Diesseits als Jenseits

In dem Aufstieg von Odysseus Cotton auf den Dom tritt der intertextuelle Bezug auf Homers Epos deutlich hervor. Er steht in einem inversiven Korrespondenzverhältnis zum Abstieg des homerischen Odysseus ins Totenreich. Die Turmbesteigung von Odysseus Cotton speist sich aus Koeppens Überzeugung, dass eine Begegnung mit dem Totenreich keiner Katabasis mehr bedarf. Die Erfahrung zumal des 20. Jahrhunderts ist es, dass der Hades auf der Erde selbst zu finden ist. *Tauben im Gras* steht mit dieser Darstellungstechnik in einem dichten literaturhistorischen Beziehungsgeflecht, zu dem etwa Hermann Kasacks *Die Stadt hinter dem Strom* (1946), Werner Warsinskys *Kimmerische Fahrt* (1954) oder Jens Rehns *Die Kinder des Saturn* (1959) gehören. Die hier allein durch den Namen Odysseus überdeutlich hergestellte Verknüpfung von Mythos und Geschichte gehört zu den konstitutiven ästhetischen Verfahren in Koeppens Erzählstil. Diese Omnipräsenz mythologischer Versatzstücke in Koeppens Nachkriegstrilogie wurde in der Forschung, die der Richtung weisenden Lesart in Reich-Ranickis Aufsatz *Der Fall Wolfgang Koeppen* (in Greiner 1976) folgend in Koeppen vor allem einen zeitkritischen Erzähler sah, als Irritationsmoment an den Rand gedrängt. Wo sie ins Zentrum der Betrachtung gerückt wurde, erschien sie als bedauerliches Abweichen vom Pfade des Realismus (Koch 1973), als dysfunktionale Bildungsreminiszenz (Altenhofer in Lützeler 1983) oder im Extremfall gar als Indiz für Koeppens geistige Insuffizienz und politische Unzuverlässigkeit (Haberkamm in Wagener 1975).

Mythosrezeption

In jüngeren Studien ist eine differenziertere Sicht der Mythosrezeption bei Koeppen an die Stelle solcher meist nicht rein literaturwissenschaftlich motivierter Klassifizierungen getreten. Vor allem die Arbeit von Hans-Ulrich Treichel hat die Behandlung dieses Themas im Zusammenhang mit Koeppen auf ein methodisch reflektiertes Niveau gebracht und zu einigen prinzipiellen Aussagen über die Verwendungsweise des Mythos gefunden, denen ich mich anschließen würde. Treichel lässt seine Darstellung dieses Komplexes in die These münden, dass Koeppen die „häufige Nennung des Mythos" dazu diene, ihn „in das kulturelle Syndrom einzureihen, daß der Autor kulturkritisch als die Zerstörung des Kontextes sozio-kultureller Öffentlichkeit beschrieben hat" (Treichel 1984, 113). Koeppen führe die traditionelle Funktion des Mythos ad absurdum, „indem er die Welt im Spiel mit Namen und Masken mit mythischer Bedeutung gleichsam überbevölkert, um letztlich ihre Entleerung zu beglaubigen" (ebd. 114). Diesem spielerischen Charakter des Umgangs mit dem mythologischen Material eigne eine Form der Loslösung vom Ursprung, die sich bloß noch als Arbitrarität und Kontingenz bezeichnen lasse. Die mit mythischen Figuren in Beziehung gebrachten Personen in Koeppens Romanen seien – so Treichel – „niemandem ferner als denen, deren Namen sie tragen" (ebd. 106). Er exemplifiziert dieses Nicht-Verhältnis, das er dem lyrischen Phänomen der absoluten Metapher vergleicht, an der Gestalt von Odysseus Cotton aus *Tauben im Gras.*

Dekomposition des Mythos

Ohne Zweifel trifft es zu, dass sich die Textsequenzen, in denen Odysseus Cotton auftritt, nicht zu einer ins 20. Jahrhundert transponierten Variation der homerischen Odyssee verknüpfen lassen, wie sie Joyce als Erzählprojekt vorgeschwebt hatte. Schon Wieckenberg hat die richtige Beobachtung gemacht, dass der Mythos bei Koeppen nicht mehr formende Kraft gewinnen kann, weil er „ihn nicht mehr als ganzen und als jeweils einzigen in die Dichtung zitiert. Der Mythos wird atomisiert und zugleich synkretistisch erweitert durch die Elemente anderer Mythen, von Märchen und Dichtungen." (Wieckenberg in Arnold 1973, 199) Dieser spezifisch moderne Umgang mit dem mythologischen Material bewegt sich auf einer Skala, die von der interpretierenden Reformulierung bis zur völligen Dekomposition reichen kann. Dass im Falle von Odysseus Cotton der durch den Vornamen gestiftete Bezug zum homerischen Epos nicht rein arbiträr ist, da – wie Altenhofer am Beispiel der Beziehung von Susanne und Odysseus glaubt demonstrieren zu können – „der mythischen Konstellation auf der Ebene der Romanhandlung nichts entspricht" (Altenhofer in Lützeler 1983, 291), sondern dass ihm eine erzählerische Intention zugrunde liegt, soll eine intertextuelle Lektüre belegen. Dies erweist sich auch deswegen als nötig, um über Deutungen, die das Verhältnis von Koeppens Odysseus zu dem der Odyssee unter den Begriff der „Verfremdung" (Love in Paulsen 1976, 99) oder der „Parodie" (Vilas-Boas 1990, 123) fassen, hinauszukommen.

Intertextualität

Im Gegensatz zu seinem mythischen Namensgeber geht dem Koeppenschen Odysseus die sprachliche Kompetenz fast vollständig ab oder anders gesagt: er verzichtet fast vollständig auf sprachliche Kommunikation. Der Umfang der wörtlichen Rede von Odysseus Cotton beträgt gerade mal zwölf Worte, darunter fünfmal „Beer" und dreimal „Geld" bzw. „money". Die tendenzielle Stummheit von Odysseus Cotton bildet aber nicht einfach den Gegenpol zu der Eloquenz des Vielredners Odysseus, sie steht zum einen im Kontext von Koeppens Totalverdacht gegenüber allen Formen sprachlicher Kommunikation, wie er in *Tauben im Gras* auf radikale Weise, etwa bei dem o. e. Vortrag Edwins, geäußert wird. Zum anderen aber verfügt Odysseus Cotton auf der sprachlichen Ebene über ein Äquivalent zur Beredsamkeit des Odysseus. Die erste Textsequenz, in der er die Bühne der Romanhandlung betritt, beginnt so: „Odysseus Cotton verließ den Bahnhof. Am schlenkernden Arm baumelte ein Köfferchen. Odysseus Cotton war nicht allein. Eine Stimme begleitete ihn. Aus dem Koffer kam eine Stimme, sanft, warm, weich, eine tiefe Stimme, [...] Stimme einer Negerin. Die Stimme sang *Night-and-day,* sie schirmte mit ihrem Klang den Kofferträger gegen den Platz vor dem Bahnhof, umschlang ihn wie Glieder der Liebenden, wärmte ihn in der Fremde, zeltete ihn ein." Die wie ein Schutzschirm fungierende Stimme gemahnt auch an den schützenden Nebel, mit dem Pallas Athene, die die Heimfahrt des Odysseus quasi observiert, ihn umgibt, um ihn seiner Umwelt zu entziehen. Athenes bergender Nebel wie die einzeltende Stimme aus dem Kofferradio wirken beide als Schutzschirm gegen eine feindliche Außenwelt. Wie Pallas Athene in wechselnden Gestalten den Weg von Odysseus begleitet, so auch wechselnde Gesangsstimmen denjenigen von Cotton durch München, wobei es vornehmlich schwarze Stimmen und schwarze Stilrichtungen wie Blues, Boogie-Woogie und Jazz sind.

Mythische Überdeterminierung

In der 13. Sequenz tritt die Prostituierte Susanne in Beziehung zu Odysseus Cotton und bringt damit auch eine neue Qualität im Verhältnis zur Odyssee ins Spiel. Als sie von Odysseus herangewunken wird, stattet der Erzähler sie mit einer dreifachen mythologischen Rollenexistenz aus, die ihr selbst natürlich ebenso wie Odysseus verborgen bleibt. „Sie ging träge, die Zigarette in der Hand, zu Odysseus hinüber. Der Parfümduft aus Messalinas Flasche begleitete sie in der schweren gestankdünstenden Luft des Lokals wie eine isolierte und isolierende, andersartig schwere anderweis dünstende Wolke. [...] Susanne war Kirke und die Sirenen, sie war es in diesem Augenblick, sie war es eben geworden, und vielleicht war sie auch noch Nausikaa. Niemand im Lokal merkte, daß andere in Susannes Haut steckten, uralte Wesen; Susanne wußte nicht, wer alles sie war, Kirke, die Sirenen und vielleicht Nausikaa; die Törichte hielt sich für Susanne, und Odysseus ahnte nicht, welche Damen ihm in dem Mädchen begegneten." Die Überdeterminierung einerseits und die unsichere Zuschreibung der Nausikaa-Rolle andererseits machen auch im Falle Susannes deutlich, dass es Koeppen nicht um eine konsistente Neuschöpfung einer mythologischen Gestalt geht. Andererseits lässt der Erzähler auch keinen Zweifel daran, dass sich Susanne im Moment ihrer Begegnung mit Odysseus in diese ‚uralten Wesen' der Odyssee verwandelt. Tatsächlich hat sie schon damit begonnen, ihre vorgeprägten Rollen zu erfüllen. Als „eine Blüte von Guerlainduft in einer Unratgrube" eignet ihr eine Verführungsgewalt, die olfaktorisch gegen die Assoziation eines Schweinekobens abgesetzt wird. Die Lockung, die Susanne für Odysseus darstellt, lässt ihn auch in dem so genannten Negerclub Zuflucht suchen. Susanne, die „mit Odysseus verstrickt" ist, folgt ihm und veranlasst ihn durch einen Zuruf, ungeachtet aller Gefahren zu ihr zu kommen. Hier übt sie die Funktion der Sirenen aus. „Er hatte sich in den Klub gewagt. Er hatte sich ihretwegen aus Verstecken hervor an Polizeischlingen vorbei in den Klub gewagt, Susanne hatte gewußt, dass Odysseus kommen würde; sie hatten sich mit einem Wort, einem Ruf verständigt, und er war gekommen." Als kurz darauf der Steinhagel des Bräuhauspöbels die Scheiben des Klubs zersplittern lässt, ertönen noch andere Sirenenstimmen.

Inversion des Mythos

Bei Annäherung dieser Polizeisirenen schlüpft Susanne in die dritte mythologische Rolle und führt Odysseus in ihr Reich wie Nausikaa bei Homer ihm den Weg zum Königspalast wies. „Die Sirenenwagen der Polizei rückten an. [...] ‚Komm', sagte Susanne. Sie kannte einen Ausweg. Sie nahm Odysseus an die Hand. Sie führte ihn durch einen dunklen Gang, an Mülltonnen vorbei über einen Hof und zu einer niedrigen eingestürzten Mauer.

Sie tasteten sich durch eine Ruine." Schließlich erreichen sie eine „Kammer, die sich windig auf ein paar Balken stützte und fast wie ein kleiner Balkon über der Tiefe schwebte". Hier mündet Koeppens Mythos-Rezeption in einer für die Moderne typischen Inversion. Auf dem freischwebenden Balkon schlafen sie miteinander: „sie schlängelten sich, schwarze Haut weiße Haut, [...] nackt weiß und schwarz, sie lagen wie auf einem Floß, im Taumel der Vermischung lagen sie wie auf einem Floß, nackt und schön und wild, sie lagen unschuldig auf einem Floß, das in die Unendlichkeit segelte." Die Deutung der über der Tiefe schwebenden, offenen Kammer als Floß steht in unübersehbarem Bezug zum 5. Gesang der Odyssee, in dem sich Odysseus ein Floß baut, um nach den langen Jahren des unfreiwilligen Aufenthalts bei der Nymphe Kalypso die von Zeus gewährte Heimfahrt anzutreten. Mit dem Floß also, wenn es ihn auch wegen Poseidons stürmischer Intervention nicht bis nach Ithaka bringen kann, beginnt die Heimkehr des Odysseus. Im Gegensatz dazu steht die Anverwandlung des Floß-Motivs bei Koeppen, wo es gerade nicht zur Heimfahrt, sondern zum Aufbruch in die Unendlichkeit dient. Die Substitution eines Ziels durch das Motiv der unendlichen Fahrt ließe sich als existentialistische Inversion des Mythos bezeichnen.

Inversion als Strukturprinzip

Bei näherem Hinsehen erweist sich also die intertextuelle Beziehung der Stationen von Odysseus Cotton auf den Weg des homerischen Odysseus als durchgehendes Strukturprinzip. Bedeutsam ist im Kontext von Koeppens Mythos-Rezeption die mythologische Überdeterminierung der Figur Susanne. Diese Überdeterminierung einerseits und die unsichere Zuschreibung der Nausikaa-Rolle andererseits machen deutlich, dass es Koeppen nicht um eine konsistente Neuschöpfung einer mythologischen Gestalt geht. Koeppen benutzt die mythologische Überlieferung als einen Steinbruch, dem er einzelne Fragmente entnimmt, um sie neu zu montieren, zu kombinieren und umzuformen. Die mythologische Überblendung von Handlungsabläufen, Personen oder Topographien ist ein Kennzeichen von Koeppens Stil. Dabei ist diese Technik mehr als eine bloß ästhetisch legitimierte Manier. Koeppen hat ausdrücklich davon gesprochen, dass er die Welt ‚pandämonisch' sehe, also von einer existentiellen Beglaubigung seiner mythopoetischen Schreibweise ausgehe.

Xenologisierung des Mythos

Was die Mythos-Rezeption in *Tauben in Gras* betrifft, ist auf einen Aspekt noch hinzuweisen. Zu den Differenzpunkten zwischen Koeppens und Homers Odysseus gehört die schwarze Hautfarbe. Schon der Nachname Cotton ist eine Reminiszenz an die schwarzen Sklaven auf den Baumwollplantagen. Ich sehe diese Mythentransformation bei Koeppen im Kontext eines literaturhistorischen Phänomens, das ich als Xenologisierung der abendländischen Mythologie bezeichnen möchte. Koeppen, ein früher Bewunderer von Hans Henny Jahnn, folgt hierin z. B. dessen Verwandlung von Medea in eine Farbige. In derselben Richtung liegt in *Tod in Rom* Siegfried Pfaffraths Utopie von einer die Geschichte transzendierenden ‚schwarzen Symphonie', die er in der afrikanischen Wüste schreiben will. Diese Xenologisierung des Mythos dient im Verein mit der selektierenden Mythentransformation zum Entwurf von Existenzmodellen, die sich an moderner Erfahrung eben sowohl orientieren wie sie sich der mythischen Grundierung allen Weltverhaltens nicht entschlagen wollen.

2. Pulverisierung des Humanen. Friedrich Dürrenmatt: *Der Besuch der alten Dame*

(Ur-)Aufführung und Verfilmung

Einer der größten Bühnenerfolge im Zeitraum zwischen 1945 und 2000 war Friedrich Dürrenmatts ‚tragische Komödie' *Der Besuch der alten Dame* (1956), die sich im internationalen Maßstab als Repertoirestück etabliert hat. Im Januar 1956 wurde es in Zürich durch Oskar Wälterlin uraufgeführt, im Mai folgte die deutsche Erstaufführung in München durch Hans Schweikart (mit Therese Giehse als Claire Zachanassian), 1957 wurde es in Paris am Théâtre Marigny, 1958 am Broadway in New York, 1960 im Piccolo Teatro in Mailand aufgeführt. 1964 folgte eine Hollywood-Verfilmung unter dem Titel *The visit*.

Einfall und Grundidee

Das Stück ist wie die vorangegangene ‚fragmentarische Komödie' *Ein Engel kommt nach Babylon* ein Beispiel für Dürrenmatts dramaturgisches Konzept von der ‚Grundidee'. Dieser Begriff, für den Dürrenmatt auch synonym den des ‚Einfalls' benutzt, steht im Kontext seiner Beschäftigung mit der Komödie als Gattungsform. ‚Einfall' ist dabei in zweifacher Hinsicht zu verstehen. Einmal bedeutet er „das Hereinbrechen eines Unberechenbaren, Irrationalen [...] in eine scheinbar geordnete Welt; zum anderen den unvermittelt auftauchenden Bühneneinfall des Autors, der – zumindest ebenso unberechenbar – zum Keim der Komödie wird" (Neumann 1969, 37). Im Fall des *Besuchs der alten Dame* ist es der Einbruch von Claire Zachanassian und ihres Mordverlangens in die Kleinbürgerwelt von Güllen, der als Einfall fungiert. Mit den Folgerungen, die sich aus diesem Einfall ergeben, erfüllt Dürrenmatt, wie es in den *Sätzen über das Theater* von 1970 heißt, die Aufgabe des Dramatikers, „daß er beschreibt, was wahrscheinlicherweise geschähe, wenn sich unwahrscheinlicherweise etwas Bestimmtes ereignen würde" (Dürrenmatt 1988b, 149).

Das Groteske

Der Zusammenstoß des Unwahrscheinlichen mit dem Normalen vollzieht sich in der ästhetischen Gestalt des Grotesken. Das Groteske wirkt als irritierender Fremdkörper innerhalb eines normalen Wirklichkeitsmodells. Jürgen Kost hat in seinem Definitionsversuch des Grotesken bei Dürrenmatt darauf hingewiesen, dass es die bestehenden Ordnungs- und Sinnvorstellungen störe, ohne wie das Absurde neue an deren Stelle zu setzen (vgl. Kost 1996, 133). Für seine Dramaturgie leitet Dürrenmatt die Legitimität der Groteske als ästhetisches Gestaltungsprinzip aus dem Zustand der modernen Welt ab. „Unsere Welt hat ebenso zur Groteske geführt wie zur Atombombe [...]. Doch das Groteske ist nur ein sinnlicher Ausdruck, ein sinnliches Paradox, die Gestalt nämlich einer Ungestalt, das Gesicht einer gesichtslosen Welt, und genau so wie unser Denken ohne den Begriff des Paradoxen nicht mehr auszukommen scheint, so auch die Kunst, unsere Welt, die nur noch ist, weil die Atombombe existiert: aus Furcht vor ihr." (Dürrenmatt 1988a, 59) Zu diesem Komplex der Verschränkung von Groteske und Paradox gehört als dramaturgisches Mittel noch die von Dürrenmatt so genannte ‚schlimmstmögliche Wendung'. Den Begriff hat er im Zusammenhang mit seinem Stück *Die Physiker* geprägt, dem er *21 Punkte* zur Erläuterung hinzufügte. Die Punkte 2 und 3 lauten: „Geht man von einer Geschichte aus, muß sie zu Ende gedacht werden. Eine Geschichte ist dann zu

Ende gedacht, wenn sie ihre schlimmstmögliche Wendung genommen hat." (Dürrenmatt 1985, 91) Der 11. Punkt nennt eine solche Geschichte paradox und der 19. lautet: „Im Paradoxen erscheint die Wirklichkeit." (Dürrenmatt 1985, 93) Eine Zusammenführung dieser einzelnen Bestimmungen findet sich in den *Dramaturgischen Überlegungen zu den Wiedertäufern* von 1967, wo es heißt: „Die komische Handlung ist die paradoxe Handlung, eine Handlung wird dann paradox ‚wenn sie zu Ende gedacht wird'. [...] Der Sinn der paradoxen Handlung ‚mit der schlimmst möglichen Wendung': Er liegt nicht darin Schrecken auf Schrecken zu häufen, sondern darin, dem Zuschauer das Geschehen bewußt zu machen, [...] er wird dann eine Komödie der Handlung als eine reine Groteske erleben" (Dürrenmatt 1988b, 101 f.). Man könnte also in Anlehnung an eine Formulierung von Dürrenmatt selbst von einer „Ästhetik des Grotesken" (Dürrenmatt 1988a, 322) sprechen, die als das adäquate Gestaltungsverfahren für seine Komödien erscheint. Interessant ist im Übrigen, dass Dürrenmatt den Begriff ‚Ästhetik des Grotesken' bei Gelegenheit eines Besuchs in einer Irrenanstalt prägt, einem locus classicus für die Gegenwart des Unberechenbaren in der normalen Welt.

Komödie und Tragödie

Die prinzipielle Entscheidung für die Komödie als adäquate Dramenform für das Gegenwartstheater leitet Dürrenmatt aus einer Kombination von gattungstheoretischen und zeitkritischen Gedanken ab. In seinem grundlegenden dichtungstheoretischen Text *Theaterprobleme* (1954) bestimmt Dürrenmatt die Aufgabe der Dramatik (und der Kunst überhaupt) dahingehend, „Gestalt, Konkretes zu schaffen" (Dürrenmatt 1988b, 57). Die Tragödie, so Dürrenmatt, setze die Existenz einer gestalteten Welt voraus und überwinde die Distanz zwischen ihrem Publikum und ihrem Stoff. Die Komödie hingegen habe es mit einer ungestalteten, im Werden oder im Untergang begriffenen Welt zu tun, zu der sie durch Gestaltung Distanz schaffe. „Das Mittel nun, mit dem die Komödie Distanz schafft, ist der Einfall. Die Tragödie ist ohne Einfall. [...] Das ist ein Unterschied. Aristophanes dagegen lebt vom Einfall. Seine Stoffe sind nicht Mythen, sondern erfundene Handlungen, die sich nicht in der Vergangenheit, sondern in der Gegenwart abspielen." (Dürrenmatt 1988b, 58) Diese Gegenwart ist nun in Dürrenmatts Augen zu wenig gestaltet, als dass sie noch den Stoff für eine echte Tragödie abgeben könnte. „Die Tragödie setzt Schuld, Not, Maß, Übersicht, Verantwortung voraus. In der Wurstelei unseres Jahrhunderts [...] gibt es keine Schuldigen und auch keine Verantwortlichen mehr. Alle können nichts dafür und haben es nicht gewollt. Es geht wirklich ohne jeden." (Dürrenmatt 1988b, 59) Die Form des geschichtlichen Dramas vermag laut Dürrenmatt der Erscheinungsform der Macht im 20. Jahrhundert nicht mehr gerecht zu werden. Von Hitler und Stalin, den „Weltmetzgern", behauptet Dürrenmatt, dass ihre Macht „so riesenhaft [sei], daß sie selber nur noch zufällige, äußere Ausdrucksformen dieser Macht sind, beliebig zu ersetzen" (Dürrenmatt 1988b, 56). Dürrenmatt kommt hier in die Nähe von Büchners Auffassung von der Marionettenhaftigkeit der geschichtlich Handelnden im so genannten Fatalismus-Brief. Dieser Verlust persönlicher Verantwortung mache nun die Tragödie unmöglich. Die Tragödie verlange eine sichtbare, überschaubare Welt, hingegen sei „die heutige Macht [...] nur zum kleinsten Teil sichtbar, wie bei einem Eisberg ist der größte Teil im Gesichtslosen, Abstrakten versunken [...]. Der heutige Staat ist jedoch unüberschaubar, anonym, bürokratisch geworden [...]. Die Kunst dringt nur noch bis zu den Opfern vor, dringt sie überhaupt zu Menschen, die Mächtigen erreicht sie nicht mehr. Kreons Sekretäre erledigen den Fall Antigone." (Dürrenmatt 1988b, 56f.) Auf dem Hintergrund dieser Analyse oder sagen wir besser: Diagnose kommt Dürrenmatt zu dem Schluss: „Uns kommt nur noch die Komödie bei." (Dürrenmatt 1988b, 59)

Komödie in aristophanischer Tradition

Zwar vertritt Dürrenmatt keinerlei irgendwie normatives Komödienmodell, sieht aber sein eigenes Schaffen doch als Fortsetzung der aristophanischen Linie der Komödie, die etwa durch Autoren wie Lenz, Nestroy und Wedekind markiert wird. Ihr eher spontan-anarchischer Charakter scheint Dürrenmatt zur eigenen Gegenwart besser zu passen, die er im Zeichen des Chaos sieht. Somit trägt Dürrenmatts Gattungswahl durchaus geschichtsphilosophischen Charakter, wenn er die Meinung vertritt, dass das Fehlen eines klar gegliederten Staatsganzen der Tragödie den Boden entzieht, weil jede Konfrontation des Einzelnen mit der Macht sozusagen bürokratisch aufgezehrt wird. Dürrenmatt betrachtet also die Welt als „ein Rätsel an Unheil" (Dürrenmatt 1988b, 60), dem er in seinen Dramen jeweils seine komödienhafte ‚schlimmstmögliche Wendung' zu geben versucht. Wenn auch ob des Fehlens einer überschaubaren Welt keine Tragödie mehr möglich ist, so gleichwohl noch das Tragische. „Wir können", schreibt Dürrenmatt weiter, „das Tragische aus der Komödie heraus erzielen, hervorbringen als einen schrecklichen Moment, als einen sich öffnenden Abgrund" (Dürrenmatt 1988b, 60). Im Weiteren verwahrt sich Dürrenmatt gegen den Verdacht, mit seinen grotesken Zuspitzungen eine nihilistische Haltung zu nähren. Er reklamiert den subversiven Charakter des Grotesken und Parodistischen und stellt die These auf, dass in der Preisgabe zum Verlachen mehr Sprengkraft liege als in der Kritik.

Assoziative Dramentheorie

Es dürfte bei dem Versuch der Rekonstruktion von Dürrenmatts dramentheoretischem Standpunkt deutlich geworden sein, dass seine Ausführungen einen eher assoziativen, unsystematischen und keineswegs widerspruchsfreien Charakter haben. Schon Ulrich Profitlich kam in seiner Studie über Dürrenmatts Komödienbegriff zu der Feststellung, dass die Äußerungen des Autors, „ihrer vordergründigen Eingängigkeit zum Trotz, widersprüchlich nicht nur untereinander, sondern auch in sich selbst, voller Brüche und Sprünge gerade an entscheidenden Punkten der Argumentation" (Profitlich 1973, 8, vgl. auch 115f.) sind. Um nur ein Beispiel aus der zentralen Passage der *Theaterprobleme* zu geben: Über die Distanz schaffenden Komödien des Aristophanes hieß es, dass seine Stoffe erfundene Handlungen seien, „die sich nicht in der Vergangenheit, sondern in der Gegenwart abspielen" (Dürrenmatt 1988b, S. 58). Nur wenige Zeilen zuvor hieß es indes: „*Die Tragödie überwindet die Distanz.* Die in grauer Vorzeit liegenden Mythen macht sie den Athenern zur Gegenwart." (ebd.)

Grundidee im *Besuch der alten Dame*

In dem Stück *Der Besuch der alten Dame* besteht die Grundidee darin, dass die Öl-Milliardärin Claire Zachanassian nach 45 Jahren in ihr marodes Heimatstädtchen Güllen zurückkehrt und der Bevölkerung eine Milliarde Franken in Aussicht stellt, wenn jemand ihren Jugendgeliebten Alfred Ill tötet. Claire, in deren Nachnamen eine Anspielung auf den griechischen Tankerkönig Onassis steckt, möchte damit Rache nehmen für seine einstige

Leugnung der Vaterschaft oder in ihren Worten: Sie möchte sich Gerechtigkeit kaufen. Tatsächlich erliegen die Güllener am Ende dieser Verlockung und erringen hohen materiellen Wohlstand. Das Stück wurde daher anfangs vielfach als satirische Demonstration des Triumphs kapitalistischer Denkungsart gedeutet, dem Dürrenmatt wohl selbst durch die erste Titelidee *Komödie der Hochkonjunktur* und die Erklärung, das Stück spiele „in westlichen Verhältnissen und sei nur in unseren Breitengraden verständlich" (Zitiert nach Bänziger 1960, 175), Vorschub geleistet hat. Zu Recht haben dagegen bereits Wolfram Buddecke und Helmut Fuhrmann den Einwand erhoben, dass Claire in eklatanter Weise „gegen die Verwertungsinteressen des Kapitals [verstoße], wenn sie die Produktivkraft einer ganzen Stadt einfriert, statt sie ausbeuterisch zu nutzen." (Buddecke/Fuhrmann 1981, 346) Die westlichen Verhältnisse betrachtete Dürrenmatt wohl deshalb als Bedingung, da nur hier die materiellen Versprechungen Aussicht auf kollektive Erfüllung hatten.

Bühne als Laboratorium

Die wesentliche Funktion von Claires Angebot dürfte wohl darin bestehen, die Bühne in ein Laboratorium zu verwandeln, das „die Beobachtung menschlichen Verhaltens unter Extrembedingungen" (ebd. 347) erlaubt. Dabei ist die komische Eingangsszene, in der die Güllener bei den Zurüstungen für das Empfangszeremoniell von Claires plötzlichem Auftauchen aus dem notgebremsten Zug überrumpelt werden, bereits von Elementen des Grotesk-Unheimlichen durchmischt. Ihre unvermittelte Frage an den Pfarrer, ob er auch zum Tode Verurteilte tröste, und der Transport des für Ill bestimmten Sargs lösen erste Irritation aus. Was von den Güllenern hier noch als Ausdruck des makabren Humors einer schrulligen Milliardärin gedeutet wird, fungiert auf der textuellen Ebene als Antizipation der späteren Entwicklung. Zwar weist der Bürgermeister, als Claire das ‚Gerechtigkeits'-Motiv ihres Besuchs und die Bedingung für ihre materielle Hilfe verkünden lässt, unter großem Beifall aller Einwohner ihr Ansinnen „im Namen der Menschlichkeit" entrüstet zurück, doch kommt diesem Bekenntnis im Angesicht der Todeszeichen von vornherein wenig Glaubwürdigkeit zu. Claire zeigt sich denn auch davon unbeeindruckt und bezieht das Hotel *Zum Goldenen Apostel*, in das sie den für Ill bestimmten Sarg transportieren lässt. Sie geht davon aus, dass die Zeit für sie arbeitet.

Jagd auf den Sündenbock

Im folgenden 2. Akt kaufen die Kunden in Alfred Ills Laden nur die besten Artikel und lassen alle anschreiben. Ill stellt dann fest, dass sie dies auch in anderen Geschäften machen, weil plötzlich jeder unbegrenzt kreditfähig ist. Als sich der beunruhigte Ill an den Bürgermeister wendet, werden während des Gesprächs lauter teure Anschaffungen hereingetragen. Der Plan für ein neues Rathaus hängt an der Wand, auf dem Schreibtisch liegt ein Revolver, der angeblich nur zum Schutz vor dem ausgebrochenen Panther von Claire Zachanassian dient. Viel wahrscheinlicher dürfte allerdings sein, dass Claire den schwarzen Panther absichtlich freigelassen hat, damit sich die Güllener Bevölkerung schon einmal in die Techniken der Treibjagd einüben kann. Dass es gerade ein Panther, also „das Dionysos-Tier" (Braungart in Düssel/Edel/Schödlbauer 2001, 219) ist, verweist darauf, dass Ill am Ende als stellvertretender Sündenbock wie einst Dionysos von den Mänaden zerrissen wird. Der antizipatorische Charakter dieser Jagd wird noch dadurch unterstrichen, dass ‚schwarzer Panther' der einstige Kosename von Claire für Ill war. Kurz nach dessen Besuch beim Bürgermeister wird das Raubtier vor Ills Laden erschossen.

Körpersprache

Der Pfarrer fordert Ill auf, Güllen zu verlassen, um nicht als ständige Versuchung zu wirken. Als Ill mit einem Koffer zum Bahnhof geht, bauen sich sämtliche Einwohner um ihn auf und hindern ihn am Einstieg. In dieser Szene arbeitet Dürrenmatt auf raffinierte Weise mit dem Widerspruch zwischen Körper- und Verbalsprache. Der Bürgermeister fordert ihn auf den Zug zu besteigen, der Polizist wünscht ihm „viel Glück in Australien" und der Lehrer „ein schönes weiteres Leben". All diese Wünsche werden vom Chor der Güllener aufgegriffen und skandiert. Ills Sorge, einer würde ihn sicher zurückhalten, beantwortet die Menge mit dem Ruf: „Niemand! Niemand!", doch auf seine Aufforderung „Geht weg!" hin rührt sich keiner vom Fleck. Als der Zug abfährt, löst sich die Phalanx der Bürger auf und der Blick auf den in ihrer Mitte zusammengebrochenen Ill wird frei. Dieses Ende des 2. Akts vermittelt dem Protagonisten die Einsicht: „Ich bin verloren" und löst einen Bewusstseinswandel in ihm aus.

Reue und Lynchjustiz

Der dritte und letzte Akt lebt von der gegenläufigen Entwicklung von Ill und der Güllener. Während selbst Ills Frau und Kinder vom allgemeinen Sog erfasst werden und hinter dem ostentativen Wohlstand der übrigen Güllener nicht zurückstehen wollen, entschließt Ill sich, seinen Sühnetod zu akzeptieren. Das ist der Moment, in dem Ill, dem sein Name ja das Stigma des Kranken aufprägt, seelisch gesundet. Ill ist allerdings nicht bereit, seinen Sühnetod in Form eines Selbstmords zu begehen, wie der Bürgermeister ihm das nahe legt. Ill weigert sich, das Gewissen der Güllener zu entlasten. So wird eine Gemeindeversammlung einberufen, die einstimmig beschließt, mit der Herstellung der Gerechtigkeit ‚blutigen Ernst' zu machen. Sehr schön wird in dieser Szene von Dürrenmatt verdeutlicht, wie aus einer Verschiebung der Perspektive eine sprachlich geradezu diametrale Benennung desselben Sachverhalts hervorgehen kann. Das Angebot der Zachanassian wird nicht länger als „Anstiftung zum Mord" bewertet, sondern als „Ausdruck des namenlosen Leids", die Ablehnung von Claires Mordwunsch wird in die „Duldung von Ungerechtigkeit" umgebogen, die Gier nach Wohlstand als „Hunger des Geistes" nach praktiziertem Humanismus kaschiert. Die Kopfprämie für Ills Tötung heißt in der Versammlung nur noch „Claire-Zachanassian-Stiftung", die demagogische Vorbereitung der Lynchjustiz wird von den live berichtenden Medien als „eines der größten sozialen Experimente unserer Epoche" bezeichnet (vgl. Buddecke/Fuhrmann 1981, 351). Der Tötungsakt selbst trägt dann „deutlich Züge eines Ritualmords" (Braungart in Düssel/Edel/Schödlbauer 2001, 216) und unterstreicht noch einmal, dass das Sündenbockmotiv „für das Drama strukturbildend" (ebd. 220) ist. Ills (Selbst-)Opfer imitiert den kathartischen Gründungsakt einer neuen Gemeinschaft, ohne es zu sein. Die Reinigung von Schuld trifft allein auf Ill zu, während die Güllener ihre Schuldverstrickung durch die Ritualhandlung gerade verabsolutieren.

Parodie

Die ganze Szene erscheint als eine bittere Parodie auf den Rütli-Schwur, wenn „die Gemeinde dem Bürgermeister Satz für Satz mit erhobener Hand den demokratischen Beschluß nachspricht" (Stocker in Allkemper/Eke 2000, 428), dessen literarische Kanonisierung in Schillers *Wilhelm Tell* erfolgte. Überhaupt häufen sich im 3. Akt die Parodien. So wirkt es parodistisch, wenn der Pfarrer anlässlich von Claires achter Eheschließung, die am selben Tag bereits wieder geschieden wird, über „Erster Korinther dreizehn" und damit den paulinischen ‚Preis der Liebe' predigt, wenn man in der Szene im Konradsweiler Wald erfährt, dass Claire ihre von Ill empfangene, früh verstorbene Tochter „Geneviève" genannt hat, womit auf die Genoveva-Legende angespielt wird, in der eine des Ehebruchs bezichtigte Mutter bis zum Beweis ihrer Unschuld mit ihrem Kind im Wald lebt, oder wenn der Vorhang im Versammlungsraum des *Goldenen Apostel* die aus Schillers Prolog zum *Wallenstein* entnommene Sentenz „Ernst ist das Leben, heiter die Kunst" trägt (vgl. Haller in Müller-Michaels 1996, 145). Die Parodie setzt sich noch fort, nachdem Ill an Ort und Stelle getötet wird und die Handlung des Stücks mit der Entgegennahme des Schecks durch den Bürgermeister endet. Danach folgt noch quasi als Epilog eine Dialogpartie zwischen zwei Chören von Güllener Bürgern, die in einer Apotheose die Wiederauferstehung ihrer Stadt besingen. Dieser Chorgesang steht in einem deutlich parodistischen Verhältnis zu demjenigen am Ende der Sophokleischen *Antigone*. Die Feier des neuen Wohlstands wird gekrönt von der Einfahrt des D-Zugs Güllen-Rom in den glanzvoll renovierten Bahnhof.

Aufzehrung des Humanismus

Der Besuch der alten Dame demonstriert auf eindrucksvolle Weise, wie ohnmächtig die humanistischen Werte gegenüber der Lockung materiellen Reichtums sind. Selbst Lehrer und Pfarrer als Vertreter der weltlichen und geistlichen Grundwerte erweisen sich als zu schwach, dem kollektiven Trieb zu widerstehen. In klarer Erkenntnis des Kommenden suchen sie Claire Zachanassian auf und beschwören sie, von ihrem Racheplan abzulassen und aus Menschlichkeit Ill zu verzeihen und Güllen aufzuhelfen. Zu ihrem Entsetzen eröffnet ihnen die Milliardärin, dass sie die Besitzerin aller Industrieanlagen von Güllen ist und sie extra in den Ruin trieb, um die Einwohner empfänglicher für ihre materielle Versuchung zu machen. Die Berufung auf die Menschlichkeit verspottet sie und sagt: „mit meiner Finanzkraft leistet man sich eine Weltordnung. Die Welt machte mich zu einer Hure, nun mache ich sie zu einem Bordell. Wer nicht blechen kann, muß hinhalten, will er mittanzen. Ihr wollt mittanzen. Anständig ist nur, wer zahlt, und ich zahle. Güllen für einen Mord, Konjunktur für eine Leiche." Ill erkennt schon früh, dass die Berufung auf die abendländische Kultur, mit der der Bürgermeister auf die Verlesung von Claires Bedingung reagierte, nur ein Lippenbekenntnis war. Symptomatisch ist das Ende der Szene im Büro des Bürgermeisters, aus dem ich einen Abschnitt zitieren möchte.

> Ill steht am Fenster.
> Von links tragen Roby und Toby wieder Kränze, Blumen über die Bühne und verschwinden im Goldenen Apostel.
> Der Bürgermeister: Es ist besser, wir schweigen über das Ganze. Ich habe auch den Volksboten gebeten, nichts über die Angelegenheit verlauten zu lassen.
> Ill kehrt sich um.
> Ill: Man schmückt schon meinen Sarg, Bürgermeister! Schweigen ist mir zu gefährlich.
> Der Bürgermeister: Aber wieso denn, lieber Ill? Sie sollten dankbar sein, daß wir über die üble Affäre den Mantel des Vergessens breiten.

Ill: Wenn ich rede, habe ich noch eine Chance, davonzukommen.
Der Bürgermeister: Das ist nun doch die Höhe! Wer soll Sie denn bedrohen?
Ill: Einer von euch.
Der Bürgermeister erhebt sich.
Der Bürgermeister: Wen haben Sie im Verdacht? Nennen Sie mir den Namen, und ich untersuche den Fall. Unnachsichtlich.
Ill: Jeden von euch.
Der Bürgermeister: Gegen diese Verleumdung protestiere ich im Namen der Stadt feierlich.
Ill: Keiner will mich töten, jeder hofft, daß es einer tun werde, und so wird es einmal einer tun.
Der Bürgermeister: Sie sehen Gespenster.
Ill: Ich sehe einen Plan an der Wand. Das neue Stadthaus?
Er tippt auf den Plan.
Der Bürgermeister: Mein Gott, planen wird man wohl noch dürfen.
Ill: Ihr spekuliert schon mit meinem Tod!
Der Bürgermeister: Lieber Mann, wenn ich als Politiker nicht mehr das Recht hätte, an eine bessere Zukunft zu glauben, ohne gleich an ein Verbrechen denken zu müssen, würde ich zurücktreten, da können Sie beruhigt sein.
Ill: Ihr habt mich schon zum Tode verurteilt.
Der Bürgermeister: Herr Ill!
Ill: Der Plan beweist es! Beweist es!

Antike Gewalt

Bestätigt wird Ills Verdacht schon bald von dem Lehrer Dr. Nüßlein, der den Auftritt der Claire Zachanassian mit dem Einbruch einer antiken Gewalt in die kümmerliche Wirklichkeit Güllens vergleicht. Er sieht in ihr eine Parze, die den Schicksalsfaden in der Hand hält, oder eine Medea, die grausame Rache übt. In Ills Laden gesteht ihm der nicht mehr ganz nüchterne Lehrer: „Man wird Sie töten. Ich weiß es, von Anfang an, und auch Sie wissen es schon lange, auch wenn es in Güllen sonst niemand wahr haben will. Die Versuchung ist zu groß und unsere Armut zu bitter. Aber ich weiß noch mehr. Auch ich werde mitmachen. Ich fühle, wie ich langsam zu einem Mörder werde. Mein Glaube an die Humanität ist machtlos. Und weil ich dies weiß, bin ich ein Säufer geworden." Die Selbsterkenntnis des Lehrers unterstreicht noch einmal den reziproken Entwicklungsprozess von Protagonist und Kollektiv. Dürrenmatt konnte deswegen in der *Anmerkung* zur Erstausgabe des Stücks davon sprechen, dass Ills Tod „sinnvoll und sinnlos zugleich" sei. Sinnvoll ist er als bewusst angenommene subjektive Sühne, sinnlos ist er – und hierin liegt die entscheidende Differenz zur klassischen Tragödie –, weil ohne jede reinigende, kathartische Wirkung für das soziale Kollektiv. Treffend kommentierte Profitlich Ills Tod mit den Worten: „Ein tragischer Sühnetod vollzieht sich in einer Umgebung, die des tragischen Formats entbehrt." (Profitlich 1973, 79)

Elemente des Absurden

Dürrenmatt operiert in seinem Stück mit Elementen des absurden Theaters und Mitteln der Groteske. So fingieren etwa einige mit Zweigen ausgerüstete Güllener den Wald, durch den Alfred Ill und Claire anfangs auf den Spuren ihrer Jugendliebe streifen, springen dabei auch als Reh über den

Weg oder klopfen als Specht an die Baumstämme. Ill fasst in dieser Szene Claire mehrfach vertraulich an, erwischt dabei jedoch jedes Mal eine andere Prothese. Claire Zachanassian ist ein Nachbau von Kleists Kunigunde aus dem *Käthchen von Heilbronn.* Wie diese besteht sie fast komplett aus Ersatzteilen. Zu ihrem grotesken Gefolge gehören auch die kastrierten und geblendeten Zeugen, die einst für Ill einen Meineid geleistet haben. Sie bilden als Koby und Loby ein ebenso infantiles Pärchen wie die ständig kaugummikauenden Monstren Toby und Roby, die Zachanassian auf einer Sänfte herumtragen. Im Verlauf des Stücks verschleißt sie auch drei Ehemänner, die aber ohnehin nur dekorative Funktion haben.

3. Der ‚Anschluss' als Orgie der Gewalt. Ernst Jandl: *wien : heldenplatz*

Der Zyklus *krieg und so*

Ernst Jandls 1966 erschienener umfangreicher Gedichtband *Laut und Luise* enthält vorwiegend Texte aus den Jahren 1956 bis 1958, die in dreizehn Abteilungen angeordnet sind. In der dritten Abteilung mit dem Titel *krieg und so* findet sich das Gedicht *wien : heldenplatz.* Der Titel des Zyklus rückt die darunter versammelten Texte in einen politisch-historischen Kontext. In der Tat tritt Jandl hier den Beweis an, dass die Konkrete Poesie (s. IV. 1.4.) mit ihren spezifischen sprachlichen Verfahrensweisen auf subtile und vielfältige Weise ein kritisches Potential zu entfalten vermag.

Im Zyklus *krieg und so* finden sich prominente Beispiele für die ideologiekritische Funktionalisierung des Lautgedichts und des Sprachspiels. Das Eröffnungsgedicht *ode auf N* ruft mit der Gattungsbezeichnung die Erwartung hervor, eine Persönlichkeit des öffentlichen Lebens zu verherrlichen, operiert zugleich aber durch die sprachliche Verkürzung des Lobgegenstands auf einen Buchstaben mit einem Ironiesignal. Das ‚N' im Titel ist mehr als der Buchstabe im Alphabet, es steht als Anfang des Namens Napoleon. Die auf die Überschrift folgende Klangmalerei des Lautgedichts vollzieht sich als Dekonstruktion des Herrschernamens Napoleon, der in seine Bestandteile zerlegt zum Spielmaterial wird, mit dem Jandl komische Effekte erzielt.

Liegt die kritische Wirkung in diesem Fall also in der Preisgabe eines Herrschernamens an die Lächerlichkeit, so arbeitet das *wien : heldenplatz* benachbarte Lautgedicht *schtzngrmm* mit den Mitteln einer onomatopoetischen Vergegenwärtigung des Kriegsgeschehens. Aus dem auf seinen konsonantischen Bestand reduzierten Klangmaterial des Wortes ‚Schützengraben' wird die konkrete Kriegssituation lautmalerisch evoziert und in ein akustisches Szenario verwandelt, das die Todesdrohung sinnlich erfahrbar macht. Im sprachspielerischen Schlussgedicht der dritten Abteilung wird aus dem Wort „falamaleikum" das Wort „fallnamalsooovielleutum" herausprozessiert, das auf die Opfer rekurriert, die sozusagen am Wegesrand von Herrschernamen liegen, wie das erste Gedicht sie aufruft.

In diesem Kontext steht das nun näher zu betrachtende Gedicht *wien : heldenplatz,* dessen Entstehung auf den 4. 6. 1962 datiert ist. Es ist damit das einzige unter den elf Gedichten des Zyklus *krieg und so,* das außerhalb des Zeitraums 1956 bis 1958 geschrieben wurde.

der glanze heldenplatz zirka
versaggerte in maschenhaftem männchenmeere
drunter auch frauen die ans maskelknie
zu heften heftig sich versuchten, hoffensdick.
und brüllzten wesentlich.

verwogener stirnscheitelunterschwang
nach nöten nördlich, kechelte
mit zu-nummernder aufs bluten feilzer stimme
hinsensend sämmertliche eigenwäscher.

pirsch!
döppelte der gottelbock von Sa-Atz zu Sa-Atz
mit hünig sprenkem stimmstummel.
balzerig würmelte es im männechensee
und den weibern ward so pfingstig ums heil
zumahn: wenn ein knie-ender sie hirschelte.

Vier Gedichttypen

In seinem Schaffen unterscheidet Jandl vier verschiedene Gedichttypen: „das Gedicht in nahezu Alltagssprache; das Stimme verlangende Sprechgedicht; das laute wortlose Lautgedicht; das stille visuelle Gedicht" (Jandl 1976, 36) – später tritt in seinen Frankfurter Vorlesungen noch das ‚Gedicht in heruntergekommener Sprache' (vgl. Jandl 1985, 34) hinzu. Das Gedicht *wien : heldenplatz* geht in dieser Rubrizierung nicht rein auf, sondern erscheint als Mischform aus einem Gedicht in nahezu Alltagssprache und einem Sprechgedicht.

Historischer Bezugspunkt

Jandl nimmt mit diesem Gedicht Bezug auf ein konkretes historisches Ereignis. Nach dem Anschluss Österreichs ans Deutsche Reich am 12. März 1938 hielt Hitler drei Tage später eine Rede auf dem Wiener Heldenplatz. Alle Ämter, Betriebe und Geschäfte hatten geschlossen, die Parteiorganisationen und die Medien mobilisierten Mitglieder und Bevölkerung. Etwa eine viertel Million Menschen fand sich auf dem Heldenplatz vor der Hofburg zusammen, wo Hitler von einem Balkon aus die Heimkehr seiner Heimat ins Reich verkündete. Auch neutrale Beobachter überlieferten die begeisterte, teils fanatische Stimmung unter den Massen. Der Festcharakter der Veranstaltung wird von Jandl bereits in der ersten Zeile durch die Erweiterung des Attributs ‚ganz' zu ‚glanz' indiziert, womit eine quantitative in eine qualitative Bestimmung umschlägt. Von der Pracht dieses Menschenauflaufs distanziert sich die Sprecherinstanz des Gedichts bereits in der zweiten Zeile, wenn das Verschmelzen in der Masse durch das ans Versacken erinnernde ‚Versaggern' ausgedrückt wird.

Masse und Geschlecht

Am Ende der zweiten Zeile arbeitet Jandl mit einer Bedeutungsaufspaltung, die zur eigentlichen Perspektive seines Gedichts überleitet. Mit dem Wort ‚männchenmeere' ist nämlich mehr noch als das Menschenmeer die Ansammlung von Männchen gemeint. Jandl greift also zunächst die männlichen Teilnehmer an der Kundgebung heraus und wendet auf sie eine Bezeichnung an, die allgemein für männliche Tiere benutzt wird. Dadurch bekommt das folgende ‚drunter' gleich einen zweideutig frivolen Beiklang. Es spricht nicht bloß davon, dass sich auch Frauen unter der Menge befinden, sondern zugleich davon, dass sich die Frauen unter den Männchen befinden. Diese geschlechtliche Bedeutungsebene wird im Weiteren noch ausgestaltet. So folgt die Schilderung einer heftig angestrebten körperlichen Berührung am ‚maskelknie', das ebenfalls wieder die beiden Bedeutungsmöglichkeiten Muskel und maskulin umschließt. Die an eine Wortwiederholung streifende Wortfolge „heften heftig" unterstreicht die Begierde der Bewegung. Auf zwei Weisen lässt sich das als Apposition verwendete ‚hoffensdick' verstehen: Es spielt auf Schwangerschaft an und auf die weitreichenden (‚dicken') Hoffnungen, mit denen der Anschluss Österreichs seitens seiner Befürworter verbunden war. Die politische und die sexuelle Sphäre werden auch in dem die erste Strophe abschließenden ‚brüllzten wesentlich' miteinander kombiniert. Das eingeschobene ‚z' macht aus dem Brüllen ein brünstiges Brüllen. Das ‚wesentliche' Gebrüll, womit Jandl auf die mythische Aufladung des historischen Geschehens als Vollzug eines wesenhaften Schicksalsauftrags anspielt, wird so seinem Wesen nach zum Brunftschrei.

Der Führer und seine Opfer

Mit der zweiten Strophe wendet sich Jandl von der Zuhörerschaft ab und dem Redner zu. Die Strophe setzt mit der Anspielung auf Hitlers Frisur und der effektheischenden Bewegung des nach oben (‚nördlich') gerissenen Kopfes ein. In dem Wort ‚kecheln' verschränkt Jandl in raffinierter Weise die Verben hecheln und keuchen und erzeugt so die Atmosphäre einer Jagd und einer – vielleicht wieder sexuellen – Erregtheit. Die sich immer mehr steigernde, also in Kreischen und Brüllen übergehende Stimme äußert sich blutgierig und kündigt allen den Tod an, die sich außerhalb der Volksgemeinschaft stellen und an einem Eigenen festhalten. In den ‚Eigenwäschern' kann man somit vielleicht ‚Eigengewächse' erblicken, die nun jedoch ausgemerzt werden. Auf ihre Opferrolle soll das in ‚sämmertliche' mitklingende Wort ‚Lämmer' hinweisen. Die darin zum Ausdruck gebrachte Unschuld und Wehrlosigkeit lässt zudem den Gedanken aufkommen, dass Jandl mit dem Begriff ‚Eigenwäscher' auch auf die Strafaktion gleich nach dem ‚Anschluss' anspielen könnte, bei der man vor allem alte, orthodoxe Juden dazu zwang, mit Putzmitteln die Parolen der Vaterländischen Front von Wiener Straßen zu beseitigen.

Menschenjagd und Indoktrination

Der Anfang der dritten Strophe mit dem Imperativ ‚pirsch!' ist als Einwortzeile mit einem deutlichen Akzent versehen. Das freigestellte ‚pirsch!' unterstreicht den Charakter der Jagd und stellt den Bezug zur Menschenjagd am Ende der zweiten und zur Männchenjagd am Ende der dritten Strophe her. Das Pirschen ist zudem auf die ‚döppelnde' – vielleicht halb trippelnde, halb hoppelnde – Bewegung der Rede selbst zu beziehen. Der Redner wird dann als ‚gottelbock' bezeichnet. Das Wort ‚gottel' gibt es wirklich als Diminuitiv für Gott, also Göttlein, und als Name des Täuflings. Das Kompositum ‚gottelbock' mag auf die angemaßte Gottähnlichkeit bei gleichzeitiger Tierhaftigkeit hindeuten, wobei durch den Bestandteil Bock wieder das ungezähmt Triebhafte ins Spiel kommt. Die Schreibweise Sa-Atz erlaubt eine Ausdeutung in drei Richtungen. Zum einen wird durch die Großschreibung des A die Buchstabenfolge SA typografisch hervorgehoben. Jandl nimmt also damit wohl Bezug auf die SA, das heißt die Sturmabteilungen, als integralem Bestandteil des nationalsozialistischen Herrschaftsapparats. Zum anderen ruft die optische Aufspaltung des Worts auch die akustische Assoziation an die für Hitlers Diktion typische abgehackte Redeweise hervor. Die

Aufspaltung des Worts führt aber weitergehend auch dazu, dass man das Atz für sich lesen kann und auf den Vorgang der Atzung bezieht. Atzung nennt man die Fütterung der Vogelbrut im Nest, wobei den Jungvögeln die Nahrung in den aufgesperrten Schnabel gepickt wird. Auf diese Weise kann man die Rede Hitlers als Atzung seiner Zuhörer verstehen, die begierig die von ihm dargereichte (un-geistige) Nahrung aufnehmen, die durch das ‚hünig' wiederum in den Bereich nordischer Mythologie hineinreicht. Der semantischen Verknüpfung mit dem Germanischen, die das Wort ‚hünig' herstellt, tritt unterstützend die klanglich-verstechnische durch den Stabreim „sprenken stimmstummel" an die Seite. Als eine ideologische Parallelaktion ließe sich hier auf Brechts Gedicht *Gewohnheiten, noch immer* aus den *Buckower Elegien* hinweisen, in dem es in Anspielung auf die diktatorische Fürsorge des SED-Staats und den Fortbestand militaristischer Traditionen heißt: „Der preußische Adler / Den Jungen hackt er / Das Futter in die Mäulchen."

Massenversammlung als Orgie

Zu dieser Deutung des Sprechens als Atzung würde auch eine Herleitung des ‚sprenkem' in der folgenden Zeile vom Verb ‚sprenkeln' passen. Die Rede wäre dann eine Sprenkelung, das heißt ein Vorgang des Aus- und Verstreuens. Man könnte ergänzend noch darauf hinweisen, dass es das Substantiv Sprenkel auch in der Bedeutung Vogelfalle gibt. Das fügte sich sowohl in das Thema der rhetorischen Verführung, der Bauernfängerei ein, als auch in den Bildbereich der Vögel, um nicht zu sagen: der Vögelei. Zu jenem gehört auch der ‚stimmstummel', das heißt die in der Regel stummelförmige Zunge der Singvögel, die zur Stimmerzeugung beiträgt, zu dieser geht das Gedicht in den letzten drei Zeilen unübersehbar über. Mit dem ‚balzerig' knüpft der Text an das ‚brüllzen' der ersten Strophe an. Das ‚würmeln' weist auf die Entstehung einer schlängelnden, sich umeinander schlingenden Bewegung, die sich in einem ‚männechensee' abspielt und dadurch den Charakter einer Orgie gewinnt. Das Gedicht nimmt nun ein zweites Mal die weiblichen Zuhörer ins Visier, die sich von Frauen in Weiber verwandelt haben. Der Wechsel des Begriffs hängt wohl mit der fortgeschrittenen Enthemmung zusammen, die der Text diagnostiziert. An die Stelle des Herzens ist – idiomatisch gesehen – das Heil getreten, also die Parole (‚Heil Hitler') des ‚gottelbocks'. Das ‚pfingstig' erklärt sich aus der Situation heraus. Auf die erregten Zuhörerinnen hat sich der Ungeist der Hitlerschen Rede herabgesenkt, wie einst an Pfingsten der Heilige Geist. Auch Jandl, sehen wir an dieser Stelle, arbeitet mit dem Mittel der Inversion, der verkehrenden Zitation religiöser Überlieferung und Motivik. Das folgende ‚zumahn' dürfte ein Abbreviatur von ‚zumalen' sein, es weist also auf einen Tatbestand, der dieses Pfingstgefühl noch steigert. Der derart wirksame Tatbestand (‚wenn ein knie-ender sie hirschelte') lässt sich wiederum zweifach auslegen. Zum einen – das wäre die harmlosere Variante – ließe sich daran denken, dass das Männchen in die Knie geht und das Weibchen aufsteigt, also in Anspielung darauf, dass auf dem Heldenplatz viele Frauen von ihren Begleitern auf die Schultern genommen wurden, um besser sehen zu können. Ich bin allerdings der Ansicht, dass der ganze Tenor des Gedichts eine weniger harmlose Interpretation nahe legt und man in der Schlusswendung den endlich erreichten Vollzug des Koitus zwischen Männchen und Weibchen erkennen kann. Jandl bleibt mit dem ‚hirscheln' dabei bewusst in der animalischen Sphäre.

Macht und Sexualität

Warum nun diese aufdringliche Überblendung des historischen Geschehens mit sexueller Metaphorik? Es wäre sicher zu vordergründig, wenn man daran erinnern wollte, dass nicht wenige Frauen Liebesbriefe an Hitler schrieben, in denen sie sich auf mehr oder weniger unverblümte Weise als Sexualpartnerin anboten. Man kann das vielleicht als ein Symptom dessen sehen, worum es in dem Gedicht *wien : heldenplatz* auch geht. Zunächst wird von Jandl wohl die Vereinigung des Deutschen Reichs mit Österreich – das damit zur Ostmark wurde – in einen Geschlechtsakt übersetzt. Es ist eine Vereinigung, die im Zeichen einer religiös überhöhten Ideologie steht. Worte wie ‚pfingstig' oder ‚hoffensdick' versuchen diese Erwartungshaltung zu bewahren, die für die von ihr Erfüllten den Charakter einer Heilsgewissheit hat. Auf Seiten der Österreicher ist diese Hoffnung mit der Bereitschaft zur völligen Hingabe verbunden, sie ließen sich gerne erobern und gaben sich bereitwillig dem Werben des starken, männlich auftretenden Nachbarn hin. Über diese Übertragung des politisch-historischen Geschehens auf einen physiologischen Vorgang hinaus gibt es aber noch eine weitere Bedeutungsebene, die tiefer in das Geschehen eindringt.

Man kann in *wien : heldenplatz* einen Beitrag zu einer Theorie über die Genese des Nationalsozialismus sehen. Was Jandl hier mit den Mitteln des Lautgedichts gestaltet, ist der unwiderstehliche Sex-Appeal der Macht, der sich lustvoll zu unterwerfen bedeutet, mit ihr zu verschmelzen, an ihr teilzuhaben und als ein Bestandteil von ihr selber lustvoll Macht ausüben zu können. Es ist die sexuelle Attraktion des Siegers, der, weil er Sieger ist, den Weibchen als erfolgreicher Fortsetzer der Gattung imponiert, und die Männchen zur Identifikation mit dem Stärkeren stimuliert. Was Jandl auf dem Heldenplatz an jenem 15. März 1938 sich abspielen sieht, ist ein solcher Moment der lustvollen Verschmelzung, die lustvolle Unterwerfung, die im Akt des sich selbst Unterwerfens bereits die lustvolle Unterwerfung der anderen, der Unzugehörigen genießt, und die den Akt des sich selbst Unterwerfens als geschlechtlichen Akt transformiert, der von denselben Gesetzen der Lust und Gewalt bestimmt ist. Indem Jandl so die sexualpsychologische Dimension des Zusammenhangs von Sexus und Macht aufzeigt, lässt sich erkennen, wie mit den Mitteln des Sprachspiels und der lautlichen Verstellung gesellschaftskritische Intentionen poetisch umgesetzt werden können.

Konkrete Poesie als Gesellschaftskritik

Die Konkrete Poesie steht damit zwar in der Tradition der sprachexperimentellen Avantgarde, die mit dem Dadaismus einsetzte, benutzt aber doch andere Mittel. Die Strategie des Dadaismus zielte darauf ab, durch konsequente Dekomposition des sprachlichen Materials die Voraussetzung für jedwede ideologische Instrumentalisierung von Sprache zu unterlaufen und im Nonsense die Sinnhuberei einer hochfahrenden pathetischen Sprache zerplatzen zu lassen. Zwar lässt sich auch in der Konkreten Poesie und bei Jandl das Nonsense-Gedicht antreffen, aber die gesellschaftskritische Intention wird in seinem Fall von anderen Gedichtformen getragen. Jandl hat zudem mit dem Hinweis darauf, dass seine Gedichte als „Mitteilungen" (Jandl 1976, 7) zu verstehen seien, erkennen lassen, dass bei aller sprachspielerischen und -experimentellen Technik ein kommunikabler Kern seinen Texten innewohnt.

Projektive Grammatik

Innovation in der Konkreten Poesie von Jandl läuft daher nicht auf die völlige Beseitigung von Grammatik hinaus, sondern auf ihre qualitative Verwandlung beziehungsweise Öffnung. In seinem 1976 erschienenen Buch *Die schöne Kunst des Schreibens* hat Jandl eine neue Grammatik konzipiert, die er den konventionellen normativen oder deskriptiven Grammatiken entgegenstellte. Es heißt dort: „Um aber endlich zur gemeinten Art von Autonomie zu gelangen, [...] bedarf es der Vorstellung noch von einer dritten Art von Grammatik, einer >projektiven< Grammatik, und einer dritten Art von Wörterbuch, eines >projektiven< Wörterbuchs, die alles an Sprache enthalten, was es daran und darin noch nicht gibt." (Jandl 1976, 37f.)

Tradition und Innovation

In ähnlicher Weise beschreibt Jandl auch sein Verhältnis zur literarischen Tradition. Im Selbstkommentar zu dem 1953 entstandenen Gedicht *zeichen* betont er, dass sich für ihn aus der Kenntnis der konventionellen lyrischen Sprache die „Notwendigkeit, von Grund auf zu beginnen" (Jandl 1976, 24) ergeben habe. Er habe die Vorstellung einer ‚gründlichen Simplizität' entwickelt, wobei die angestrebte Einfachheit „die Vielschichtigkeit von allem nicht negiert, sondern einkalkuliert" (ebd. 25). Ziel sei es, neben der Ausbildung der eigenen Anlagen der poetischen Sprache eine Unverbrauchtheit zurückzugewinnen. Jandl betont also den innovativen, den systemsprengenden Charakter der Konkreten Poesie. Er sieht eine wesentliche Funktion der Poesie darin, Sprachgewohnheiten aufzubrechen. An anderer Stelle heißt es: „In der Poesie brauchen wir alles, woran wir uns nicht gewöhnt haben, in der Kunst überhaupt, aber zu allermeist in der Poesie, die auf ein Material angewiesen ist, das von allen unausgesetzt, und mit vollständiger Gewöhnung daran, dazu verwendet wird, alles außer Poesie daraus zu machen. Das Material ist dasselbe, aber die Gewöhnung daran muß aufhören, alle Gewöhnung daran muß aufhören, wo Poesie beginnen soll." (ebd. 67)

4. Eingedenken und Utopie der Unterbrechung. Paul Celan: *Du liegst*

Bezug zu Peter Huchel

Celans Gedicht *Du liegst* wurde am 22./23. Dezember 1967 geschrieben. Es erschien zusammen mit zwei anderen Gedichten 1968 in einer Hommage an Peter Huchel, fand dann Aufnahme in den ersten Zyklus des 1971 posthum veröffentlichten Bandes *Schneepart.* Ursprünglich hatte Celan die Titel *Wintergedicht* und *Winterreime* erwogen, womit er wohl eine Beziehung auf Huchels Gedicht *Winterpsalm* herstellen wollte, auf die ich noch zurückkommen werde. Hier zunächst der Wortlaut des Gedichts:

DU LIEGST im großen Gelausche,
umbuscht, umflockt.

Geh du zur Spree, geh zur Havel,
geh zu den Fleischerhaken,
zu den roten Äppelstaken
aus Schweden –

Es kommt der Tisch mit den Gaben,
er biegt um ein Eden –

Der Mann ward zum Sieb, die Frau
mußte schwimmen, die Sau,
für sich, für keinen, für jeden –

Der Landwehrkanal wird nicht rauschen.
Nichts
stockt.

Sprachliche Gestaltung

Seiner sprachlichen Gestaltung nach ist das Gedicht für den späten Celan vergleichsweise konventionell. Es gibt in jeder syntaktischen Einheit ein Verb, es gibt eindeutige grammatische Verhältnisse. Das Gedicht operiert auch mit Reimbindungen innerhalb der zweiten und der vierten Strophe sowie durch die Schlusszeilen der zweiten bis vierten Strophe (Schweden-Eden-jeden). Hinzu treten noch der assonierende Reim Gelausche-rauschen und der Reim umflockt-stockt, wodurch das ganze Gedicht eine klangliche Abrundung erfährt. Mit dieser verstechnischen Verknüpfung steht *Du liegst* innerhalb von *Schneepart* alleine da.

Biografische Hintergründe

Zum Verständnis des Textes sind ein paar biografische Details notwendig (vgl. Szondi 1972). Man kann in *Du liegst* ein Exemplum für Celans Technik erblicken, aus konkreten Erfahrungen durch einen Prozess der historischen Vertiefung und des selektiven Arrangements zu einer sprachlichen Verdichtung zu kommen, die den subjektiven Erlebnisgrund transzendiert und das Gedicht zu einem Anderen hin öffnet. Celan wohnte im Dezember 1967 im Gästehaus der Akademie der Künste, das ‚umbuscht' im Tiergarten liegt. Somit kann man das ‚Du' am Gedichtanfang als dichterische Selbstapostrophe verstehen. Das ‚umflockt' dürfte sich auf den Schneefall beziehen. Das Wort ‚Gelausche' ist ein Neologismus und bezeichnet die konzentrierte Aufmerksamkeit des Du, die von der winterlichen Stille des Tiergartens noch intensiviert wird. Die zweite Strophe spricht von verschiedenen topographischen Stellen und ‚touristischen Zielen' in Berlin. Genannt werden die Flüsse der Stadt: Spree und Havel, wobei die Spree am Ende in Gestalt des Landwehrkanals noch einmal vorkommt. Die Fleischerhaken nehmen Bezug auf die Hinrichtungsstätte in Plötzensee, wo einige Angehörige der Widerstandsgruppe vom 20. Juli 1944 an Eisenhaken gehenkt worden waren. Celan stellt mit dem folgenden Vers eine assoziative Verbindung zu den auf Holzstäbe gespießten kandierten Äpfeln her, die in dieser Zeit auf dem Berliner Weihnachtsmarkt angeboten werden. Die Waren weisen voraus auf die bevorstehende weihnachtliche Bescherung, den ‚Tisch mit den Gaben'. Celan hatte am 18. Dezember in Begleitung von Walter Georgi Weihnachtsmarkt und Gedenkstätte besucht.

Historische Dimension

Die nächste Zeile bezeichnet den Umschlagpunkt des Gedichts. Die Wendung, die das Gedicht hier nimmt, wird durch das Verb ‚biegen' explizit gemacht. Wohin geht diese Wendung nun? Zunächst führt sie zu einem temporalen Wechsel. Die folgenden Zeilen stehen im Präteritum. Sie nehmen offenbar auf ein vergangenes Ereignis Bezug. Die vierte Strophe erweist sich als durchwoben von historischen Zitaten. Am 15. Januar 1919 wurden die beiden Spartakistenführer Karl Liebknecht und Rosa Luxemburg von Angehörigen der Garde-Kavallerie-Schützen-Division im Hotel Eden in der Nähe des Landwehrkanals ermordet. Es ist bekannt, dass Celan während seines Berliner Aufenthalts die soeben erschienene ‚Dokumentation eines politischen Verbrechens' *Der Mord an Rosa Luxemburg und Karl Liebknecht*, die von den kritischen Justizhistorikern Heinrich Hannover und Elisabeth Hannover-Drück herausgegeben worden war, mit großem Interesse studierte. Dieses Buch enthält auch einen Stadtplan, auf dem der Weg des Abtransports von Luxemburgs Leiche verzeichnet ist. Die Route um das Hotel Eden ist darauf als Bogen erkennbar. In dieser Dokumentation gibt es protokollierte Zeugenaussagen zu dieser Mordtat, die im Übrigen natürlich ungesühnt blieb. Einer der Tatbeteiligten schildert darin, dass er sich bei seinen Kameraden erkundigte, ob Liebknecht bereits tot sei und zur Antwort erhielt, „daß Liebknecht durchlöchert wäre, wie ein Sieb". Eine andere Aussage überliefert die auf Rosa Luxemburg gemünzte Parole ‚Die Sau muß schwimmen'. Zusätzlich klingt in diesem Schimpfwort die 1919 bereits gebräuchlich gewordene ‚Judensau' mit und stellt die Tat in den Zusammenhang des Antisemitismus, denn sowohl Liebknecht als auch Luxemburg waren Juden. Die Leiche Rosa Luxemburgs wurde sofort nach dem Mord in den Landwehrkanal geworfen. Aus einer persönlichen Erinnerung von Marlies Janz wissen wir, dass für Celan in diesem Namen auch das Wort ‚Land*weh*kanal' mitschwang, was sie als Beleg wertet, dass Celan „nichts wahrnehmen konnte, ohne die Katastrophen und Traumata der Geschichte – das ‚Weh' – mitzudenken und es in den Wörtern und Namen aufzuspüren" (Janz 2001/02, 341). Das Schwimmen der toten Rosa Luxemburg wird nun mit dem Zusatz ‚für sich, für keinen, für jeden' versehen. Damit ist wohl zum einen Luxemburgs bedingungslose Selbstverwirklichung gemeint, zum anderen die Gleichzeitigkeit völligen Scheiterns und unabgegoltener Utopie. ‚Für keinen' weist auf die historische Vergeblichkeit ihres Opfertods hin, ‚für jeden' auf ihre stellvertretende Funktion im Bemühen um die Errichtung einer besseren Welt.

Eden als Hölle

Damit kommt der Begriff Eden wieder ins Spiel. Eden ist der hebräische Name für das Paradies. Liebknecht und Luxemburg erscheinen unter dieser Perspektive als Kämpfer für das irdische Paradies des Sozialismus. Die Beziehung zwischen Liebknecht und Luxemburg und Eden mag auch erklären, warum Celan nur von Mann und Frau spricht. Er verwandelt die beiden damit gewissermaßen in das Urpaar Adam und Eva, wobei der Aufenthalt in Eden für sie zur Hölle wurde. Als ergänzende Bedeutung von Eden ist noch seine Verknüpfung mit dem ‚Tisch mit den Gaben' zu sehen, wenn man das historische Detail berücksichtigt, dass die Mörder von Liebknecht und Luxemburg von ihren Offizieren reichlich mit Schnaps und Zigaretten für die Bluttat belohnt wurden. Zugleich lässt sich die Zusammenfügung des Verses über den ‚Tisch mit den Gaben' mit dem Vers über die Route des Leichentransports zu einer Strophe als Abbreviatur einer historischen ‚Bescherung' verstehen. Der im folgenden geschilderte Mord tritt dann in das Zeichen einer ‚Bescherung', die die Hoffnungen auf ein irdisches Eden umgebogen und sie durch die Wegbereitung einer diesseitigen Hölle ersetzt hat.

Gleichgültigkeit des Weltlaufs

Dass es noch 1967 an derselben Stelle ein Apartmenthaus mit dem Namen Eden gab, stellt im Konkreten eine Verknüpfung mit der Gegenwart her. Die letzte Strophe unterstreicht ebenfalls die Aktualität von Celans historischer Reminiszenz. Der erste Vers ist futurisch und bringt zum Ausdruck, dass auch bei einem künftigen Mord der Landwehrkanal nicht aufrauschen würde. Im Januar 1919 hat der Landwehrkanal genauso wenig gerauscht, wie der Fluss der Geschichte ins Stocken geraten ist, als man die Anhänger Dantons während der terreur guillotiniert hat. Mit den letzten beiden Worten nimmt Celan erneut Bezug auf Luciles Monolog am Ende von Büchners *Dantons Tod*, der ihm ja bereits in seiner *Meridian*-Rede von 1960 das Gegenwort ‚Es lebe der König' geliefert hatte. Vor diesem Ausruf sitzt Lucile auf den Stufen der Hinrichtungsstätte, auf der soeben ihr Bräutigam Camille Desmoulins enthauptet worden ist. Bei Büchner heißt es da: „Ich will einmal nachdenken. Ich fange an so was zu begreifen. Sterben – Sterben –. Es darf ja Alles leben, Alles, die kleine Mücke da, – der Vogel. Warum denn er nicht? Der Strom des Lebens müßte stocken, wenn nur der eine Tropfen verschüttet würde. Die Erde müßte eine Wunde bekommen von dem Streich. Es regt sich Alles, die Uhren gehen, die Glocken schlagen, die Leute laufen, das Wasser rinnt und so so Alles weiter bis da, dahin – nein! es darf nicht geschehen, nein – ich will mich auf den Boden setzen und schreien, daß erschrocken Alles stehn bleibt, Alles stockt, sich nichts mehr regt. (sie setzt sich nieder, verhüllt sich die Augen und stößt einen Schrei aus. Nach einer Pause erhebt sie sich.) Das hilft nichts, das ist noch Alles wie sonst [...] – Wir müssen's wohl leiden." Die Erfahrung der absoluten Gleichgültigkeit des Weltlaufs gegenüber dem individuellen Leiden, die Lucile hier in einer großartigen poetischen Verdichtung formuliert, gilt ebenso für den gemeinen Mord an Liebknecht und Luxemburg. Er ist ein Schritt gewesen auf der Entwicklung, die zu den Fleischerhaken hingeführt hat.

Das Gegenwort als Unterbrechung der Geschichte

Was die Welt dem Leiden verweigert, das gewährt ihm das Gedicht. Die Versifikation ist an dieser Stelle das strukturelle ‚Gegenwort'. Die Aussage lautet ‚Nichts stockt', aber genau hier stockt das Gedicht. Der Zeilenbruch ist sozusagen die Form des Einspruchs, er ist äußerliches Zeichen für die Unterbrechung des katastrophalen Kontinuums der Geschichte. Indem der Fluss des Gedichts stockt, entwirft Celan die Dichtung als den Raum des geschichtlichen Gedenkens und als utopischen Ort jenseits der geschichtlich manifesten Gewalt. Das Gedicht Celans zeigt hier sehr konkret, was Historizität der Sprache für ihn bedeutet. Es ist der Ort des Gedächtnisses und der Zeugenschaft. Hierin besteht für Celan die wesentliche Funktion seines Schreibens, wie sie sich aus den eigenen Erfahrungen in der Kriegs- und Lagerzeit entwickelt hat. Es ist daher sinnvoll, an dieser Stelle die Genese von Celans poetologischer Grundintention, für die gerade auch ein Gedicht wie *Du liegst* ein Paradebeispiel ist, in ihren wichtigsten Stationen zu rekapitulieren.

Jené-Kommentar

Die beiden wichtigsten dichtungstheoretischen Texte von Celan sind seine Dankreden bei Entgegennahme des Bremer Literaturpreises 1958 und vor allem des Büchner-Preises 1960. Im Hinblick auf diese Reden verdienen jedoch bereits einige Formulierungen in Celans 1948 verfassten Kommentar zu Bildern des surrealistischen Malers Edgar Jené Beachtung. Celan leitet diesen Text mit der Wiedergabe eines fiktiven Gesprächs zwischen ihm und einem Freund über Kleists Aufsatz *Über das Marionettentheater* ein. Dieser berühmte Text endet mit der Perspektive auf die Wiedergewinnung einer ursprünglichen Grazie, die das einsetzende Selbstbewusstsein zerstört hat und die ein Weg bis ans Ende des Bewusstseins neu erlangen lässt. Der Ich-Erzähler bei Kleist fasst diesen Gedankengang im Rekurs auf den biblischen

Sündenfall so zusammen: „Mithin [...] müßten wir wieder von dem Baum der Erkenntnis essen, um in den Stand der Unschuld zurückzufallen." In ähnlicher Weise interpretiert der Dialogpartner in Celans Text das von Kleist erzählte Gleichnis, wobei er an die Bildlichkeit des Baumes anschließt. „Auf dem Wege – so deutete mein Freund – einer vernunftsmäßigen Läuterung unseres unbewußten Seelenlebens könne jene Ursprünglichkeit wiedergewonnen werden, die am Anfang war, und die auch am Ende diesem Leben seinen Sinn geben und es lebenswürdig machen würde. [...] Ein Baum sollte wieder ein Baum werden, sein Zweig, an den man in hundert Kriegen die Empörer geknüpft, ein Blütenzweig, wenn es Frühling würde." (Celan 1983, 8f.) Auf diese These des Freundes, der letztlich ein Typus heilsgeschichtlichen Denkens zugrunde liegt, reagiert der Ich-Erzähler kritisch. „Hier kündigte sich der erste meiner Einwände an und war eigentlich nichts anderes als die Erkenntnis, daß Geschehenes mehr war als Zusätzliches zu Gegebenem, mehr als ein mehr oder minder schwer entfernbares Attribut des Eigentlichen, sondern ein dieses Eigentliche in seinem Wesen Veränderndes, ein starker Wegbereiter unausgesetzter Verwandlung." (Celan 1983, 9)

Die unaustilgbare Spur der Gewalt

Was der Ich-Erzähler in *Edgar Jené oder der Traum vom Traume* hier anspricht, ist die Historizität alles Gegebenen. Auf das Beispiel des Baums angewendet, soll der Gedanke wohl besagen, dass die Spur von Gewalt – das hundertfache Aufknüpfen der Empörer gegen den Krieg – aus dem Dasein des Baums nicht mehr zu tilgen ist, dass seine Funktion als Galgen kein ‚mehr oder minder schwer entfernbares Attribut' seiner Existenz ist, sondern ihn ‚in seinem Wesen' verändert hat. Das unschuldige Blühen des Zweigs, wie es vor aller Gewalt möglich gewesen ist, kann danach nicht zurückkehren. Celan spricht an dieser Stelle noch ganz unspezifisch von Gegebenem, an dem sich Geschehen vollziehe und es verändere. Die Offenheit der Formulierung erlaubt es aber auch, als dieses Gegebene etwa die Sprache zu sehen. Im weiteren Verlauf des fiktiven Gesprächs unternimmt der Ich-Erzähler selbst diese Transposition. Dem zuversichtlichen Glauben seines Partners an die „Sonne der Gerechtigkeit" stellt das Ich seine Überzeugung entgegen, dass „die Welt mit ihren Einrichtungen als ein Gefängnis des Menschen und seines Geistes" (Celan 1983, 10) zu gelten habe, und es fährt fort: „Ich war mir klar geworden, daß der Mensch nicht nur in den Ketten des äußeren Lebens schmachtete, sondern auch geknebelt war und nicht sprechen durfte – [...] weil seine Worte (Gebärden und Bewegungen) unter der tausendjährigen Last falscher und entstellter Aufrichtigkeit stöhnten – was war unaufrichtiger als die Behauptung, diese Worte seien irgendwo im Grunde noch dieselben!" (Celan 1983, 11)

‚Grauere Sprache'

Auf die Konsequenzen, die dieser Befund für die Sprache der Lyrik hat, geht Celan in seiner nur wenige Zeilen umfassenden Antwort auf eine Umfrage der Pariser Librairie Flinker von 1958 ein. Er spricht da von dem gebrochenen Verhältnis der deutschsprachigen Lyrik zur Tradition. „Ihre Sprache ist nüchterner, faktischer geworden, sie mißtraut dem ‚Schönen', sie versucht, wahr zu sein. Es ist also [...] eine ‚grauere' Sprache, eine Sprache, die [...] nichts mehr mit jenem ‚Wohlklang' gemein hat, der noch mit und neben dem Furchtbarsten mehr oder minder unbekümmert einhertönte. Dieser Sprache geht es, bei aller unabdingbaren Vielstelligkeit des Ausdrucks, um Präzision. Sie verklärt nicht, ‚poetisiert' nicht, sie nennt und setzt, sie versucht, den Bereich des Gegebenen und des Möglichen auszumessen. Freilich ist hier niemals die Sprache selbst, die Sprache schlechthin am Werk, sondern immer nur ein unter dem besonderen Neigungswinkel seiner Existenz sprechendes Ich, dem es um Kontur und Orientierung geht. Wirklichkeit ist nicht, Wirklichkeit will gesucht und gewonnen sein." (Celan 1983, 21 f.) Celan rückt die Sprache des Gedichts in einen historischen Kontext, er weist ihr die Funktion eines Mittels zur subjektiven Standortbestimmung und zur Erkundung des Wirklichen zu. In manchem rührt seine Position an die von Benn in dessen Rede *Probleme der Lyrik*. Celans Empfehlung der ‚graueren Sprache' erinnert an Benns Warnung vor dem üppigen Gebrauch von Farbattributen, die Tendenz zur Präzision beinhaltet eine Betonung des gedanklich-intellektuellen Gehalts gegenüber dem Stimmungshaften. Übereinstimmung besteht auch in der Akzentuierung der Lyrik als einer subjektiv verankerten ‚Existentialchiffre' (Benn). Ein Unterschied, der greifbar ist, liegt wohl in dem von Celan hervorgehobenen Entwurfscharakter der Lyrik, der die ‚Möglichkeitsform' (Musil) des Wirklichen mit einbezieht.

Bremer Rede

Ein anderer Unterschied tritt in Celans aus demselben Jahr 1958 stammender Bremer Rede hervor, aus der ich ebenfalls die wesentlichen Passagen zitieren will. Celan spielt dort auf seine Herkunft aus einer untergegangenen Kulturlandschaft an und stellt diesem selbst erfahrenen Verlust die Beheimatung in der Sprache gegenüber. „Sie, die Sprache, blieb unverloren, ja, trotz allem. Aber sie mußte nun hindurchgehen durch ihre eigenen Antwortlosigkeiten, hindurchgehen durch furchtbares Verstummen, hindurchgehen durch die tausend Finsternisse todbringender Rede. Sie ging hindurch und gab keine Worte her für das, was geschah; aber sie ging durch dieses Geschehen. Ging hindurch und durfte wieder zutage treten, ‚angereichert' von all dem. In dieser Sprache habe ich, in jenen Jahren und in den Jahren nachher, Gedichte zu schreiben versucht: um zu sprechen, um mich zu orientieren, um zu erkunden, wo ich mich befand und wohin es mit mir wollte, um mir Wirklichkeit zu entwerfen. […] [D]as Gedicht ist nicht zeitlos. Gewiß, es erhebt einen Unendlichkeitsanspruch, es sucht, durch die Zeit hindurchzugreifen – durch sie hindurch, nicht über sie hinweg. Das Gedicht kann, da es ja eine Erscheinungsform der Sprache und damit seinem Wesen nach dialogisch ist, eine Flaschenpost sein, aufgegeben in dem – gewiß nicht immer hoffnungsstarken – Glauben, sie könnte irgendwo und irgendwann an Land gespült werden, an Herzland vielleicht." (Celan 1983, 38 f.) Celan schließt die Bremer Dankrede mit der Bemerkung, dass der Dichter „mit seinem Dasein zur Sprache geht, wirklichkeitswund und Wirklichkeit suchend" (Celan 1983, 39).

Historizität der Sprache

Der entscheidende Unterschied zu der von Benn repräsentierten Position liegt in der expliziten Betonung des dialogischen Charakters der Lyrik. Von diesem Verständnis aus leuchtet es ein, dass Celan einer Klassifizierung als hermetischer Dichter nicht zustimmen mochte. Die Historizität der Sprache ist ein weiterer Differenzpunkt zu Benn. Zwar ist auch Benns Sprache historisch geprägt, das heißt sie assimiliert die zeitgenössische Sprachverwendung, verhält sich offen gegenüber den aktuellen sprachlichen Tendenzen im Großstadtjargon, im Sport, in der Konsumwelt usw. Die Historizität der

Celanschen Sprache liegt aber auf einer anderen Ebene. Sie versucht, das lyrische Sprechen an den Geschichtsprozess anzubinden, das heißt sie sieht einen Zusammenhang zwischen geschichtlicher Erfahrung und der Art dichterischen Sprechens. Es bedarf wohl in Kenntnis von Celans Biographie keiner weiteren Begründung, dass die „tausend Finsternisse todbringender Rede" sich auf die Zeit und die Sprache des Dritten Reichs beziehen. Gleichwohl sollte man nicht übersehen, dass Celan in der Bremer Rede den Unendlichkeitsanspruch des Gedichts aufrecht erhält. Der historische Index des Gedichts macht es nicht notwendig zu einem Produkt mit beschränkter Haltbarkeit, seine Durchdringung des geschichtlichen Moments erscheint Celan sogar als Bedingung für seine Fortdauer. Zum anderen sollte man ebenso wenig übersehen, dass bei aller Betonung des Dialogischen die primäre Funktion des Gedichts in der Standortbestimmung des lyrischen Ichs liegt. Der Dichter, so hieß es ja, geht mit seinem wirklichkeitswunden Dasein zur Sprache, um eine neue Wirklichkeit zu suchen. Der kommunikative Akt kann bei dieser Suche flankierend und helfend hinzutreten, aber eine Gewähr besteht nicht, dass die Flaschenpost des Gedichts geöffnet wird. Es ist eine Offerte, eine Gabe, die angenommen oder auch verweigert werden kann. In einem Brief aus dem Jahr 1960 nennt Celan Gedichte „Schicksal mitführende Geschenke" und sagt, er „sehe keinen prinzipiellen Unterschied zwischen Händedruck und Gedicht" (Celan 1983, 32).

Die *Meridian*-Rede

Aus demselben Jahr stammt nun der *Meridian*. Da es sich um die Dankrede für die Verleihung des Büchner-Preises handelt, setzt Celan mit einem Blick auf Büchners Werk an, wobei er die in den Dramen geführten Diskurse über Kunst zum Ausgangspunkt wählt. Celan hebt an ihnen hervor, dass sie sich jeweils kritisch gegen das Künstlich-Werden der Kunst richten, dass sie die Austreibung des Humanen aus der Kunst – etwa am Beispiel der kunstvollen Automaten – beklagen. In diese Perspektive rückt Celan auch Luciles berühmten Ausruf ‚Es lebe der König' am Ende von *Dantons Tod*, in dem er das klassische ‚Gegenwort' sieht, das „für die Gegenwart des Menschlichen" mit der „Majestät des Absurden" (Celan 1983, 44) zeugt. Die Kunst ist also hier der Ort und Hort des Menschlichen, das der Geschichte nicht subsumierbar ist. Celan steuert danach allerdings eine Stelle in Büchners Novelle *Lenz* an, in der der Erzähler den Wunsch äußert, eine menschliche Szene voller Natürlichkeit gerade um ihrer Natürlichkeit willen wie mit einem Medusenblick zu bannen, das heißt in Kunst zu überführen. Für Celan manifestiert sich hier etwas der Kunst innewohnendes Unheimliches, das er mit der Selbstvergessenheit und der „Ich Ferne" des Künstlers zu erklären versucht. Vielleicht, so fragt Celan sich weiter, „geht die Dichtung […] mit einem selbstvergessenen Ich zu jenem Unheimlichen und Fremden, und setzt sich […] wieder frei?" (Celan 1983, 49) Um die Frage nach dem Charakter dieses Frei-Setzens zu beantworten, zitiert Celan das Bedauern des Büchnerschen Lenz, „daß er nicht auf dem Kopf gehn konnte." Diese Äußerung parallelisiert Celan mit dem Ruf Luciles und schließt daran den Kommentar: „wer auf dem Kopf geht, der hat den Himmel als Abgrund unter sich." (Celan 1983, 51) G. Buhr hat diese Stelle als den „entschiedenste[n] Gegensatz zu allem Individuellen" gedeutet und die These formuliert: „das freigesetzte Ich ist Ich am Abgrund." (Buhr 1976, 58) Er meint damit, dass ein Ich, das bis in den Abgrund reicht, einen universellen Charakter besitzt, dass es das Individuelle transzendiert. Man darf diese Vorstellung also vielleicht mit der notwendigen „Ich-Ferne" der Kunst zusammendenken.

Atemwende

Nach einem kurzen Absatz über die Dunkelheit der Dichtung, die von Celan als Ort möglicher Begegnung gesehen wird, kehrt er zu seinem *Lenz*-Kommentar zurück und fasst den bisherigen Gang seiner Gedanken so zusammen: „Dichtung: das kann eine Atemwende bedeuten. Wer weiß, vielleicht legt die Dichtung den Weg [...] um einer solchen Atemwende willen zurück? Vielleicht gelingt es ihr, da das Fremde, also der Abgrund *und* das Medusenhaupt, der Abgrund *und* die Automaten, ja in einer Richtung zu liegen scheint, [...] zwischen Fremd und Fremd zu unterscheiden [...] für diesen einmaligen kurzen Augenblick?" (Celan 1983, 52) Der Begriff der Atemwende veranlasst zu einem kurzen Einhalt, denn dass er für Celan von entscheidender Wichtigkeit ist, belegt die Tatsache, dass Celan ihn 1967 als Titel für einen ganzen Gedichtband verwenden wird. Auf die Dichtung bezogen, kann Atemwende wohl bedeuten, dass eine Bewegung aus dem Ich hinaus, ein kommunikativer Akt erfolgt. Oder anders: Das Inhalierte – sozusagen die aufgenommene Welt – verwandelt sich in dichterische Aus-Sage, die ihrerseits von anderen aufgenommen, inhaliert werden kann. Die Atemwende der Dichtung führt aus dem Atemverschlagenden des geschichtlich Erlittenen. So ließe sich Luciles Ruf als Atemwende, als Einspruch der Dichtung gegen die Geschichte und gegen eine Automaten-Kunst verstehen. In diesem Sinne könnte man auch in dem Zeilenbruch des „Nichts / – stockt" die Atemwende des Gedichts *Du liegst* erkennen (vgl. Zons 1993). Allerdings begibt sich diese Atemwende in eine Selbstbefremdung. In Luciles Ruf artikuliert sich diese Selbstbefremdung als absurde (politische) Parole, bei Lenz artikuliert sie sich in dem absurden Wunsch des Auf-dem-Kopf-Gehens. Diese Selbstbefremdungen sind aber gewissermaßen Abstiege in den ich-fernen Abgrund der Kunst, der sie als Reich ästhetischer Eigengesetzlichkeit konstituiert und für alle zugänglich macht, wohingegen der bannende, tötende Blick des Medusenhaupts und die Seelenlosigkeit des Automaten eine Fremdheit repräsentieren, die nicht frei-, sondern gefangen setzt.

Der ‚20. Jänner' des Gedichts

Ich setze das Zitat fort: „Vielleicht wird hier, mit dem Ich – mit dem *hier* und *solcherart* freigesetzten befremdeten Ich, – vielleicht wird hier noch ein Anderes frei? [...] [I]ch denke, daß es von jeher zu den Hoffnungen des Gedichts gehört, gerade auf diese Weise auch in *fremder* – nein, dieses Wort kann ich jetzt nicht mehr gebrauchen –, gerade auf diese Weise *in eines anderen Sache* zu sprechen – wer weiß, vielleicht in eines *ganz Anderen* Sache." (Celan 1983, 52f.) Die Sache des anderen braucht keine fremde Sache zu bleiben, weil beider Sachen denselben Datumsstempel tragen. Celan formuliert die Besonderheit der Dichtung noch einmal in Frageform, und diesmal sind es wohl rhetorische Fragen: „Vielleicht darf man sagen, daß jedem Gedicht sein ‚20. Jänner' eingeschrieben bleibt? Vielleicht ist das Neue an den Gedichten, die heute geschrieben werden, gerade dies: daß hier am deutlichsten versucht wird, solcher Daten eingedenk zu bleiben?" (Celan 1983, 53) Das Datum, das Celan hier nennt, ist wahrhaftig kein beliebiges. Auf den ersten Blick ist es das Datum, mit dem Büchners Erzählung *Lenz* beginnt („Den 20. Jänner ging Lenz durchs Gebirg." –

Erst nach dem *Meridian* kam zutage, dass ‚Jänner' ein Zusatz von Oberlin war.). Die Geschichte des 20. Jahrhunderts hat diesem Datum jedoch eine ganz spezifische Bedeutung verliehen. Der 20. Jänner ist nun mit dem Tag der Wannsee-Konferenz im Jahre 1942 verknüpft, auf der die so genannte ‚Endlösung der Judenfrage' beschlossen wurde. In Celans Verständnis hat sich die Dichtung vor diesem geschichtlichen Erfahrungshintergrund zu legitimieren, nur diesem Datum eingedenk kann es eine neue, das heißt historisch angemessene Dichtung geben.

Utopie des Anderen

Das Gedicht macht sich somit zu einem ‚historischen Gefäß', und seine Möglichkeit, dadurch ‚in eines anderen Sache' und ‚in eines ganz Anderen Sache' zu sprechen, gewinnt damit auch einen Charakter, der über die Intersubjektivität hinausweist. An Celans Satz: „Es [das Gedicht] bleibt seiner Daten eingedenk, aber – es spricht." (ebd.) knüpft Marlies Janz den Kommentar: „Durch die bloße Tatsache, daß es spricht, *als* Sprache, ist nach Celan die Kritik des Gedichts an sozialer und politischer Unmenschlichkeit identisch damit, daß es einem ‚Anderen', einer humanen Realität, das Wort redet [...]. Das Engagement des Gedichts für eine menschenwürdige Realität ist also nicht als etwas verstanden, das zu seinem Konstitutionsgesetz, etwa als diskursiv formulierter Inhalt, hinzuträte. *Als* Sprache, die dem Verstummen gleichsam abgerungen ist [...], ergreift das Gedicht nach Celans Ausführungen Partei für eine humane Realität." (Janz 1976, 107) Das Andere, das ganz Andere hat also sowohl die Bedeutung des Partners, des Gesprächspartners für das Gedicht als auch die utopische Dimension einer ‚ganz anderen' Geschichte. Noch einmal fasst Celan diesen Kerngedanken seiner Rede zusammen: „Das Gedicht will zu einem Anderen, es braucht dieses Andere, es braucht ein Gegenüber. Es sucht es auf, es spricht sich ihm zu. Jedes Ding, jeder Mensch ist dem Gedicht, das auf das Andere zuhält, eine Gestalt dieses Anderen." (Celan 1983, 55) Celan geht nun allerdings von der Voraussetzung aus, dass dieser Dialog alles andere als selbstverständlich gelingt. Ausdrücklich nennt er das Gedicht ein „verzweifeltes Gespräch" (Celan 1983, 56), das dem Verstummen abgerungen werden muss. „Gewiß", so sagt Celan, „das Gedicht heute [...] zeigt, das ist unverkennbar, eine starke Neigung zum Verstummen. Es behauptet sich [...] am Rande seiner selbst; es ruft und holt sich, um bestehen zu können, unausgesetzt aus seinem Schon-nicht-mehr in sein Immer-noch zurück." (Celan 1983, 54) Celan begreift das ‚Immer-noch' als die „gestaltgewordene Sprache eines Einzelnen", die „Gegenwart und Präsenz" erzeugt, und er erläutert: „Dieses Immer-noch des Gedichts kann ja wohl nur in dem Gedicht dessen zu finden sein, der nicht vergißt, daß er unter dem Neigungswinkel seines Daseins, dem Neigungswinkel seiner Kreatürlichkeit spricht." (Celan 1983, 55)

Antwort auf Peter Huchel

In der Reflexion auf den Neigungswinkel des eigenen Daseins liegt auch der Berührungspunkt mit Huchels Gedicht *Winterpsalm*, auf den ich abschließend noch hinweisen möchte. In *Winterpsalm* ist das Thema ebenfalls die von der Natur verweigerte Zeugenschaft für erlittene geschichtliche Untaten. Huchel allerdings entwirft das Bild winterlicher Erstarrung, in der alles Lebendige an den Rand gedrängt ist. Bei ihm lautet die letzte Strophe:

Ich stand auf der Brücke,
Allein vor der trägen Kälte des Himmels,
Atmet noch schwach.
Durch die Kehle des Schilfrohrs,
Der vereiste Fluß?

Hier ist also die bei Büchner herbeigesehnte Stockung eingetreten. Es ist evident, dass die Erstarrung der Natur Huchels Diagnose der Erstarrung der gesellschaftlichen Verhältnisse in der DDR korrespondiert. Das Ich bei Huchel lauscht nach Atem, der unter dem vereisten Fluss (der Geschichte) hervorströmt. Celan übernimmt das Motiv des Lauschens und das winterliche Ambiente, verflüssigt aber den Wasserlauf wieder, um ihn mittels der eigenen Strophentechnik für einen Moment zum Stocken zu bringen. Es wäre denkbar, dass sich hierin die Celans jüdischer Herkunft geschuldete Utopie einer messianischen Unterbrechung der Geschichte sprachlich manifestiert.

5. Totentanz der Revolution. Heiner Müller: *Die Hamletmaschine*

Abschied vom Lehrstück

Heiner Müller schrieb *Die Hamletmaschine* 1977. Zu dieser Zeit befand sich Müllers dramentheoretisches und politisches Selbstverständnis in einer entscheidenden Umbruchsphase. Wichtige Dokumente dieser Phase sind sein Brief *Die Verabschiedung des Lehrstücks* von 1977 und sein Redeentwurf *Der Schrecken, die erste Erscheinung des Neuen*, der 1978 als Beitrag für eine Diskussion über Postmodernismus entstand. In dem auf den 4. 1. 77 datierten Brief an Rainer Steinweg kapituliert Müller vor der Aufgabe, seine Position in Gesprächen über das Lehrstück zu resümieren, und erklärt salopp: „mir fällt zum LEHRSTÜCK nichts mehr ein.“ (Müller 1978, 85) Aber er fügt dann doch die Bemerkung hinzu, „daß wir uns vom LEHRSTÜCK bis zum nächsten Erdbeben verabschieden müssen.“ Müller hält also diesen Typus des Theaters nur in Momenten geschichtlicher Umwälzungen für geeignet. Dennoch will er auch in geschichtlichen Phasen, in denen keine „christliche Endzeit“ herrscht und ein Stück wie Brechts *Maßnahme* rechtfertigt, nicht auf die Theaterpraxis verzichten. „Stücke werden, heute mehr […], für das Theater geschrieben statt für ein Publikum. Ich werde nicht die Daumen drehn, bis eine (revolutionäre) Situation vorbeikommt. […] Was bleibt: einsame Texte, die auf Geschichte warten.“

‚Konstruktiver Defaitismus‘

Am Ende seines Briefs steuert Müller auf ein eher paradox denn dialektisch zu nennendes Konzept zu, das auch in Zeiten des Wartestands die geschichtliche Reflexion mit ästhetischen Mitteln voranzutreiben erlaubt. „Auf einem Gelände, in dem die LEHRE so tief vergraben und das außerdem vermint ist, muß man gelegentlich den Kopf in den Sand (Schlamm Stein) stecken, um weiterzusehn. Die Maulwürfe oder der konstruktive Defaitismus.“ Nicht zuletzt die Parallelsetzung mit den Maulwürfen, die doch wohl an das subversive Potential von Günter Eichs Prosasammlung *Maulwürfe* (1968) erinnern soll, verleiht der paradoxen Schlussformel vom ‚konstruktiven Defaitismus‘ den Charakter einer Fortsetzung revolutionärer Dramaturgie im Zeichen des Scheiterns. Nikolaus Müller-Schöll hat das Bild vom

Maulwurf auch auf eine Stelle von Benjamins Brecht-Kommentar bezogen und ihm den programmatischen Sinn der „Zerstörungswürdigkeit" alles Gegebenen entnommen (vgl. Müller-Schöll 2002, 586). Das Wühlen im Schlamm lässt sich als Untersuchung des geschichtlichen Bodensatzes, als Analyse des angefallenen Geschichtsschutts verstehen. In der Tat konzentrieren sich Müllers Stücke auf eine gnadenlose Ausstellung historischer Niederlagen und Katastrophen. In diese selbstzerfleischende Analyse wird das Autorsubjekt einbezogen, wie *Die Hamletmaschine* zeigt und wie Müller es kurze Zeit darauf auch theoretisch begründet.

Liquidation künstlerischer Autonomie

In Müllers Stellungnahme zu den Postmodernismus-Thesen von Ihab Hassan nimmt der Benjaminsche Gedanke von der Blutspur an den Kunstwerken eine zentrale Stellung ein. „Schreiben unter Bedingungen, in denen das Bewußtsein von der Asozialität des Schreibens nicht mehr verdrängt werden kann. [...] Solange Freiheit auf Gewalt gegründet ist, die Ausübung von Kunst auf Privilegien, werden die Kunstwerke die Tendenz haben, Gefängnisse zu sein, die Meisterwerke Komplicen der Macht." (Müller 1979, 1) In dieser aporetischen Situation entwirft Müller die Selbstauslöschung als Versuch der ästhetischen Rechtfertigung der Kunst. „Die großen Texte des Jahrhunderts arbeiten an der Liquidation ihrer Autonomie, Produkt ihrer Unzucht mit dem Privateigentum, an der Enteignung, zuletzt am Verschwinden des Autors." Im Folgenden nennt Müller einige Kronzeugen aus der Literatur der Moderne, die seiner Meinung nach an diesem Projekt der Selbstauslöschung gearbeitet haben: Rimbaud, Lautréamont, Kafka, Joyce, Majakowski, Artaud, Brecht, Beckett. Müller gibt diesem Projekt eine dialektische Wendung ins Gesellschaftliche, wenn er schreibt: „Arbeit am Verschwinden des Autors ist Widerstand gegen das Verschwinden des Menschen." Müller denkt bei dieser Formulierung auch an Kafkas Sentenz „Literatur ist eine Angelegenheit des Volkes", die er in diesem Essay zweimal zitiert und offenbar in seinem Sinne als Aufgehen der Autorenstimme im „universalen Diskurs" der Sprache interpretiert. An dieser Stelle wird auf unausgesprochene Weise Müllers Anschluss an Foucaults Idee vom subjektlosen Verlauf der Literatur vernehmbar. Interessant ist der plakative und in typisch Müllerscher Weise provokante Schlusssatz seines Essays, der einen ganz anderen Traditionszusammenhang stiftet: „Die erste Gestalt der Hoffnung ist die Furcht die erste Erscheinung des Neuen der Schrecken." Damit ruft Müller die rezeptionsästhetischen Schlüsselbegriffe der antiken Tragödie auf und knüpft an ihre dramaturgische Einlösung die Restbestände der utopischen Funktion seines Theaters.

Von Brecht zu Artaud

Es ist deswegen auch nur schlüssig, wenn Müller in seinen späten Stücken ein Theater des Schreckens und der Grausamkeit aufführt, das seine emanzipatorischen Impulse in der Schockästhetik einer ins Extrem getriebenen Negation zu retten versucht. Axel Schalk hat zurecht vom Paradigmawechsel in Müllers Ästhetik von Brecht zu Artaud und Kafka gesprochen (vgl. Schalk 1989, 212ff) und im Blick auf die Verarbeitung historischen Materials die Feststellung getroffen: „Geschichte kann bei Müller nur im kafkaesken Bild eines Straflagers, im Schrecken aufgehoben sein." (Schalk 1989, 215) Müller orientiert sich weitgehend an dem wirkungsästhetischen Modell, wie es Artaud in seinem *théâtre de la cruauté* konzipiert hatte. „Das Theater wird erst dann wieder es selbst werden," heißt es dort, „wenn es dem Zuschauer der Wahrheit entsprechende Traumniederschläge liefert, in denen sich sein Hang zum Verbrechen, seine erotischen Besessenheiten, seine Wildheit, seine Chimären, sein utopischer Sinn für die Dinge und das Leben, ja sogar sein Kannibalismus auf einer nicht bloß angenommenen und trügerischen, sondern inneren Ebene Luft machen." (Artaud 1979, 98) In dem Pamphlet *Schluß mit den Meisterwerken* fand Müller die purgatorische Funktion des Theaters von Artaud vorformuliert: „Ich schlage daher ein Theater vor, in dem körperliche, gewaltsame Bilder die Sensibilität des Zuschauers, der im Theater wie in einem Wirbelsturm höherer Kräfte gefangen ist, zermalmen und hypnotisieren." (ebd. 88)

(Ur-)Aufführung und Schreibprozess

Müllers *Hamletmaschine* wurde 1978 in Brüssel auf Französisch uraufgeführt, die deutsche Erstaufführung folgte 1979 am Schauspiel in Essen. Legendär wurde die von Müller sehr geschätzte Inszenierung am Hamburger Thalia-Theater 1986 durch Robert Wilson, der das Stück jeweils um 90° versetzt viermal hintereinander spielen ließ. In der DDR wurde sie erst nach der Wende gespielt. Als Titel hatte Müller ursprünglich ‚Hamlet in Budapest' erwogen, aber der Begriff ‚Hamletmaschine' findet sich ebenfalls bereits in frühen Textstufen. Müller schwebte zuerst ein Stück von 200 Seiten Umfang vor Augen, aber die konkrete Textarbeit führte zu einem höchst verdichteten Produkt von gerade einmal zehn Seiten Länge.

Struktur und Gestik

Diese Verknappung ergab sich aus Müllers Einsicht in die Unmöglichkeit, die ihn bewegende Problematik dialogisch zu entfalten. Die ‚Grundidee' bestand nämlich darin, Hamlet als den Sohn eines rehabilitierten kommunistischen Renegaten zu konzipieren und dessen Staatsbegräbnis als Anlass zu einer Durchleuchtung der Widersprüche in der Geschichte des Sozialismus zu nehmen. Das historische Exempel lieferte der ungarische Parteifunktionär Laszlo Rajk, der 1949 hingerichtet und 1956 mit einem Staatsbegräbnis rehabilitiert wurde. Dramaturgisch zog Müller aus dem Scheitern der Diskursivierung die Konsequenz, das Stück fast ausschließlich in monologische Blöcke zu gliedern. Die Struktur der *Hamletmaschine* weist eine Achsensymmetrie auf. Das 1. und 4. Bild besteht aus einem längeren Monolog von Hamlet bzw. seinem Darsteller, das 2. und 5. aus einem kurzen Ophelias, dazwischen steht als groteskes Zwischenspiel die 3. Szene *Scherzo*, in der beide jeweils einen Satz sprechen, wobei auch nur derjenige Ophelias dialogisch motiviert ist. Die Figuren kommunizieren oder agieren eher mimisch, wie überhaupt Müllers Stück in erheblichem Maß von seinem gestischen Reichtum lebt. Der Dialog als das eigentliche Herzstück der Gattung Drama ist hingegen fast vollständig getilgt. Es lässt sich also nur rein äußerlich noch eine Art Schwundstufe des klassischen fünfaktigen Dramas erkennen.

Bilderbogen aus Fragmenten

Gleichwohl ist in der Forschung ob des unikaten Charakters der *Hamletmaschine* die Frage aufgeworfen worden, ob man sie noch als Drama ansprechen kann. Franz Loquai hat die alternativen Bezeichnungen zusammengetragen: „Nicht-Drama, Monolog-Collage, phantasmagorischer Bilderbogen, pantomimisches Prosagedicht, Szenenrevue und Zitatmontage" (Loquai 1993, 180). Der Begriff des Bilderbogens leuchtet dabei schon deswegen ein, weil er den Akzent von den Sprechakten und der von ihnen angetriebenen Handlung auf die Abfolge lebender Bilder verschiebt. Bernhard Greiner hat denn auch zurecht die „metaphorische Vergegenwärtigung"

(Greiner in Postmoderne 1989, 78) als das Prinzip der *Hamletmaschine* bezeichnet und die semantische Offenheit der Bilder betont. Die hohe Verdichtung dieses Gestaltungsprinzips führt allerdings dazu, dass sich geradezu der Effekt einer „Überschwemmung mit Bildern" (Köhnen in Müller-Michaels 1996, 225) ergibt, welcher den Rezipienten vor keine geringe Aufgabe stellt. Müller folgt mit der Verabschiedung eines nacherzählbaren plots seiner Einsicht in die notwendige Fragmenthaftigkeit eines zeitgemäßen Theaters. 1975 bekannte er in einem Brief: „Die Not von gestern ist die Tugend von heute: die Fragmentarisierung eines Vorgangs betont seinen Prozeßcharakter, hindert das Verschwinden der Produktion im Produkt, die Vermarktung, macht das Abbild zum Versuchsfeld, auf dem das Publikum koproduzieren kann. Ich glaube nicht, daß eine Geschichte, die ‚Hand und Fuß' hat (die Fabel im klassischen Sinn), der Wirklichkeit noch beikommt." (Müller 1975a, 125)

Widerstand gegen das Theater

Über die Verweigerung einer traditionellen Fabel hinaus richtet Müller sich mit seiner Dramatik auch gegen die Institution Theater selbst. Aus demselben Jahr stammt eine Gesprächsäußerung von Müller, die diese Schreibstrategie unterstreicht: „Ich glaube grundsätzlich, daß Literatur dazu da ist, dem Theater Widerstand zu leisten. Nur, wenn ein Text nicht zu machen ist, so wie das Theater beschaffen ist, ist er für das Theater produktiv, oder interessant." (Müller 1975b, 120) Es ist die dialektische Pointe der produktionsästethischen Machart der *Hamletmaschine*, dass gerade ihre „planmäßig durchgehaltene Technik der Reduktion, der Verkürzung und Aussparung" (Guntermann in Pikulik u. a. 1987, 42) zum Effekt einer scheinbaren chaotischen Offenheit führt.

Zitatmontagen

Den Fragmentcharakter des Stücks unterstreicht noch der forcierte Gebrauch von Textzitaten verschiedenster Provenienz. Der Eindruck einer Zitatmontage ist daher völlig gerechtfertigt. Müller bedient sich dabei ausgiebig aus eigenen Stücken, übernimmt aus dem *Bau* Hamlets Selbstcharakteristik als „zweiter Clown im kommunistischen Frühling", aus den *Bauern* seine defaitistische Bitte „Herr brich mir das Genick im Sturz von einer Bierbank", aus *Zement* die eine geschichtliche Wolfszeit annoncierende Wendung „Im Winter manchmal kamen sie ins Dorf" und aus *Herakles 5* das zentrale Bild von der Verwandlung des Leibes in eine Maschine. Wichtige literarische Zitate stammen von Joseph Conrad, Antonin Artaud, E. E. Cummings und Friedrich Hölderlin. Auffällig ist, dass alle diese Zitate dazu dienen, den Sprechort Ophelias näher zu bestimmen. Szene 2 *Das Europa der Frau* beginnt mit der Regieanweisung *„Enormous room. Ophelia"*, womit der Titel von E. E. Cummings' 1922 erschienenem Roman zitiert wird, in dem er seine Erfahrungen in einem französischen Kriegsgefangenenlager im Jahre 1917 schildert. Die anderen drei Zitate finden sich am Beginn der Schlussszene, wobei der Vers Hölderlins „Wildharrend in der furchtbaren Rüstung, Jahrtausende" aus dem Bruchstück *Shakespear* zugleich als Titel von Szene 5 fungiert. Als Ophelia dann zu sprechen anhebt, folgen die beiden anderen Zitate. „Hier spricht Elektra. Im Herzen der Finsternis. Unter der Sonne der Folter." Der Sprechort der zur mythischen Rächerin Mutierten wird also durch einen Buchtitel von Joseph Conrad präzisiert und durch ein Zitat von Artaud, das in dem Blitzlicht, das Müller in seinem Essay *Der Schrecken, die erste Erscheinung des Neuen* auf Artaud wirft, wiederkehren und auf erhellende Weise kommentiert werden wird: „Artaud, die Sprache der Qual unter der Sonne der Folter, der einzigen, die alle Kontinente dieses Planeten gleichzeitig bescheint." (Müller 1979, 1) Durch den verwandten Charakter dieser vier Zitate wird gewissermaßen ein geschichtliches Katastrophenkontinuum um Ophelia erschaffen, wird sie von Zeichen des historischen Unheils geradezu zerniert. In die Hamlet-Szenen sind die teils im englischen Original belassenen Zitate aus Shakespeares Stück eingelassen, wobei sich die wörtlichen *Hamlet*-Anleihen auf das erste Bild beschränken (vgl. Steiger 1990, 49).

Shakespeare factory

Müllers *Hamletmaschine* gehört innerhalb seines Werks dem Projekt einer ‚Shakespeare factory' an, markiert innerhalb dieser aber insofern einen Extrempunkt, als sie den Schritt von der Bearbeitung zur – um einen Begriff der romantischen Kritik zu gebrauchen – ‚Annihilation' vollzieht. Müller selbst charakterisiert in einem Gespräch 1982 die Absicht, die er mit seinem Stück verfolgte, in dieser Weise: „Dreißig Jahre lang war Hamlet eine Obsession für mich, also schrieb ich einen kurzen Text, *Hamletmaschine*, mit dem ich versuchte, Hamlet zu zerstören." (Müller 1986, 102) Damit kommt dieser Shakespeare-‚Bearbeitung' eine deutlich andere Funktion zu als etwa den Adaptationen von *As You like it*, *Macbeth* oder *Titus Andronicus*.

Kunst vs. Natur

Ein wichtiger Fingerzeig für die spezifische Umgangsweise mit dem *Hamlet* indiziert bereits die Änderung des Titels in *Hamletmaschine*. Der Titel spielt zunächst auf eine Selbstcharakteristik des Shakespearschen Hamlet als ‚machine' in einem Brief an Ophelia an (Greiner in Postmoderne 1989, 79), stellt aber darüber hinaus einen Bezug zu Marcel Duchamps' Junggesellenmaschine her. Sie bildet das ästhetische Modell einer in sich geschlossenen künstlichen Welt. Die Junggesellenmaschine kontaminiert die Tradition der Mensch-Maschine-Symbiose mit der Vorstellung künstlicher Paradiese. Entscheidend ist dabei der Aspekt der Negation der organischen Fortzeugung. In der 1. Szene *Familienalbum* wird diese Perspektive von Hamlet eingenommen, wenn er seine eigene Rolle als Nachkomme verflucht. „Man sollte die Weiber zunähn, eine Welt ohne Mütter. Wir könnten einander in Ruhe abschlachten, und mit einiger Zuversicht, wenn uns das Leben zu lang wird oder der Hals zu eng für unsre Schreie. [...] Der Morgen findet nicht mehr statt." Da die Generationenfolge zwingend mit der Fortsetzung der Schlacht-Geschichte verbunden ist, kann es einen Ausstieg nur geben, „wenn die Frau *als Mutter* getötet wird." (Maltzan 1988, 116) Zugleich bildet diese negative Utopie den Schlusspunkt von Müllers Stück, wenn Ophelia in der Rolle der Elektra verkündet: „An die Metropolen der Welt. Im Namen der Opfer. Ich stoße allen Samen aus, den ich empfangen habe. Ich verwandle die Milch meiner Brüste in tödliches Gift. Ich nehme die Welt zurück, die ich geboren habe. [...] Es lebe der Haß, die Verachtung, der Aufstand, der Tod." Der darauf folgende letzte Satz („Wenn sie mit Fleischermessern durch eure Schlafzimmer geht, werdet ihr die Wahrheit wissen") ist ein Zitat eines Mitglieds der Sekte von Charles Manson, die sich nach dem Mord an der Schauspielerin Sharon Tate kollektiv umgebracht hat.

Abbruch der Geschichte

Müller dient diese Anspielung offenbar als extremes Exempel für den abrupten Abbruch des geschichtlichen Katastrophenzusammenhangs. Er ist für

Müller nicht als quasi heimlicher Ausstieg vorstellbar, vielmehr als ein sich selbst vernichtender Gewaltexzess. Symptomatisch für diese Akzentsetzung ist bereits die auffällige Kontrafaktur der *Hamlet*-Handlung in Bezug auf das Thema Rache. Als „das Gespenst das mich gemacht hat, das Beil noch im Schädel" Hamlet auffordert, seine Ermordung zu rächen, antwortet er: „Was geht mich deine Leiche an." Freilich erfolgt kein Verzicht auf eine Rachehandlung, sondern Hamlet reagiert durch eine „versetzte Rache: vom Onkel auf die Mutter" (Guntermann in Pikulik 1987, 44). Der Sinn dürfte darin bestehen, dass eine Rache an Claudius nichts anderes als die Perpetuierung der Folge von Gewalt und Gegengewalt bedeuten würde, wohingegen die Vergewaltigung der Mutter, die sie in paradoxer Logik „wieder zur Jungfrau" machen soll, als Unterbrechung der Geschlechterfolge, als Geschichtsbruch anzusehen wäre.

Schlechte Zeit für Revolution

Die düstere Diagnose des historischen Prozesses ist in der *Hamletmaschine* nun durchaus konkret mit der Geschichte des Sozialismus verknüpft. Müller bringt wenigstens zwei Schlüsselereignisse ins Spiel. Der Beginn des 4. Bildes *Pest in Buda Schlacht um Grönland* beginnt mit Hamlets Feststellung: „Der Ofen blakt im friedlosen Oktober", um kommentierend fortzufahren: „Just the worst time of the year for a revolution." Köhnen sieht hierin eine intertextuelle Bezugnahme auf Eliots Gedicht *Journey of the Magi* (Köhnen in Müller-Michaels 1996, 222), aber der Zusammenhang legt näher, darin eine Reminiszenz an Heinrich Heines halb ironisch, halb ernst gemeinte Reflexion über die richtige Jahreszeit für Revolutionen in seinen *Französischen Zuständen* zu erblicken, in denen die kälteren Monate als denkbar ungünstiger Zeitpunkt einer sozialen Emeute gedeutet werden. Jedenfalls ist diese ‚worst time' bereits als ein Geburtsfehler der Oktoberrevolution zu werten, weshalb die Szene nach der Ermordung der drei Marx, Lenin und Mao darstellenden nackten Frauen mit dem Anbruch der ‚Eiszeit' endet. Eingelagert in diese Eckpunkte sind zwei korrespondierende Monologpartien des Hamletdarstellers. Zum einen bringt er ein weiteres historisches Ereignis ins Spiel, auf das die ursprüngliche Titelidee ‚Hamlet in Budapest' zielte, nämlich die militärische Niederschlagung des Ungarn-Aufstands 1956 durch sowjetische Truppen. Der Sprecher, der als ‚Hamletdarsteller' seinen Rollencharakter unterstreicht, erklärt: „Mein Drama, wenn es noch stattfinden würde, fände in der Zeit des Aufstands statt. [...] Mein Platz, wenn mein Drama noch stattfinden würde, wäre auf beiden Seiten der Front." Er schildert dann dieses imaginäre Drama in sich steigernden Bildern der Gewalt, die seine innere Polarität zuspitzen. Auf diese Schlachtbilder folgt eine Sequenz über die permanent stattfindende ‚Konsumschlacht', die medial flankiert wird. Es sind die Schlachtformen der östlichen und westlichen Welt, die ihn beide gleichermaßen in einen Ekelexzess stürzen.

Phantasien der Selbstvernichtung

Dennoch gesteht Müller dem Beobachter nicht die Flucht in eine freischwebende Position zu, solche Distanzierung würde ihn korrumpieren. Auch hier gilt: ein Außen-Stehen, ein Beobachterposten für den Intellektuellen ist nicht zulässig. Die Szene enthält denn auch etwas später die Regieanweisung: „Fotografie des Autors. [...] Zerreißung der Fotografie des Autors." Ihr folgt das selbstdenunzierende Bekenntnis: „Ich nehme Platz in meiner Scheiße, meinem Blut. Irgendwo werden Leiber zerbrochen, damit ich wohnen kann in meiner Scheiße." Die drastische Wortwahl verweist zurück auf das Ende des 1. Bildes, wo sich der rasende Hamlet in die Vision steigert. „Ich will die Leiche in den Abtritt stopfen, daß der Palast erstickt in königlicher Scheiße." Die Vernichtungsfantasie gilt dem Symbol von Herrschaft ebenso wie der eigenen privilegierten Existenz. Es ist daher auch nur schlüssig, wenn Hamlet im 3. Bild zu Ophelia sagt: „Ich will eine Frau sein", denn das vorangehende 2. Bild zeigt Ophelia stellvertretend für alle Frauen in der Rolle der Unterdrückten und Unterprivilegierten, also des Opfers. Es konfrontiert zugleich mit einer rasenden, quasi ‚elektrisierten' Ophelia, die sich durch blindwütige Zerstörung an der Ausbeutung der Frauen durch die Männer rächen will. Ihr Furor schlägt am Ende in Autoaggression um. Die Regieanweisung zu Beginn des folgenden 3. Bildes *Scherzo* spricht denn auch von einer „Galerie (Ballett) der toten Frauen. Die Frau am Strick. Die Frau mit den aufgeschnittenen Pulsadern", worin auch Reflexe der autobiographischen Aufarbeitung des Todes von Inge Müller zu erkennen sind. Auch das Schlussbild mit dem verkündeten Abbruch des geschichtlichen Katastrophenzusammenhangs ist nur mehr ein letzter Verzweiflungs-, kein weiblicher Befreiungsakt.

Kontrafaktur christlicher Motive

Ophelia/Elektra spricht vom Grunde der Tiefsee her, umschwebt von zerstückelten Leichen als den Sedimenten der Geschichte. Müller lässt sie hier also in den Spuren der Shakespearschen Ophelia einen submarinen, jenseitigen Sprechort einnehmen. Sie wird dabei von Mullbinden verschnürt, bis sie als stumme weiße Verpackung allein auf der Bühne zurückbleibt. Ihre Sprechhaltung ist im wörtlichsten Sinne eine de profundis. Damit kommt eine weitere Dimension von Müllers *Hamletmaschine* in den Blick. Es ist nämlich auffällig, dass sich wie ein roter Faden die Zitation oder Kontrafaktur christlicher Überlieferung durch das Stück zieht. Gleich im 1. Bild stemmt Hamlet den Sarg mit dem Leichnam seines Vaters auf und verteilt dessen Fleisch „an die umstehenden Elendsgestalten". Das ist eine blasphemische Inversion der Eucharistie: Der Sohn ‚verfüttert' den toten Vater. Am Ende des 1. Bilds kommentiert Hamlet seine Vergewaltigung der Mutter, sein Eindringen in die ‚Schlangengrube' ihres Schoßes mit den zynischen Worten: „Erkennst du die Frucht deines Leibes." Eingeblendet in die Litanei über die ekelerregende mediale Konsumorgie ist eine Kontrafaktur des Glaubensbekenntnisses: „Unsern Täglichen Mord gib uns heute / Denn Dein ist das Nichts". In den gleichen Zusammenhang gehören die Madonna mit dem „wie eine Sonne" strahlenden Brustkrebs als Krönung des Totentanzes im 3. Bild, auch dies wohl eine intertextuelle Anspielung auf Rilkes *Malte*-Roman (Köhnen in Müller-Michaels 1996, 218), und das Zerreissen des Schellenkleids des Philosophen „knapp vorm dritten Hahnenschrei" im 4. Bild. Letzteres korrespondiert Hamlets Utopie: „Die Hähne sind geschlachtet. Der Morgen findet nicht mehr statt." und steht damit im Kontext der Idee vom Geschichtsbruch. Aber darüber hinaus lässt es sich auch als ideologiekritische Wendung gegen die närrische Lehre der – wie Bild 2 mitteilt – toten Philosophen lesen. Müller senkt hier in Anspielung auf das Neue Testament seine Hoffnung in die Kraft zum Verrat, das heißt nur der Verrat an der philosophischen Heilslehre (des Sozialismus) kann aus der Todesverfallenheit herausführen. Diese Lesart würde sich auch in das „in den beiden letzten Textfolgen akzentuierte Thema des Verrats" (Eke 1989, 89) einfügen.

Schwarze Utopie

Müllers extensiver Einsatz von blasphemischen und obszönen (Sprach-)Bildern erscheint als Strategie einer gezielten Depotenzierung aller geistig-moralischen Sinnsetzungen. Das Einzige, was dem Menschen übrig bleibt, ist die Mutation zur Maschine, der sich keine Sinnfragen mehr stellen. Körperliche Empfindungen und geistige Existenz sind dann suspendiert; „kein Schmerz kein Gedanke" heißt es bündig zur Begründung des Wunsches nach Verwandlung in eine Maschine. Es wirkt als Komplettierung der vorgeführten totalen Negation, wenn selbst „die Requisiten [...] sich gegen sich selbst erheben, ihre gewohnte Funktion verweigern" (Guntermann in Pikulik 1987, 51)

Müllers *Hamletmaschine* ist eine schwarze Utopie, die mit dieser zynischen Diagnose wie ein Präludium der apokalyptischen 80er Jahre wirkt.

6. Archäologie der Herrschaft. Christa Wolf: *Kassandra*

Stimme des weiblichen Opfers der Geschichte

1983 erscheinen zeitgleich Christa Wolfs lange Erzählung *Kassandra* und ihre im Jahr zuvor gehaltenen Frankfurter Poetik-Vorlesungen *Voraussetzungen einer Erzählung: Kassandra*. Wolf schildert hier, wie sie 1980 anlässlich einer Griechenland-Reise die *Orestie* des Aischylos zur Hand nahm und sogleich von der Gestalt der Kassandra gefangen genommen wurde. Es ist die ihrem sicheren Tod entgegen sehende Kassandra, die als Beute aus dem Trojanischen Krieg vor dem Palast der Klytaimnestra auf ihr Ende wartet, die Wolf als erzählerisches Medium dient. *Kassandra* ist von einer knappen auktorialen Rahmung abgesehen ein langer innerer Monolog der Protagonistin, die auf den Trojanischen Krieg und ihr individuelles Schicksal zurückblickt. Sie nimmt dabei die Perspektive eines Opfers ein, genauer: eines weiblichen Opfers des von männlicher Rationalität beherrschten geschichtlichen Denkens und Handelns. Im selben Jahr, in dem Wolf ihre Griechenlandreise macht, hat sie ihre Büchner-Preisrede gehalten, in der sie sich der von Theodor W. Adorno und Max Horkheimer gestellten Diagnose einer *Dialektik der Aufklärung* anschließt und erklärt: „Wir, ernüchtert bis auf die Knochen, stehn entgeistert vor den vergegenständlichten Träumen jenes instrumentalen Denkens, das sich immer noch Vernunft nennt, aber dem aufklärerischen Ansatz auf Emanzipation, auf Mündigkeit hin, längst entglitt und als blanker Nützlichkeitswahn in das Industriezeitalter eingetreten ist." (Wolf 1987, 612) Die westliche Zivilisation, ließe sich somit sagen, ist trotz des Aufklärungsprozesses unmündig geblieben, und es ist bezeichnend, dass Wolf an gleicher Stelle das Erwachsenwerden als „sehend werden" definiert.

Kritik der männlichen Rationalität

Als wesentliche Bedingung dieses Erkenntnisvorgangs ist der gender-Aspekt anzusehen. Wolfs quasi archäologische Recherchen auf den Spuren der historischen und literarischen Kassandra-Figur sind im Zusammenhang einer feministischen Musterung der abendländischen Geschichte zu begreifen. Der in der Büchner-Preisrede geäußerte Befund, dass ‚der Zustand der Welt ein verkehrter sei', führt sie zu der Frage, ob in der männlichen Erscheinungsform der Rationalität die Ursache für die beobachtete Dialektik der Aufklärung zu suchen ist. Entsprechend richtet sich ihre Aufmerksamkeit einerseits historisch auf den von Bachofen beschriebenen Transformationsprozess von der mutterrechtlichen zur patriarchalen Gesellschaft, andererseits systematisch auf die Merkmale einer ‚anderen Vernunft'.

Literaturhistorischer Revisionsprozess

In diesem Sinne ist *Kassandra* auch als konsequente Fortsetzung eines literaturhistorischen Revisionsprozesses zu sehen, den Wolf mit der Erzählung *Kein Ort. Nirgends* (1978) eingeschlagen hatte. Dieser Revisionsprozess galt der in der DDR verpönten Epoche der Romantik, die spätestens seit Lukács' *Zerstörung der Vernunft* unter Irrationalismus-Verdacht stand. Im literarischen Gewand der Erzählung *Kein Ort. Nirgends* wird am Exempel von Karoline von Günderode, Heinrich von Kleist und ihrem Kreis eine Umwertung solcher literaturhistorischen Urteile vorgenommen und zugleich die marginalisierte Position des Intellektuellen und Künstlers in der DDR gespiegelt. Wenn die erste der Frankfurter Vorlesungen mit der Verwendung der Begriffe ‚allmähliche Verfertigung', ‚Versehen' und ‚Zufall' gleich zu Beginn mehrfach auf Kleist anspielt, so ist die geistige Verbindung der beiden Erzählungen augenscheinlich. Wie in *Kein Ort. Nirgends* geht es Wolf auch in *Kassandra* um die kritische Dekouvrierung einer abendländischen Denktradition, deren verhängnisvoller Charakter unter den Bedingungen des Krieges am deutlichsten hervortritt. Kassandra eignet sich auch deswegen als erzählerisches Medium, weil ihre Außenseiterstellung sie dem Beobachterstandpunkt des Schriftstellers von vornherein ähnlich macht.

Schmerz der Subjektwerdung

Kassandra blickt zurück auf die Ereignisse des Trojanischen Krieges und ihre zunehmend kritischere Haltung der eigenen Seite gegenüber. Sie tritt ja keineswegs von Beginn an als kritische Instanz gegenüber der Politik des Palastes auf, vollzieht vielmehr einen Erkenntnisprozess, der an die Wahrnehmung der Widersprüche zwischen realen Verhältnissen und Herrschaftsideologie gebunden ist. Dieser Prozess der intellektuellen Emanzipation ist mit der Subjektwerdung Kassandras verkoppelt. Martin Bergelt hat letztere als das dialektische Modell „von unreflektierter Identität über Identitätsspaltung/-verlust zu reflektierter Identität" (Bergelt in Bürger 1986, 112) beschrieben. Ein entscheidender Faktor in dieser Entwicklung ist Kassandras Überwindung des Zwiespalts zwischen dem „Hang zur Übereinstimmung mit den Herrschenden" und der „Gier nach Erkenntnis". Letztere ist nur um den Preis der Aufgabe des ersteren zu erlangen. In diesen Prozess ist die Sehergabe Kassandras eingelagert, die ihr Apollo verliehen hat, indem er ihr in einem Traum in den Mund spuckte, eine quasi metonymische Ersatzhandlung für den von ihr verweigerten Beischlaf. Man kann es als Weg zur eigenen Stimme deuten, wenn Kassandra in einem späteren Traum eine Ekel erregende Kröte ausspeit und damit „über den Mund das ab[treibt], was aus der oralen/verbalen Vergewaltigung Apollons in ihr gewachsen war." (Delisle 2001, 38) Dieser „bildhafte Zusammenhang von Speichel, Ekel und Wissen macht die Erzählung erst als Entwicklungsvorgang lesbar." (Keller 1985, 172) Indem Kassandra die in ihren epileptischen Anfällen durchbrechende Seherkraft der eigenen ‚vernünftigen' Sprache fungibel machen kann, gewinnt sie eine durch die eigene Stimme vermittelte Identität. Ihre Subjektwerdung ist indes gleichbedeutend mit dem Verlust sowohl der sozialen als auch der familiären Integration.

Eumelos, ein Technokrat der Macht

Sie muss erkennen, dass ihr Vater König Priamos unter immer stärkeren Einfluss von Eumelos, dem Kommandanten der Palastwache gerät. An Eumelos demonstriert Wolf die geradezu idealtypische Laufbahn eines sozialen Aufsteigers, der mit sicherem Instinkt seine Karriere mit der Entwicklung der Machtverhältnisse verknüpft. Unter der Ägide von Eumelos wird die anfangs eher dekorative Palastwache zu einem Instrument der Unterdrückung und Machterhaltung umgeformt. Unter Vorspiegelung reiner Sicherheitsinteressen kann Eumelos so ein omnipräsentes Überwachungssystem etablieren, das sich unschwer als Modell der DDR-Staatssicherheit deuten lässt. Eumelos entpuppt sich als zynischer Stratege der Macht, der innenpolitisch am Paris-Mythos arbeitet, um sich den Thronfolger zu verpflichten, und außenpolitisch die Untaten Achills zur Perhorreszierung des Kriegsgegners instrumentalisiert. Für seine Logik des Lagerdenkens ist eine Gestalt wie Achill wie geschaffen, indem sie jede Differenzierung zu denunzieren erlaubt. Eumelos ist kein Fanatiker, er verkörpert den Typus des universal verwendbaren Technokraten der Macht. Er bewirkt letztlich den Bruch zwischen Kassandra und ihrem Vater, als sie sich weigert, dem Plan zuzustimmen, ihre Schwester Polyxena als sexuellen Lockvogel gegen Achill einzusetzen. Kassandra wird in ein Verlies gesperrt, aus dem sie erst nach der Verwirklichung des Plans, der Polyxena den Verstand kostet, entlassen wird.

Ambivalenz der weiblichen Gegenwelt

Seitdem sucht sie vorzugsweise die Nähe der weiblichen Gegenwelt am Fluss Skamander, in die sie durch ihre Dienerin Marpessa eingeführt wurde. Dort begehen die Frauen am Fuße des Berges Ida den Kybele-Kult. Wolf nutzt diese Begegnung Kassandras mit der weiblichen Alternativkultur zu einer Auffächerung verschiedener feministischer Positionen. Inmitten einer Topographie, die ersichtlich nach dem Modell des weiblichen Schoßes gestaltet ist, versammeln sich die Frauen zu einem bacchantischen Tanz, dessen schamlose Ekstase Kassandra mit Schrecken erfüllt und fliehen lässt. In dieser Konfrontation mit einer entfesselten weiblichen Körperlichkeit wird ihr die eigene Zugehörigkeit zur geistigen Welt deutlich bewusst. Kassandras Abwehrreflex spiegelt hier Wolfs entschiedene Distanzierung von allen rationalitätskritischen Positionen, die einem hemmungslosen Irrationalismus huldigen. In ihren Poetik-Vorlesungen hatte Wolf die Tendenz kritisiert, „wenn an die Stelle des Männlichkeitswahns der Weiblichkeitswahn gesetzt wird und wenn die Errungenschaften vernünftigen Denkens, nur weil Männer sie hervorgebracht haben, von Frauen zugunsten einer Idealisierung vorrationaler Menschheitsetappen über Bord geworfen werden." (Wolf 1983b, 115)

Arisbe und Penthesilea

Als positiver Gegenpol wirkt die als magna mater gestaltete Arisbe, die als Traumdeuterin von Kassandra und deren Mutter Königin Hekabe eine wichtige Funktion erfüllt. Arisbe empfiehlt Kassandra ihr ‚inneres Auge' zu öffnen und wird damit zur Initiantin für Kassandras Prozess der Selbsterkenntnis, indem sie sie lehrt, alle heteronomen Rollenzuweisungen zurückzuweisen und sich selbst anzuschauen. Als weitere weibliche Fraktion treten die Amazonen unter Führung von Penthesilea auf. Sie verkörpert einen militanten Feminismus, der seine Mission im Kampf gegen die Männer sieht. Arisbe weist in ihrem Streitgespräch mit Penthesilea auf den Selbstwiderspruch hin, der darin bestehe, das eigene Anderssein dadurch demonstrieren zu wollen, dass sie der männlichen Gewalt mit weiblicher Gewalt entgegentrete. Penthesileas Fanatismus geht indes noch einen Schritt weiter. Sie möchte, „dass alles aufhört", da sie keinen anderen Weg sieht, „dass die Männer aufhörn". Die Amazone entpuppt sich als apokalyptische Reiterin.

In der anschließenden Schlacht wird sie von Achill, dem „Todesengel des Patriarchats" (Cramer in Sauer 1983, 124) getötet, der ihre Leiche schändet. Dieses Ende ist zugleich dasjenige einer matriarchalen Geschichte.

Geliebter oder Held

Den Austritt der Frauen aus der Geschichte symbolisiert ebenso die Versenkung des Schlangenrings durch Aineas, als er und Kassandra sich trennen. Für die Seherin ist die Fortsetzung ihrer Beziehung mit Aineas nicht mehr möglich, weil sie seine notwendige Verwandlung in einen Helden voraussieht. Einen Helden aber, so sagt Kassandra, könne sie nicht lieben. Ihre Argumentation lässt sich auch umkehren: Der Eintritt in das geschichtliche Handeln, den Aineas mit der Gründung eines neuen Troja zu vollziehen bereit ist, wird ihm allein um den Preis einer Transformation seines Wesens gelingen, das ihn der Liebesfähigkeit und Liebenswürdigkeit beraubt. Was im Privaten die Liebe unmöglich macht, das raubt im Gesellschaftlichen dem Leben selbst die Basis. Auf ihre Hinrichtung wartend wird Kassandra von ihrem griechischen Wagenlenker nach der Zukunft Mykenes befragt: „Ich sage ihnen: Wenn ihr aufhörn könnt zu siegen, wird diese eure Stadt bestehn. Gestatte eine Frage, Seherin – (Der Wagenlenker.) – Frag. – Du glaubst nicht dran. – Woran. – Daß wir zu siegen aufhörn können. – Ich weiß von keinem Sieger, der es konnte. – So ist, wenn Sieg auf Sieg am Ende Untergang bedeutet, der Untergang in unsere Natur gelegt. Die Frage aller Fragen. Was für ein kluger Mann. Komm näher, Wagenlenker. Hör zu. Ich glaube, daß wir unsere Natur nicht kennen. Daß ich nicht alles weiß. So mag es, in der Zukunft, Menschen geben, die ihren Sieg in Leben umzuwandeln wissen. In der Zukunft, Seherin. Ich frage nach Mykenae. Nach mir und meinen Kindern. Nach unserm Königshaus. Ich schweige. Seh den Leichnam seines Königs, der ausblutet wie ein Stück Vieh beim Schlächter. Es schüttelt mich. Der Wagenlenker, bleich geworden, tritt zurück. Ihm muß man nichts mehr sagen." Diesem Fluch der Wiederholung hat sich in Kassandras Augen letztlich auch Aineas unterworfen.

Anchises als Statthalter der Konkreten Utopie

Wenn man nach dem utopischen Gehalt von Wolfs *Kassandra* fahndet, so stößt man unter dem zahlreichen Personal der Erzählung interessanterweise auf eine männliche Gestalt, denn mehr noch als Arisbe oder Kassandra scheint Aineas' Vater Anchises einen Gegenentwurf zu den todesverfallenen Verhaltensweisen der Herrscher, Krieger und Gefolgsleute darzustellen. Anchises ist ein heiterer Weiser, der in sich idealtypisch Vernunft und Natur zum Ausgleich gebracht hat. Sein durchgeistigter Körper zeugt von der Symbiose seines luziden Verstands und seiner sympathetischen Sensitivität. Er ist der Lehrer Kassandras, der mit überlegenem Spott die Geschichtsklitterungen der Palastschreiber entlarvt und die psychischen Wurzeln von Eumelos' Machttrieb durchschaut. Seine Einsichten in den gesellschaftlichen Funktionsmechanismus und in die persönlichen Handlungsmotive machen ihn jedoch nicht zu einem Zyniker wie Kassandras Priesterkollegen Panthoos, sondern bestärken ihn in seinem überlegenen Humor. Da er in seinen ideologiekritischen Deutungen immer auch die Macht der Verhältnisse berücksichtigt, hält er trotz aller Erfahrungen an den pädagogischen Idealen der Aufklärung fest, die er in die Maxime fasst: „Eh er tot ist, soll man keinen Menschen für verloren geben." Das utopische Potenzial von Anchises manifestiert sich auch darin, dass sich seine Haltung mit Schlüsselbegriffen aus dem Werk von Ernst Bloch verknüpfen lässt. Jedenfalls erscheint seine Lehre, „wie man mit beiden Beinen auf der Erde träumt", als eine genaue Entsprechung zu Blochs Kerngedanken von der konkreten Utopie, und wenn Anchises als Holzschnitzer sich mit jedem Baum ausführlich bespricht, den er fällt und dem er eine verwandelte Fortexistenz zusichert, bietet sich der Blochsche Begriff der ‚Naturallianz' an. Schließlich wird die Figur des Anchises noch dadurch hervorgehoben, dass Wolf ihr die eigene poetologische Utopie in den Mund legt. Wenn Anchises in der Gegenwelt am Skamander „einen schmalen Streifen Zukunft" sieht, so ist dies ein annähernd wörtliches Zitat aus Wolfs Essay *Lesen und Schreiben* (1968), in dem sie die Intention ihrer epischen Prosa als Versuch, „Zukunft in die Gegenwart hinein vorzuschieben" (Wolf 1987, 490), interpretiert.

Orale Überlieferung

Konstitutiver Bestandteil einer lebenswerten Zukunft ist Kassandra zufolge auch die richtige Form der Überlieferung. Hier macht sich der gender-Aspekt auf interessante Weise noch einmal geltend. Als sich für Kassandra die Frage nach der Weitergabe ihrer Erfahrungen stellt, möchte sie statt eines Schreibers die „eine junge Sklavin mit scharfem Gedächtnis und kraftvoller Stimme" verlangen, die, „was sie von mir hört, ihrer Tochter weitersagen darf. Die wieder ihrer Tochter, und so fort." Kassandra entwirft also als Alternative zur schriftsprachlichen männlichen Geschichtsschreibung, die für sie eine Überlieferung der Sieger ist, das „winzge Rinnsal" einer auf Oralität beruhenden weiblichen Überlieferung, die die Schmerzspur der Opfer bewahrt. Schon kurz davor stellte Kassandra die Überlegung an, dass auf den „Täfelchen der Schreiber" bloß „die Buchführung des Palastes" überliefert werde, es für Schmerz, Glück oder Liebe aber keine Zeichen gebe. Dem korrespondiert ihre Erinnerung an die weibliche Gegenwelt am Skamandros, wo die Frauen, „der Schrift nicht mächtig", sich durch Bild- und Körpersprache zu ‚verewigen' trachteten. Schon Gerhard Neumann stellte diesen Zusammenhang her und meinte, es gehe Wolf darum, „gegen die männliche Sprachzitadelle die Archäologie der weiblichen Stimme zu setzen, jene Stimme sich behaupten zu lassen, die als subversives Zeichen gegen eine Männerkultur ihren Klang entfaltet." (Neumann in Mauser 1985, 248) Hierin findet die von Kassandra früh geäußerte Sentenz: „Vor den Bildern sterben die Wörter" ihre konsequente Einlösung. Zudem spiegelt sich in diesem Vertrauen auf die Lebensfülle und die Authentizität des Körpersprachlichen Kleistsches Erbe.

Erzählen als Utopie

Auf das Modell der geschichtliche Erfahrung bewahrenden Oralität ließe sich schließlich auch die am Anfang von *Kassandra* stehende sentenzhafte Äußerung: „Mit der Erzählung geh ich in den Tod" beziehen. Es ist ergänzend darauf hingewiesen worden, dass Kassandra auch eine Weidengerte, die sie aus ihrem Korbgefängnis gebrochen hatte, mit auf ihren letzten Gang genommen habe. Im Verlauf des Textes begegnet die Weidengerte mehrfach und fungiert als „Metapher für den Kampf gegen den Tod und das Vergessen." (Delisle 2001, 72) Der Weidengerte kommt dabei insofern eine utopische Funktion zu, als ihre Herauslösung einen schwachen Lichtschein in Kassandras Gefängnis eindringen lässt. Für M. Delisle verbürgt die Parallelität zwischen Weidengerte und Erzählung den utopischen Gehalt von Sprache. „Mit der aus dem Geflecht herausgelösten Weidengerte drückt C. Wolf ihren Glauben an die aufklärerische Funktion von Sprache aus." (Delisle 2001, 75)

In dieser Bildlichkeit mag ein Ansatzpunkt liegen, einen von Wolf selbst thematisierten Widerspruch zu lösen. In den *Voraussetzungen* hat Wolf davon gesprochen, sie „empfinde die geschlossene Form der Kassandra-Erzählung als Widerspruch zu der fragmentarischen Struktur, aus der sie sich zusammensetzt." Der Eindruck der Geschlossenheit rührt von der weitgehend durchgehaltenen Erzählperspektive des inneren Monologs her. Mit ‚fragmentarischer Struktur' meint Wolf wohl die komplexe Zeitstruktur dieses Monologs, die zwischen Erzählgegenwart, Vergangenheit und durch Präsensgebrauch vergegenwärtigter Vergangenheit hin und her springt. Jedenfalls besitzt Wolfs Erzählung *Kassandra* eine hohe ästhetische Kohärenz, die erzähltechnisch von dem dichten Netz motivischer Verknüpfungen bis zu dem überzeugenden Modellcharakter ihrer Antike-Rezeption reicht. Ich denke, man muss die ästhetische Geschlossenheit von Wolfs *Kassandra* nicht als Äquivalent einer „holistischen Geschichtskonstruktion" (Preusser 2000, 97) werten, sondern könnte vom Bild des Geflechts ausgehend die Erzählung als Bestandteil eines Rhizoms betrachten, als einen unter unendlich vielen möglichen hervorgetriebenen Zweig mythologischer Fortschreibung. In diesem Sinne könnte man in *Kassandra* zugleich eine ästhetisch in sich geschlossene Erzählung wie auch ein Fragment des mythologischen Erzählkosmos sehen, mit dem Wolf den Spuren Th. Manns folgend ihren eigenen Beitrag zu einer ‚Umfunktionierung des Mythos' (Wolf 1983b, 104) leisten wollte.

Fragment und geschlossene Form

7. Ästhetik des Geselligen. Hanns-Josef Ortheil: *Schwerenöter*

Hanns-Josef Ortheils Roman *Schwerenöter* (1987) kann als der bis heute ambitionierteste Versuch eines Zeitromans betrachtet werden, der die Geschichte der Bundesrepublik Deutschland vom Ende des 2. Weltkriegs bis über die Mitte der 80er Jahre hinaus literarisch gestaltet. Die 1989 folgende Wende macht den Roman ex post zu einer Art Resümee der Entwicklung des westlichen Teil Deutschlands. Ortheil, promovierter Germanist, knüpft mit seinem *Schwerenöter* an die Tradition des Bildungs- und Entwicklungsromans an, integriert aber ebenso Elemente des Schelmen- und des Künstlerromans. Schon die Ausgangssituation zeigt den konstruktiven Charakter des Buchs.

Zeitroman

Der Protagonist Johannes ist eine Kunstfigur, in deren überdimensionalem Schädel sich nicht allein die historische Erfahrung der bundesdeutschen Nachkriegsgeneration konzentriert, sondern der gleichsam das Reservoir eines kollektiven Gedächtnisses bildet, das noch den Zusammenstoß von Römern und Germanen zum integralen Bestandteil der subjektiven Erfahrungswirklichkeit hat. Johannes ist der Zweitgeborene eines Zwillingspaars. Sein Bruder heißt Josef und wird als Frohnatur bezeichnet, während der Ich-Erzähler Johannes der Melancholie zuneigt.

Kunstfigur als Protagonist

Gleich im 1. Kapitel wird als Synonym für die melancholische Grundhaltung der Begriff der ‚schweren Not' eingeführt, den der Ich-Erzähler seinem Kollektivgedächtnis entnimmt. In dem titelgebenden Zentralkapitel entfaltet Johannes die geschichtliche Erscheinungsform und Phänomenologie dieses

Phänomenologie des Schwerenöters

Typus. Ausgehend von der Behauptung: „Das Schwerenötertum erklärt mir die deutsche Geschichte, den deutschen Geist, ja selbst noch die Gegenwart!" (Ortheil 1987, 340) entwirft Johannes eine charakterologische Interpretation der geschichtsmächtigen deutschen Intellektuellen von Walther von der Vogelweide über Luther und Goethe bis zu Nietzsche, die sie allesamt als Vertreter dieses Typs erscheinen lässt. In seiner ‚Disputation' mit dem Direktor einer politischen Förderungseinrichtung nennt Johannes die Faust-Figur „einen Schwerenöter par excellence [...], an dem beide Momente dieses Typus zu erkennen sind, das Melancholisch-Tiefsinnige wie das Leichtsinnig-Schürzenjägerhafte." (ebd. 341) Unter dem Aspekt dieser inneren Bipolarität wird auch die intellektuelle Biographie von Johannes als eine schwerenöterische und damit exemplarische entzifferbar. Sein Leben erweist sich als Abfolge von Verwandlungen, die nach dem Prinzip der Pendelbewegung von einem Extrem ins andere ausschlagen.

Analogie von Biografie und Geschichte

Zunächst erwählt sich der vaterlose Johannes Adenauer als Wunschvater und bezieht dessen Politik auf die eigene Lebenssituation. Schon hier wird der Modellcharakter der Lebensläufe von Josef und Johannes sichtbar, sind doch ihre psychischen Voraussetzungen nach den Beobachtungen in Alexander Mitscherlichs Werk *Die vaterlose Gesellschaft* gebildet. Es ist eines von Ortheils Erzählprinzipien im *Schwerenöter*, Stichworte aus dem öffentlichen Leben aufzugreifen und sie in der privaten Lebenssituation seines Protagonisten zu konkretisieren. So deutet Johannes etwa die ständigen Auseinandersetzungen mit einer Nachbarsfamilie als ‚Kalten Krieg', ahmt Adenauers legendären Schritt auf den Teppich nach, indem er aus seinem Gitterbett und bis zum Wohnzimmerteppich krabbelt, um sich dort vor den übrigen Familienmitgliedern erstmals aufzurichten oder bezieht Adenauers Entscheidung gegen das Wiedervereinigungsangebot Stalins auf sein spannungsvolles Verhältnis zu seinem Bruder, von dem er bei einer Tante getrennt lebt. Durch diese Tante und durch seinen Onkel Jupp, hinter dem sich Joseph Beuys verbirgt, wird Johannes bald mit dem Reich der Musik, Kunst und Literatur vertraut gemacht. Es ist einer der erzählerischen Höhepunkte in Ortheils Roman, wenn er Johannes' Lektüre der Schlacht in Etzels Burg im *Nibelungenlied* mit der Radioberichterstattung über das Endspiel der Fußballweltmeisterschaft Deutschland-Ungarn 1954 in Bern überblendet. Zur Schulausbildung kommen Johannes und Josef wieder zusammen. Sie besuchen eine benediktinische Klosterschule und machen in dieser Zeit eine gemeinsame Amerikareise. Am Tag vor ihrem Rückflug wird John F. Kennedy ermordet, was zu einem Ausbruch von Deutschenhass bei ihrem jüdischen Gastgeber führt. Josef beginnt sich nun für Politik zu interessieren und beschäftigt sich intensiv mit dem Dritten Reich. Johannes übernimmt von ihm als neuen Wunschvater Willy Brandt. Politische Zusammenstöße mit den Lehrern und erste sexuelle Abenteuer machen ihre Position in der Klosterschule unhaltbar. Josef beginnt ein Soziologiestudium in Frankfurt bei Adorno, während Johannes auf den Spuren Goethes nach Rom geht. Dort lernt er das amerikanische Blumenmädchen Cindy kennen und verwandelt unter ihrem Einfluss die katholische Pension, in der er eine Hausmeisterfunktion übernommen hat, in eine Hippie-Kommune. Um die Renovierung zu bezahlen, arbeitet er als Küchenhilfe und entwickelt kulinarischen Geschmack.

,Geschichte schreiben' mittels sprachlicher Gesten

Als Johannes nach Deutschland zurückkehrt, gerät er in Frankfurt sofort in eine Vietnam-Demonstration und wohnt einer Adorno-Vorlesung bei. Johannes lebt in einer Wohngemeinschaft, in der die wichtigsten Fraktionen der Studentenbewegung vertreten sind. Nach dem Attentat auf Dutschke bricht er spontan nach Berlin auf. Unterwegs wird Johannes mit dem Hass der normalen Bevölkerung konfrontiert. In einer kunstvollen Collage aus Werbesprüchen und Äußerungen des ,gesunden Volksempfindens' demonstriert Ortheil den gesellschaftlichen Verblendungszusammenhang im öffentlichen Bewusstsein der späten 60er Jahre. „Die *Gammler* hätte man gleich hinter Schloß und Riegel setzen müssen. Und diese Beatmusik hätte erst gar nicht übers Radio laufen dürfen. Kanaken! Zackzack! Haare ab! *Rennie* beugt vor, *Rennie* räumt den Magen auf. [...] Heut abend werden wir einen heben, einen extra, und später noch einen *Bommerlunder*, damit es gut bekommt. Ein Schluck Wohlbehagen. Damit sie wieder so einen erwischen, so eine Duckmäusersau. Wie kann man nur *Ohnesorg* heißen! Sicher ein Deckname! Ein Spion, ein Aas aus dem Osten. *Schwarzer Kater* – nicht schlecht!" (ebd. 432) Die sich nun überschlagenden politischen Ereignisse zwischen den Springer-Blockaden und der Wahl Willy Brandts setzt Ortheil erzählerisch in dem Kapitel *Hauptstrom* in eine dithyrambische Sprache um. Die akzelerierte Schreibweise erscheint als ein adäquates ästhetisches Verfahren, auf diejenige Weise ,Geschichte zu schreiben', wie sie sich in der Wahrnehmung der Zeitgenossen vollzog. Die stilistische Diversifizierung des Erzählens ist einerseits der Rhythmik der geschilderten Ereignisse oder Bewusstseinslagen geschuldet, andererseits eine Konsequenz der inneren Polarität des schwerenöterisch-melancholischen Charakters. In seinen Reflexionen über ein mögliches ,Programm des Romans' kommt Ortheil vom Gedanken einer anzustrebenden Universalität her zu einer inhaltlichen Rechtfertigung dieser stilistischen Polarisierung. „Der Roman ist in diesem Sinne der *Gestus verschiedener Sprachen*, seine Anstrengung zielt auf Totalität, auf Weite, darauf, einen ganzen Kosmos von Weiten einzuholen und zu umkreisen." (Ortheil 1990, 35)

Kreisstruktur und ,phantastischer Realismus'

Josef reagiert auf die Verschärfung des innenpolitischen Konflikts zuerst mit einem Engagement für die Kritische Universität, nach seiner Festnahme bei den Anti-Springer-Demonstrationen sucht er jedoch den Kontakt mit dem Proletariat und wird Arbeiter bei Opel. Johannes zieht sich von der revolutionären Politik zurück und besucht die Musikhochschule. Bei einem Konzert in Paris lernt er eine Portugiesin kennen, der er nach Lissabon folgt. Er wird dort Zeuge der so genannten Nelkenrevolution, die auf unblutige Weise die autoritäre Herrschaft Caetanos beendet. Als Johannes wieder nach Deutschland kommt, zieht er in eine alternative Landkommune ein. Bei einer Razzia auf Sympathisanten der RAF wird er verhaftet, erleidet einen traumatischen Schock und findet sich im Krankenhaus wieder. Sein Bruder Josef ist nach der Ermordung des Arbeitgeberpräsidenten Schleyer durch die RAF zum Reformpolitiker geworden. Als Johannes sich zur Selbstbesinnung nach Venedig begibt, erkennt er seinen Bruder im Fernsehen unter den ersten Bundestagsabgeordneten der neuen Grünen Partei. Hier erfolgt nun endlich die Identifikation des Bruders Josef als Joschka Fischer. Johannes reagiert auf die Wandlung seines Bruders zum Realpolitiker mit dem Entwurf eines ,phantastischen Realismus', in dem man zugleich das ästhetische Programm von Ortheils *Schwerenöter* sehen kann. Der Roman endet mit der Wiedergeburt von Johannes als Schriftsteller, dessen erster Satz zugleich der letzte und der erste Satz des *Schwerenöter* ist.

Selbstproduktion zum Schriftsteller

Die Entpuppung von Johannes als Schriftsteller integriert zugleich das weite Spektrum der verschiedenen durchgespielten Rollen. Aktionskünstler, Klosterreformator, Hippie, Revolutionär, Musiker sind Stationen eines Entwicklungsprozesses, in denen sich die extrem polaren Anlagen des Schwerenöters realisieren konnten. In seiner Nachbemerkung zum *Schwerenöter* hat Ortheil darauf hingewiesen, dass das Ich des Protagonisten „kein fester Pol" sei, sondern einen „Reigen der Verwandlungen" (ebd. 43) durchlaufe, der in der mimetischen Anverwandlung und dekouvrierenden Überbietung verschiedener Lebensmodelle bestehe. In spielerischer Form eignet sich Johannes weltanschaulich oder kulturell motivierte Verhaltensweisen an, die er im Sinne gesellschaftlichen Probehandelns als Stufen eines Bildungsprozesses absolviert und deren Substanz dabei mittels einer naiv-begeisterten Selbstüberantwortung verzehrt. In dieser Parzivals Rittereuphorie verwandten Identifikationsbereitschaft von Johannes liegt die erzählerische Ironie verborgen, die den *Schwerenöter* zu einer „Travestie auf den traditionellen Bildungsroman" (ebd. 42) macht. Der Bildungsweg von Johannes, den man vielleicht eher als Selbstproduktion bezeichnen kann, ist daher mehr als „pure Kontingenz" oder ‚Selbstdekonstruktion' (Preußer in Fischer/Roberts 2001, 117 u. 120), sondern terminiert in einer Utopie poetischer Wiedergeburt. Sie wird zum einen von der Idee der sozialen Plastik repräsentiert, die Johannes bei Joseph Beuys kennen lernt. Beuys' Definition der Plastik als Balance zwischen zwei Kraftrichtungen entspricht strukturell der Gemütspolarität des Melancholikers. Ortheil liefert nun im *Schwerenöter* ein Bildnis des Intellektuellen als soziale Plastik und überträgt die ästhetische Theorie von Beuys, der ja die Differenz von Kunst und Leben aufheben wollte, konsequent auf die Lebenspraxis.

Utopie der schönen Geselligkeit

Als gesellschaftliches Äquivalent zur sozialen Plastik erscheint die Utopie der schönen Geselligkeit, die Johannes durch den römischen Rechtsanwalt und Weltmann Cesare Caterino praktisch und durch Theodor W. Adorno theoretisch vermittelt wird. Von Caterino erlernt Johannes die hohe Kunst der frei flottierenden Konversation, das heißt eines Sprechens um des Sprechens willen, das der Herausbildung einer unverwechselbaren gestischen, mimischen und rhetorischen Manier dient und die geistige Freiheit des Sprechenden durch den spielerischen Wechsel der Meinung beglaubigt. Caterino breitet vor Johannes eine Typologie menschlichen Verhaltens aus, die er auf die Grundfiguren des Religiösen, Ethischen und Ästhetischen zurückführt. Im Unterschied zu den beiden ersten behandelt der *uomo estetico* „die Welt insgesamt so, als sei sie lediglich um ihrer Gestalt, ihrer Form willen da." (Ortheil 1987, 355) In Johannes' Verständnis bedarf allerdings diese ästhetizistische und an Nietzsches Artisten-Evangelium gemahnende Position einer sozialen Rückbindung, um der Gefahr des Solipsismus zu entgehen. Es ist somit gerade die Geselligkeit, die aus dem *uomo estetico* einen *uomo universale* macht, der sich als ganzer Mensch im Akt *schöner Geselligkeit* selbst erzeugt. Ortheil hat in seinem Aufsatz *Suchbewegungen der >Lehrjahre<* auf das historische Kommunikationsmodell hingewiesen, das dem Entwurf der schönen Geselligkeit als Quelle gedient haben könnte. Es ist Schleiermachers *Versuch einer Theorie des geselligen Betragens*, deren Intention Ortheil resümiert: „Schleiermacher dachte sich also die Geselligkeit eines produktiven Kreises, eines Kreises schöpferischer Menschen, als eine Art von Prozeß, der seinen Ziel und Zweck schon in sich selbst habe." (Ortheil 1985, 54) Damit das Ziel eines „freie[n] Spiel[s] der Gedanken und Empfindungen, wodurch alle Mitglieder einander gegenseitig aufregen und belehren" (Schleiermacher 1981, 10), erreicht werden kann, bedarf es der Einhaltung des Gebots der *Schicklichkeit*, welches besagt, dass „nichts angeregt werden soll, was nicht in die gemeinschaftliche Sphäre Aller gehört." (ebd. 12) Freies Gedankenspiel und Schicklichkeit bilden als „Selbsttätigkeit und Selbstbeschränkung" (ebd. 15) die Bedingung zur Konstitution einer Gesellschaft als eines Ganzen. Schleiermachers Rekurs auf die Kategorie der Ganzheit ist offenbar seiner theoretischen Intention geschuldet, „das gesellige Leben als ein Kunstwerk konstruieren" (ebd. 6f.) zu wollen. Unter den von Dilthey mitgeteilten Apophthegmata zum Themenkreis der Geselligkeit aus Schleiermachers Tagebuch gibt es auch eine Sentenz, die andeutet, wie das Modell der Gesprächskultur dialektisch in ein gesellschaftliches umschlagen kann. „Man muß sich an den Einzelnen wenden und auch an's Ganze. Daraus folgt, daß die Erzählung schlechterdings dialogisch sein muß, und der Dialog epidemisch." (ebd. XXV)

Adornos ‚taktvolle' Vortragsmanier

Als Statthalter der schönen Geselligkeit im Roman erscheinen die Gestalt und das Denken Adornos, dessen Vorlesung über die Philosophie der Kunst Johannes primär als ästhetische Erfahrung erlebt. „Sein Vortrag handelte nicht nur von der Ästhetik, er war selbst ein ästhetischer. [...] Und dazu diese Stimme! [...] Ich schloß die Augen und ließ die Musik an mir vorüberrauschen. Rom war sehr nahe, Körper und Geist berührten sich." (Ortheil 1987, 400f.) Es ist zu beachten, dass Johannes sich zunächst – um den Schleiermacherschen Begriff zu verwenden – der *Manier* von Adornos Vortragsweise öffnet, dass er ihr ‚Vorüberrauschen' als musikalisches Erweckungserlebnis erfährt. Die zentrale Kategorie zum Verständnis von Adornos Anliegen ist ihm denn auch der *Takt* oder wie es an anderer Stelle heißt: *die neue Zärtlichkeit*. Johannes begreift in dieser spezifischen Äußerungsform das Wesentliche auch von Adornos intellektueller Intention. „Das *Taktgefühl* war das Geheimnis von Adornos Sprechen und Denken [...] und zielte auf nichts anderes als die sanfte Annäherung von Vernunft und Sinnlichkeit, Idee und Phantasie." (ebd. 403) Erst die ästhetische Erfahrung des Takts als sinnliche Phänomenalität der Gedankenbewegung disponiert Johannes zur intellektuellen Erkenntnis.

Adornos *Iphigenie*-Vortrag

So wird ihm Adornos Ankündigung, an der FU Berlin einen Vortrag über Goethes Klassizismus zu halten, zum ausschlaggebenden Motiv, in Deutschland zu bleiben. Dem *Herrn der Gelehrten* zum zweiten Mal lauschend, versteht Johannes nun die schöne Geselligkeit als inhaltliches Äquivalent von Adornos taktvoller Vortragsweise. Johannes begreift zudem sehr genau, dass Adornos Deutung der *Iphigenie* nicht von einem bloß literaturhistorischen Erkenntnisinteresse angeleitet ist, sondern sich als Plädoyer für die schöne Geselligkeit an seine gegenwärtigen Zuhörer richtet. „Ich verstand, ich verstand jedes Wort. Wie taktvoll hatte Adorno den Kommilitonen den Weg zu einem geselligen Dialog gezeigt!" (ebd. 441) Um Adornos Botschaft einer taktvollen Kommunikation zu beglaubigen, schlägt Johannes der Kommilitonin den roten Gummi-Teddy, mit dem sie zum Rednerpult vordringen will, aus der Hand. „*Die taktlose Provokation!* [...] Ich schlug ihr das hässliche, rote Monstrum aus der Hand [...]. Adornos Empörung hatte sich gelegt, er war jetzt ganz ruhig, während er in seiner Seele wiederholen mochte, wie edel auch ich mich gegen ihn betragen, von meiner Ankunft bis an diesen Tag ..." (ebd. 442) Der Ich-Erzähler springt an dieser Stelle in zwei vorgeprägte Rollen. Zum einen paraphrasieren die letzten Formulierungen die Worte des Königsboten Arkas in Goethes *Iphigenie* über das Verhalten des Thoas gegenüber der Protagonistin, zum anderen schlüpft Johannes in die historische Rolle eines Studenten, der am 7. Juli 1967 die symbolische Überreichung des roten Teddy an Adorno verhinderte.

Taktvolle Provokation

Es ist hier angebracht, die heiklen Umstände von Adornos Vortrag kurz zu rekapitulieren. Adorno hatte sich im unmittelbaren Vorfeld geweigert, eine gutachterliche Stellungnahme zum satirischen Flugblatt der Kommune I abzugeben oder, statt über Goethe zu sprechen, eine politische Diskussion zu veranstalten. So verwundert es nicht, dass Johannes etwas beunruhigt feststellen muss, dass sich ein massiver Widerstand gegen Adornos Vortrag formiert hat. Es ließe sich indes die These aufstellen, dass Adornos Themenwahl eine untergründige Dialektik eignet, die von geradezu brillanter Raffinesse ist. Der mutmaßlichen Konfrontation mit einer taktlosen Provokation in dieser Situation durchaus gewärtig, mag Adorno seinen Vortrag über Goethes Klassizismus in bestimmter Negation dazu als ‚taktvolle Provokation' konzipiert haben. Bereits der Titel *Zum Klassizismus von Goethes Iphigenie* bündelte in herausfordernder Weise mit dem Namen Goethe, mit dem Begriff des Klassizistischen und mit dem kanonischsten aller deutschen Dramen Insignien des Statuarischen, des Denkmalhaften, das in keinem krasseren Gegensatz zur herrschenden revolutionären Stimmung gedacht werden konnte. Kurzum, Adornos *Iphigenie*-Vortrag war nichts anderes als eine gezielte Provokation, die sich eine von ihm verworfene Strategie anverwandelte, um sie mittels ihrer dialektischen Umformung zum Medium eines alternativen Konzepts gesellschaftlicher Emanzipation zu machen. Im Romankontext erscheint die Deutung der *Iphigenie* als ein in sinnlich-intellektueller Diskursform dargebotenes Modell der schönen Geselligkeit als der radikale Gegenentwurf zu der dozierenden und unsinnlichen Rhetorik der SDS-Ideologen, deren besserwisserische Selbstdarstellungen Johannes als „das Philiströse *schlechthin*" (ebd. 421) empfindet.

Leitmotivische Funktion der *Negativen Dialektik*

Ortheils Roman lässt Johannes in Portugal die Erfahrung einer geglückten geschichtlichen Realisierung dieses alternativen Konzepts machen, wenn er die Nelkenrevolution von 1974 explizit als „*taktvolle* Revolution" (ebd. 569) bezeichnet, als wenigstens ephemere Herstellung einer das gesellschaftliche Ganze umgreifenden Versöhnung von Körper und Geist. Die Bedingung dieses Glückens besteht darin, den Augenblick zur Verwirklichung eines Ganzen nicht zu versäumen. So formuliert, fallen das Streben nach Glück und die Bestimmung von Philosophie, wie sie der erste Satz in Adornos *Negativer Dialektik* vornimmt, in eins: „Philosophie, die einmal überholt schien, erhält sich am Leben, weil der Augenblick ihrer Verwirklichung versäumt ward." (Adorno 1973, 15) Dieser Satz wird Johannes zum Leitsatz der Deutung seiner eigenen Lebensgeschichte. Adornos Sentenz ist deshalb zum autobiographischen Interpretament für Johannes prädestiniert, weil sie seiner tiefsten seelischen Verletzung korrespondiert. In seinem Kommentar zum *Schwerenöter* führt Ortheil aus: „das ist das große Trauma des Erzählers: er ist einmal in seinem Leben, zu einem entscheidenden Zeitpunkt, zu spät gekommen, er hat sich versäumt, er war der Zweitgeborene" (Ortheil 1990, 41). Die Identifikation von Johannes mit der Ausgangslage der Philosophie führt in dem Kapitel *Furor* so weit, dass er sich als „ein Mitverfasser der *Negativen Dialektik*" (Ortheil 1987, 603) begreift. Er versteht dieses Werk als „den Schlüssel zu einer schleichenden Umwälzung der Gehirnmassen" und seine Denkbewegung als ein Kreisen, bei dem etwas „herauskam, was innerhalb des Kreisens überhaupt noch nicht gedacht worden war..." (ebd. 422) Johannes erprobt diese kreisende Bewegung am ersten Satz der *Negativen Dialektik* selbst, indem er ihn in teils ernstgemeinten, teils scherzhaften Variationen auf die verschiedensten Situationen bezieht. Aber erst in der Bewusstseinskrise, die nach dem Attentat auf Dutschke als individueller Reflex der historischen Krise aufbricht und durch einen melancholischen Schub verschärft wird, glaubt Johannes Adornos Satz richtig auf sich anwenden zu können. Sein fiebriges Traumbild konfrontiert ihn mit einer Ich-Spaltung, die er auf die grundlegende Körper-Geist-Antinomie bezieht. Seine beiden getrennten Selbste „fixieren sich gegenseitig, das sind Körper und Geist, [...] die Phantasie eilt den Gedanken davon, das ist grausam, so daß ich den Satz Adornos, Philosophie erhalte sich am Leben, weil der Augenblick ihrer Verwirklichung versäumt ward, jetzt erst verstehe, denn die von der Wirklichkeit abgewiesene Phantasie entzündet sich" (ebd. 473). Auf die Aufhebung dieser Trennung zielt die erzählerische Anstrengung des Ichs, dieser „Kopfgeburt, die sich versäumt hatte" (ebd. 600): „Schreibend also will er sich gleichsam wieder als Person zusammensetzen [...]. Die beiden Bruderhälften sollen wieder zusammengeführt werden, das ist der Antrieb seiner sprachlichen Raserei" (Ortheil 1990, 39).

Poetische Wiedergeburt

Das Gelingen dieser Intention beglaubigt der *Schwerenöter* mit seiner eigenen Existenz. Das Schlusskapitel *Wiedergeburt* endet mit dem ersten Satz des Romans, um seine scheinbare Realität als wirkliche Fiktion kenntlich zu machen. In der Fantasie inkorporiert sich der Erzähler den Bruder, da einzig seine Verwandlung in Literatur ihm Bestand verleiht. „Nein, die Taten meines Bruders hatten keinen Bestand. [...] Dauer hatte ihren Beutezügen der *Traum* verliehen, der Traum eines weitausholenden *Gesangs*... Ich musste mich unverzüglich an die Arbeit machen." (Ortheil 1987, 642) So mündet der neuerliche Ausbruch der geistigen und körperlichen Krise des Erzählers in „einen Umbruch des Denkens, eine neue Zeugung, eine Art *Wiedergeburt*." (ebd. 633) Es ist eine Wiedergeburt, die ihn eigentlich überhaupt erst hervorbringt, denn es ist seine Geburt als Schriftsteller. Als solcher vermag er durch den Akt des Schreibens ein Versäumtes nachzuholen, indem er „das Projekt eines ästhetisch-erotischen Lebens in eine adäquate literarische Form zu überführen versucht" (Egyptien in Vom gegenwärtigen Zustand 1992, 12), selbst Zeugender und Gebärender wird und somit eine Einheit stiftet, in der es kein ‚zu spät' geben kann. So gesehen bildet also der erste Satz der *Negativen Dialektik* die Folie für die Entfaltung des Schreibakts, der die Ich-Spaltung aufhebt. Wenn bei Adorno unausgesprochen das Versprechen der Philosophie auf Verwirklichung mitschwingt, so beansprucht der *Schwerenöter*, gerade in der Preisgabe an die melancholischen Schübe einen Weg dorthin gefunden zu haben. Johannes erscheint es rückblickend, dass „das Schwerenötertum weniger ein Hindernis als eine Bedingung des Glücks“ (ebd. 635) sei. Ein Ort seiner Erfahrung ist dabei die ästhetisch-erotische Geselligkeit, die Körper und Geist, Spiel und Ernst vereint und Produktionsstätte wie Resultat der Autonomie des Subjekts ist. Solange ihre Verwirklichung noch versäumt wird, kann einzig die Kunst diesen Ort bilden. Ortheils *Schwerenöter* vermag in seinen sprachlich dichtesten Passagen die ästhetische Erfahrung dieser Einheit zu vermitteln. In einem Kapitel wie *Hauptstrom* geht die Formung des sprachlichen Materials ganz in der synästhetischen Vergegenwärtigung des Gestalteten auf. Hier waltet im Medium der Sprache jene neue Zärtlichkeit, von der Adorno im Blick auf *Iphigenie* gesagt hat: „Sprache findet ihre Autonomie nicht länger durch Selbstbehauptung, sondern durch Entäußerung an die Sache, der sie innig sich anschmiegt.“ (Adorno 1974, 504)

Kommentierte Bibliografie

Werkausgaben

Andersch, Alfred: Gesammelte Werke in zehn Bänden. Hg. v. Dieter Lamping. Zürich 2004.

Bachmann, Ingeborg: Werke. Hg. v. Christine Koschel, Inge v. Weidenbaum u. Clemens Münster. München u. Zürich 1978.

Bobrowski, Johannes: Gesammelte Werke in sechs Bänden. Hg. v. Eberhard Haufe. Stuttgart 1998 ff.

Böll, Heinrich: Werke. Kölner Ausgabe. Hg. v. Árpád Bernáth u. a. Köln 2002 ff.

Celan, Paul: Gesammelte Werke in fünf Bänden. Hg. v. Beda Allemann u. Stefan Reichert unter Mitwirk. v. Rolf Bücher. Frankfurt a. M. 1983.

Dürrenmatt, Friedrich: Werkausgabe in siebenunddreißig Bänden. Zürich 1998 ff.

Eich, Günter: Gesammelte Werke in vier Bänden. Hg. v. Axel Vieregg u. Karl Karst. Frankfurt a. M. 1991.

Frisch, Max: Gesammelte Werke in zeitlicher Folge. Hg. v. Hans Mayer unter Mitwirk. v. Walter Schmitz. Frankfurt a. M. 1976.

Grass, Günter: Werkausgabe. Hg. v. Volker Neuhaus u. Daniela Hermes. Göttingen 1997.

Huchel, Peter: Gesammelte Werke in zwei Bänden. Hg. v. Axel Vieregg. Frankfurt a. M. 1984.

Jandl, Ernst: Poetische Werke in zehn Bänden. Hg. v. Klaus Siblewski. München 1997.

Koeppen, Wolfgang: Gesammelte Werke in sechs Bänden. Hg. v. Marcel Reich-Ranicki in Zusammenarbeit m. Dagmar von Briel u. Hans-Ulrich Treichel. Frankfurt a. M. 1986.

Müller, Heiner: Werke. Hg. v. Frank Hörnigk. Frankfurt a. M. 1998 ff.

Raeber, Kuno: Werke in fünf Bänden. Hg. v. Christiane Wyrwa u. Matthias Klein. Zürich 2002 ff.

Schmidt, Arno: Bargfelder Ausgabe. Hg. v. d. Arno-Schmidt-Stiftung. Zürich 1986 ff.

Walser, Martin: Werke in zwölf Bänden. Hg. v. Helmuth Kiesel. Frankfurt a. M. 1997.

Wolf, Christa: Werkausgabe in zwölf Bänden. Hg. v. Sonja Hilzinger. München 1999 ff.

Forschungsliteratur

Verzeichnet wurden nur solche Titel, die einen Überblick über mindestens ein Jahrzehnt der gesamten literarischen Entwicklung oder über mindestens 20 Jahre einer Gattung bieten. Kommentierungen erfolgen bei den Werken, die im Forschungsbericht nicht erwähnt wurden.

Arnold, Heinz Ludwig (Hg., 1988): Bestandsaufnahme Gegenwartsliteratur. Bundesrepublik Deutschland. Deutsche Demokratische Republik. Österreich. Schweiz. München.

Arnold, Heinz Ludwig u. Frauke Meyer-Gosau (Hg., 1991) Literatur in der DDR. Rückblicke. München.

Arnold, Heinz-Ludwig u. Jörgen Schäfer (Hg., 2003): Pop-Literatur. München.
Der Band enthält 21 Aufsätze und Essays, die das Phänomen Pop-Literatur von den 60er Jahren bis zur Gegenwart beschreiben und dabei auch Verbindungen zur amerikanischen und britischen Literatur und zur Musik ziehen. Eine umfangreiche Bibliografie von Pop- und Underground-Literatur beschließt den informativen Band.

Barner, Wilfried (Hg., 1994): Geschichte der deutschen Literatur von 1945 bis zur Gegenwart. München.

Bernhard, Hans Joachim (Hg., 1983): Literatur der BRD. Berlin (Ost).
Dieser 12. Band der *Geschichte der deutschen Literatur* ist das Musterbeispiel einer ideologisch präokkupierten Literaturgeschichtsschreibung und von rein historischer Bedeutung.

Bolik, Sibylle (1994): Das Hörspiel in der DDR. Themen und Tendenzen. Frankfurt a. M. u. a. (Forschungen zur Literatur- und Kulturgeschichte 43).
Die Dissertation beschreibt die Entwicklung des DDR-Hörspiels unter inhaltlichen, ästhetisch-dramaturgischen und literatur- und medienpolitischen Aspekten, wobei vier Phasen unterschieden werden. Die Studie ist wegen ihres Materialreichtums und ihrer differenzierten Deutungen eine unentbehrliche Quelle für ihren Gegenstand.

Borchmeyer, Dieter (Hg., 1999): Signaturen der Gegenwartsliteratur. Festschrift für Walter Hinderer. Würzburg.
Der Band enthält u. a. 20 literaturwissenschaftliche Beiträge, die sich meist einzelnen Werken oder Autoren widmen. Ihres Umfangs halber hervorzuheben sind die Aufsätze zu P. Rühmkorf, P. Süskind und zur ‚Typologie historischen Erzählens'.

Bormann, Alexander v. (Hg., 1987): Sehnsuchtsangst. Zur österreichischen Literatur der Gegenwart. Colloquium an der Universität von Amsterdam. Amsterdam (Amsterdamer Beiträge zur neueren Germanistik 21).
Das Buch dokumentiert 16 Beiträge einer Tagung von 1983, die in der Regel einem Werk gewidmet sind. Th. Bernhard ist in drei Aufsätzen alleiniger Gegenstand.

Braese, Stephan (Hg., 1998a): In der Sprache der Täter. Neue Lektüren deutschsprachiger Nachkriegs- und Gegenwartsliteratur. Opladen.

Braese, Stephan u. a. (Hg., 1998b): Deutsche Nachkriegsliteratur und der Holocaust. Frankfurt a. M. u. New York (Wissenschaftliche Reihe des Fritz Bauer Instituts 6).

Brauneck, Manfred (Hg., 1993): Der deutsche Roman nach 1945. Bamberg (Themen-Texte-Interpretationen 13).

Brettschneider, Werner (1972): Zwischen literarischer Autonomie und Staatsdienst. Die Literatur in der DDR. Berlin.

Brettschneider, Werner (1979): Zorn und Trauer. Aspekte deutscher Gegenwartsliteratur. Berlin.

Breuer, Dieter (Hg., 1988): Deutsche Lyrik nach 1945. Frankfurt a. M. 1988 (st 2088).

Briegleb, Klaus u. Sigrid Weigel (Hg., 1992): Gegenwartsliteratur seit 1968. München u. Wien (Hansers Sozialgeschichte der deutschen Literatur 12).

Buddecke, Wolfram u. Helmut Fuhrmann (1981): Das deutschsprachige Drama seit 1945. Schweiz. Bundesrepublik. Österreich. DDR. Kommentar zu einer Epoche. München.

Butzer, Günter (1998): Fehlende Trauer. Verfahren epischen Erinnerns in der deutschsprachigen Gegenwartsliteratur. München (Münchner Germanistische Beiträge 42).

Delabar, Walter u. Erhard Schütz (Hg., 1997): Deutschsprachige Literatur der 70er und 80er Jahre. Autoren, Tendenzen, Gattungen. Darmstadt.

Demetz, Peter (1988): Fette Jahre, magere Jahre. Deutschsprachige Literatur von 1965 bis 1985. München u. Zürich.

Döring, Christian (Hg., 1995): Deutschsprachige Gegenwartsliteratur. Wider ihre Verächter. Frankfurt a. M. (es 1938).

Durzak, Manfred (1971): Der deutsche Roman der Gegenwart. Stuttgart. Berlin. Köln. Mainz.

Durzak, Manfred (Hg., 1976): Die deutsche Literatur der Gegenwart. Aspekte und Tendenzen. 3., erw. Aufl. Stuttgart.

Durzak, Manfred (1980): Die deutsche Kurzgeschichte der Gegenwart. Autorenporträts. Werkstattgespräche. Interpretationen. Stuttgart.
Auf eine gattungstheoretische Einleitung folgen sechs Gespräche mit Verfassern von Kurzgeschichten. Im zweiten Kapitel entwirft Durzak 18 Autorenporträts, wobei er jeweils einen Brückenschlag zu den wichtigsten amerikanischen Vorbildern unternimmt. Das dritte Kapitel enthält 50 Modellinterpretationen von Texten aus allen deutschsprachigen Literaturen.

Durzak, Manfred (Hg., 1981): Deutsche Gegenwartsliteratur. Ausgangspositionen und aktuelle Entwicklungen. Stuttgart.

Emmerich, Wolfgang (1981 u. ö.): Kleine Literaturgeschichte der DDR. Darmstadt u. Neuwied (SL 326). Erw. Neuausgabe u. d. T.: Kleine Literaturgeschichte der DDR 1945–1988. Frankfurt a. M. 1989 (SL 801). Erw. Neuausgabe u. d. T.: Kleine Literaturgeschichte der DDR. Leipzig 1996.

Endres, Elisabeth (1980): Die Literatur der Adenauerzeit. München.

Fetscher, Justus, Eberhard Lämmert u. Jürgen Schutte (Hg., 1991): Die Gruppe 47 in der Geschichte der Bundesrepublik. Würzburg.
Der Band enthält neben einer Einleitung von E. Lämmert 15 Beiträge, die sich teilweise einzelnen Autoren (u. a. A. Andersch, I. Bachmann, G. Eich), einzelnen Gattungen (Hörspiel, Kritik) und übergeordneten Fragestellungen (u. a. Beziehung zur Exilliteratur, zu französischen Autoren) widmen.

Fischer, Gerhard u. David Roberts (Hg., 2001): Schreiben nach der Wende. Ein Jahrzehnt deutscher Literatur 1989–1999. Tübingen (Studien zur deutschsprachigen Gegenwartsliteratur 14).

Fischer, Ludwig (1986): Literatur in der Bundesrepublik Deutschland bis 1967. München u. Wien (Hansers Sozialgeschichte der deutschen Literatur 10).

Förster, Nikolaus (1999): Die Wiederkehr des Erzählens. Deutschsprachige Prosa der 80er und 90er Jahre. Darmstadt.
Der Autor versucht seine These von der Wiederkehr des Erzählens vor allem an Romanen von P. Süskind, Ch. Ransmayr, St. Nadolny und U. Widmer zu demonstrieren. Zentrale Felder, in denen sich diese Wiederkehr manifestiert, sind für Förster das Authentische, das Exotisch-Fantastische und die Darstellung von Geschichte. Der Autor bezieht die literatur- und kulturtheoretischen Debatten mit ein.

Franke, Konrad (1971): Die Literatur der Deutschen Demokratischen Republik. München u. Zürich.

Geerdts, Hans Jürgen (Hg., 1972): Literatur der DDR in Einzeldarstellungen. Stuttgart (KT 416).

Geerdts, Hans Jürgen (Hg., 1974–87): Literatur der Deutschen Demokratischen Republik. Einzeldarstellungen. Bd. 1. Berlin (Ost), Bd. 2. [u. Mitarbeit v. Heinz Neugebauer] 1979, Bd. 3. [u. Mitarbeit v. Hannelore Prosche] 1987.

Gilman, Sander L. u. Hartmut Steinecke (Hg., 2002): Deutsch-jüdische Literatur der neunziger Jahre. Die Generation nach der Shoah. Berlin (Beihefte zur Zeitschrift für deutsche Philologie 11).

Glaser, Horst Albert (Hg., 1997): Deutsche Literatur zwischen 1945 und 1995. Eine Sozialgeschichte. Bern. Stuttgart. Wien (UTB 1981).

Greiner, Bernhard (1986): Literatur der DDR in neuer Sicht. Studien und Interpretationen. Frankfurt a. M. Bern. New York (Literarhistorische Untersuchungen 5).

Der Band ist eine Sammlung von acht Aufsätzen, die mittels psycho- und diskursanalytischer Verfahren die „Grundlagen von Autorschaft" und die „Brüche" im literarischen Schaffen untersuchen. Im Mittelpunkt steht die erzählende Literatur, zwei Aufsätze gehen auf Dramatik (H. Müller) und Lyrik (G. Kunert) ein.

Grimm, Gunter E. u. Frank Rainer Max (Hg., 1990): Deutsche Dichter. Leben und Werk deutschsprachiger Autoren. Bd. 8. Gegenwart. Stuttgart (rub 8618).

Grub, Frank Thomas (2003): >Wende< und >Einheit< im Spiegel der deutschsprachigen Literatur. Ein Handbuch. Berlin u. New York. Bd. 1. Untersuchungen. Bd. 2. Bibliographie.

Haase, Horst (Hg., 1976) Geschichte der deutschen Literatur. Bd. 11. Literatur der Deutschen Demokratischen Republik. Berlin (Ost).

Hanuschek, Sven (2004): Geschichte des bundesdeutschen PEN-Zentrums von 1951–1990. Tübingen (Studien und Texte zur Sozialgeschichte der Literatur 98).

Die literatursoziologische Studie bietet eine detaillierte Rekonstruktion der Verbandsgeschichte des PEN. Der Anhang enthält u. a. eine bis 1998 reichende Chronik und eine Mitgliederstatistik.

Harder, Matthias (Hg., 2001): Bestandsaufnahmen. Deutschsprachige Literatur der neunziger Jahre aus interkultureller Sicht. Würzburg.

Hinderer, Walter (1994): Arbeit an der Gegenwart. Zur deutschen Literatur nach 1945. Würzburg.

Horst, Karl August (1957): Die deutsche Literatur der Gegenwart. München.

Horst, Karl August (1962): Kritischer Führer durch die deutsche Literatur der Gegenwart. Roman. Lyrik. Essay. München.

Jens, Walter (1961): Deutsche Literatur der Gegenwart. Themen, Stile, Tendenzen. München.

Knapp, Gerhard P. u. Gerd Labroisse unter Mitarb. v. Anthonya Visser (Hg., 1995): 1945–1995. Fünfzig Jahre deutschsprachige Literatur in Aspekten. Amsterdam u. Atlanta (Amsterdamer Beiträge zur neueren Germanistik 38/39).

Koebner, Thomas (Hg., 1971): Tendenzen der deutschen Literatur seit 1945. Stuttgart (KT 405).

Koebner, Thomas (Hg., 1984): Tendenzen der deutschen Gegenwartsliteratur. [Neufassung] Stuttgart (KT 405).

Koeppen, Manuel (Hg., 1993): Kunst und Literatur nach Auschwitz. Berlin.

Korte, Hermann (1989): Geschichte der deutschen Lyrik seit 1945. Stuttgart (Sammlung Metzler 250).

Krug, Hans-Jürgen (2003): Kleine Geschichte des Hörspiels. Konstanz.

Knappe, aber sachkundige Darstellung der Gattungsgeschichte mit einem deutlichen Schwerpunkt auf der Entwicklung seit Mitte der 80er Jahre. Krug geht detailliert auf die Programme der verschiedenen Sendeanstalten und die technischen Innovationen des Mediums ein.

Labroisse, Gerd u. Gerhard P. Knapp (Hg., 1988): Literarische Tradition heute. Deutschsprachige Gegenwartsliteratur in ihrem Verhältnis zur Tradition. Amsterdam (Amsterdamer Beiträge zur neueren Germanistik 24).

Lattmann, Dieter (Hg., 1973): Die Literatur der Bundesrepublik Deutschland. München u. Zürich.

Lentz, Michael (2000): Lautpoesie/-musik nach 1945. Eine kritisch-dokumentarische Bestandsaufnahme. 2 Bde. Wien.

Lermen, Birgit u. Matthias Loewen (1987): Lyrik aus der DDR. Exemplarische Analysen. Paderborn u. a. (UTB 1470).

Lützeler, Paul Michael u. Egon Schwarz (Hg., 1980): Deutsche Literatur in der Bundesrepublik seit 1965. Königstein/Ts.

Lützeler, Paul Michael (Hg., 1991): Spätmoderne und Postmoderne. Beiträge zur deutschsprachigen Gegenwartsliteratur. Frankfurt a. M. (FTB 10957).

Der Band enthält einleitend drei allgemein orientierende Essays (u. a. v. J. Becker u. H.-J. Ortheil) sowie 15 Aufsätze zu vorwiegend erzählenden Einzelwerken.

Motekat, Helmut (1977): Das zeitgenössische deutsche Drama. Einführung und kritische Analyse. Stuttgart. Berlin. Köln. Mainz (Sprache und Literatur 90).

Das Buch ist eine von einem Rückblick auf die 20er Jahre bis zum neuen Volksstück und dem Sprechstück reichende Darstellung, die in ihrer gedrängten Form allerdings nicht frei von Verkürzungen und sachlichen Ungenauigkeiten ist.

Münz-Koenen, Ingeborg (Hg., 1979): Literarisches Leben in der DDR 1945 bis 1960. Literaturkonzepte und Leseprogramme. Berlin.

Der Band enthält fünf längere literatursoziologische und literaturtheoretische Beiträge von orthodox marxistischem Charakter.

Nolden, Thomas (1995): Junge jüdische Literatur. Konzentrisches Schreiben in der Gegenwart. Würzburg.

O'Dochartaigh, Pól (Hg., 2000): Jews in German Literature since 1945: German-Jewish Literature? Amsterdam u. Atlanta (German Monitor 53).

Pezold, Klaus (Hg., 1991): Geschichte der deutschsprachigen Schweizer Literatur im 20. Jahrhundert. Berlin.

Platen, Edgar (Hg., 2000): Erinnerte und erfundene Erfahrung. Zur Darstellung von Zeitgeschichte in deutschsprachiger Gegenwartsliteratur. München.

Platen, Edgar (Hg., 2002): Perspektivensuche. Zur Darstellung von Zeitgeschichte in deutschsprachiger Gegenwartsliteratur (II). München.

Preusser, Heinz-Peter (2003): Letzte Welten. Deutschsprachige Gegenwartsliteratur diesseits und jenseits der Apokalypse. Heidelberg (Beiträge zur neueren Literaturgeschichte 193).

Profitlich, Ulrich (Hg., 1987): Dramatik der DDR. Frankfurt a. M. (st 2072).

Pulver, Elsbeth (1974): Die deutschsprachige Literatur der Schweiz seit 1945. In: Die zeitgenössischen Literaturen der Schweiz. Hg. v. Manfred Gsteiger. Zürich u. München, S. 141–406.

Der buchlange Beitrag ist eine bis heute unverzichtbare Darstellung, die durch ihre Systematik und ihr sicheres Urteil überzeugt. Wegen der besonderen Bedeutung von Kontinuität greift Pulver häufig auf Entwicklungen vor 1945 zurück. Sie geht auf gesellschaftliche und kulturelle Rahmenbedingungen ein, berücksichtigt auch die Themen Regionalismus und Mundartdichtung sowie nichtfiktionale Gattungen wie Essay und Publizistik. Ihre Darstellung bietet zudem umfangreiches Bildmaterial.

Raddatz, Fritz J. (1972): Traditionen und Tendenzen. Materialien zur Literatur der DDR. Frankfurt a. M.

Ritter, Alexander (Hg., 1985); Deutschsprachige Literatur im Ausland. Göttingen (LiLi Beiheft 13).

Sander, Hans-Dietrich (1972): Geschichte der Schönen Literatur in der DDR. Ein Grundriß. Freiburg.

Scheitler, Irmgard (2001): Deutschsprachige Gegenwartsprosa seit 1970. Tübingen u. Basel (UTB 2262).

Schmidt-Dengler, Wendelin (1995): Bruchlinien. Vorlesungen zur österreichischen Literatur 1945 bis 1990. Salzburg u. Wien.

Schmitt, Hans-Jürgen (Hg., 1983): Die Literatur der DDR. München u. Wien (Hansers Sozialgeschichte der deutschen Literatur 11).

Schnell, Ralf (2003); Die Literatur der Bundesrepublik. Autoren, Geschichte, Literaturbetrieb. 2., überarb. u. erw. Aufl. Stuttgart.

Schruff, Helene (2000): Wechselwirkungen. Deutsch-Jüdische Identität in erzählender Prosa der ‚Zweiten Generation'. Hildesheim. Zürich. New York (Haskala 20).

Schütz, Erhard, Jochen Vogt u. a. (1980): Einführung in die deutsche Literatur des 20. Jahrhunderts. Bd. 3. Bundesrepublik und DDR. Opladen.

Schumacher, Eckhard (2003): Gerade Eben Jetzt. Schreibweisen der Gegenwart. Frankfurt a. M. (es 2282).

Das Einleitungskapitel entwirft eine Charakteristik der Pop-Literatur anhand des Paradigmas einer ‚Geschichte der Gegenwart' und der Jetztzeitigkeit. Es schließen sich Kapitel über die Poetologien von R. D. Brinkmann, R. Goetz und H. Fichte an.

Seidensticker, Bernd u. Martin Vöhler (Hg., 2002): Mythen in nachmythischer Zeit. Die Antike in der deutschsprachigen Literatur der Gegenwart. Berlin u. New York.

Der Band enthält in alphabetischer Folge 16 Autorenporträts, die der Generation nach von E. Fried bis D. Grünbein reichen. Die Einzeldarstellungen, die den „Prozeß der kreativen Rezeption antiker Mythen" untersuchen, werden jeweils durch eine eigene Stellungnahme des Autors eingeleitet.

Spiel, Hilde (Hg., 1976): Die zeitgenössische Literatur Österreichs. Zürich u. München.

Neben einem einführenden Überblick der Herausgeberin enthält der Band drei informative Kapitel zu Prosa, Lyrik und Dramatik sowie zwei exkursorische Essays zum Hörspiel und zur Literatur nationaler Minderheiten. Wertvoll ist das ergänzende Bildmaterial.

Stillmark, Hans-Christian u. Mitarb. v. Christoph Lehker (Hg., 2002): Rückblicke auf die Literatur der DDR. Amsterdam (Amsterdamer Beiträge zur neueren Germanistik 52).

Der Band enthält 18 Aufsätze, die einzelne Werke, Gattungen oder Themen behandeln und mit ihren Gegenständen auch über das staatliche Ende der DDR hinausgreifen.

Thomas, R. Hinton u. Keith Bullivant (1974): Westdeutsche Literatur der sechziger Jahre. Köln.

Ullmaier, Johannes (2001): Von Acid nach Adlon und zurück. Eine Reise durch die deutschsprachige Popliteratur. Mainz.

Das Buch beruht auf einer vierteiligen Sendefolge über Pop-Literatur, die der HR ausstrahlte. Es ist als ein reich illustriertes Lesebuch mit vielen Dokumenten und einer umfangreichen kommentierten Bibliografie angelegt.

Wagener, Hans (Hg., 1977): Gegenwartsliteratur und Drittes Reich. Deutsche Autoren in der Auseinandersetzung mit der Vergangenheit. Stuttgart.

Weber, Dietrich (Hg., 1976): Deutsche Literatur der Gegenwart in Einzeldarstellungen. Bd. I. Stuttgart (KT 382).

Wehdeking, Volker (1995): Die deutsche Einheit und die Schriftsteller. Literarische Verarbeitung der Wende seit 1989. Stuttgart. Berlin. Köln.

Wehdeking, Volker (Hg., 2000): Mentalitätswandel in der deutschen Literatur zur Einheit (1990–2000). Berlin (Philologische Studien und Quellen 165).

Weigel, Sigrid (1987): Die Stimme der Medusa. Schreibweisen in der Gegenwartsliteratur von Frauen. Dülmen-Hiddingsel. Taschenbuchausgabe: Reinbek b. Hamburg 1989 (rowohlts enzyklopädie 490).

Weninger, Robert u. Brigitte Rossbacher (Hg., 1997): Wendezeiten – Zeitenwenden. Positionsbestimmungen zur deutschsprachigen Literatur 1945–1995. Tübingen (Studien zur deutschsprachigen Gegenwartsliteratur 7).

Wiese, Benno v. (Hg., 1973): Deutsche Dichter der Gegenwart. Ihr Leben und Werk. Berlin.

Wilke, Sabine (1992): Poetik der Moderne. Zeitgenössische Literatur zwischen alter und neuer Mythologie. Stuttgart.
Auf eine Rekonstruktion des Mythos-Diskurses in Frühromantik, klassischer Moderne und Postmoderne folgen fünf Einzelstudien „zum Problem der zeitgenössischen literarischen Mythenrezeption" anhand der Werke von H. Müller, Ch. Wolf, B. Strauß, M. Ende und Ch. Ransmayr.

Wilke, Sabine (1996): Dialektik und Geschlecht. Feministische Schreibpraxis in der Gegenwartsliteratur. Tübingen (Studien zur deutschsprachigen Gegenwartsliteratur 3).

Winkels, Hubert (1988): Einschnitte. Zur Literatur der 80er Jahre. Köln.

Wittstock, Uwe (1989): Von der Stalinallee zum Prenzlauer Berg. Wege der DDR-Literatur 1949–1989. München (SP 1136).
Der Band stellt drei Generationen von DDR-Autoren mittels Rezensionen, Porträts und Gesprächen vor.

Zeyringer, Klaus (1999): Österreichische Literatur 1945–1998. Überblicke. Einschnitte. Wegmarken. Innsbruck.

Zimmermann, Hans Dieter (2000): Literaturbetrieb Ost/West. Die Spaltung der deutschen Literatur von 1948 bis 1998. Stuttgart. Berlin. Köln.
Das Buch untersucht die Stellungnahmen west- und ostdeutscher Autoren zu den für das innerdeutsche Verhältnis wesentlichen politischen Ereignissen, beschreibt die Beziehung der Autoren zu den politischen Parteien und bietet implizit eine Geschichte der beiden Schriftstellerverbände. Ein knapp 60-seitiger Anhang enthält zahlreiche Dokumente.

Ergänzende Literatur zu den Kapiteln I. – IV.

Adorno, Theodor W. (1974): Noten zur Literatur. Frankfurt a. M. 1974.

Amann, Klaus (1984): P. E. N. Politik – Emigration – Nationalsozialismus. Ein österreichischer Schriftstellerclub. Wien. Köln. Graz.

Anz, Thomas (Hg., 1991): „Es geht nicht um Christa Wolf". Der Literaturstreit im vereinten Deutschland. München 1991.

Arnold, Heinz Ludwig (Hg., 1988): Bestandsaufnahme Gegenwartsliteratur. Bundesrepublik Deutschland. Deutsche Demokratische Republik. Österreich. Schweiz. München.

Arntzen, Helmut u. Jürgen P. Wallmann (Hg., 1985): Ernst Meister. Hommage. Überlegungen zum Werk. Texte aus dem Nachlaß. Münster.

Bachmann, Ingeborg (1982): Frankfurter Vorlesungen: Probleme zeitgenössischer Dichtung. München u. Zürich (SP 205).

Ball, Hugo (1992): Die Flucht aus der Zeit. Hg. sowie m. Anm. u. Nachw. vers. v. Bernhard Echte. Zürich.

Baßler, Moritz (2002): Der deutsche Pop-Roman. Die neuen Archivisten. München (BR 1474).

Bender, Hans (Hg., 1969): Mein Gedicht ist mein Messer. Lyriker zu ihren Gedichten. München (LTB 187).

Benn, Gottfried (2001): Sämtliche Werke. Stuttgarter Ausgabe. In Verb. m. Ilse Benn † hg. v. Gerhard Schuster u. Holger Hof. Bd. VI. Prosa 4. Stuttgart.

Biller, Maxim (2001): Deutschbuch. München (dtv 12886).

Burkart, Erika (2000): Grundwasserstrom. Aufzeichnungen. Zürich.

Czernin, Franz Josef (1995): Marcel Reich-Ranicki. Eine Kritik. Göttingen.

Der Ruf 2 (1947).

Fabri, Albrecht (2000): Der schmutzige Daumen. Gesammelte Schriften. Hg. v. Ingeborg Fabri u. Martin Weinmann. Frankfurt a. M.

Genette, Gérard (1993): Palimpseste. Die Literatur auf zweiter Stufe. Frankfurt a. M. (es 1683).

Heissenbüttel, Helmut (1966): Über Literatur. Olten.

Ihwe, Jens (Hg., 1972): Literaturwissenschaft und Linguistik. Ergebnisse und Perspektiven. Bd. 3. Zur linguistischen Basis der Literaturwissenschaft, II. Frankfurt a. M. (Ars poetica 8).

Jung, Werner (1989): Georg Lukács. Stuttgart (SM 251).

Kasper, Elke (1995): Zwischen Utopie und Apokalypse. Das lyrische Werk Günter Kunerts von 1950 bis 1987. Tübingen (Untersuchungen zur deutschen Literaturgeschichte 80).

Knilli, Friedrich (1970): Deutsche Lautsprecher. Versuche zu einer Semiotik des Radios. Stuttgart (Texte Metzler 11).

Krauss, Werner (1983): PLN. Die Passionen der halykonischen Seele. Roman. M. e. Beitrag zur Entstehungs- und Wirkungsgeschichte v. Siegfried Scheibe u. e. Nachw. v. Peter Härtling. Frankfurt a. M.

Kunert, Günter (1976): Warum schreiben? Notizen zur Literatur. München u. Wien.

Lehmann, Wilhelm (1960): Dichtung als Dasein. Poetologische und kritische Schriften. Darmstadt. Neuwied a. Rh. Berlin-Spandau (die mainzer reihe 5).

Mann, Thomas (1984): Die Entstehung des Doktor Faustus. Roman eines Romans. Frankfurt a. M. (FTB 9427).

Mann, Thomas (1996): Essays. Bd. 5. Deutschland und die Deutschen 1938–1945. Hg. v. Hermann Kurzke u. Stephan Stachorski. Frankfurt a. M. (FTB 10903).

Mann, Thomas (1997): Essays. Bd. 6. Meine Zeit 1945–1955. Hg. v. Hermann Kurzke u. Stephan Stachorski. Frankfurt a. M. (FTB 10904).

Mayer, Hans (1967): Zur deutschen Literatur der Zeit. Zusammenhänge, Schriftsteller, Bücher. Reinbek.

Meister, Ernst (1989): Prosa 1931 bis 1979. Hg. u. m. Erläuterungen vers. v. Andreas Lohr-Jasperneite. Heidelberg (Veröffentlichungen der Deutschen Akademie für Sprache und Dichtung Darmstadt 60).

Neunzig, Hans A. (Hg., 1979): Hans Werner Richter und die Gruppe 47. Mit Beiträgen v. Walter Jens, Marcel Reich-Ranicki, Peter Wapnewski u. a. München.

Ortheil, Hanns-Josef (1990): Schauprozesse. Beiträge zur Kultur der 80er Jahre. München (SP 1180).

Peter Handke (1989). 5. Aufl. Neufassung. München (text + kritik 24).

Poetik (1962). Siebente Folge des Jahrbuchs Gestalt und Gedanke. München.

Renner, Rolf Günter (1988): Die postmoderne Konstellation. Theorie, Text und Kunst im Ausgang der Moderne. Freiburg i. Br.

Rühmkorf, Peter (1987): Haltbar bis Ende 1999. Gedichte. Reinbek b. Hamburg (rororo 12115).

Scheffel, Michael (1990): Magischer Realismus. Die Geschichte eines Begriffes und ein Versuch seiner Bestimmung. Tübingen (Stauffenburg-Colloquium 16).

Schiffrin, André (2000): Verlage ohne Verleger. Über die Zukunft der Bücher. Berlin.

Schmitt, Hans-Jürgen (Hg., 1973): Die Expressionismusdebatte. Materialien zu einer marxistischen Realismuskonzeption. Frankfurt a. M. (es 646).

Schöning, Klaus (Hg., 1970): Neues Hörspiel. Essays, Analysen, Gespräche. Frankfurt a. M. (es 476).

Schöning, Klaus (1982): Spuren des Neuen Hörspiels. Frankfurt a. M.

Sprache im technischen Zeitalter 5 (1967) H. 22: Der Zürcher Literaturstreit. Eine Dokumentation.

Schwilk, Heimo u. Ulrich Schacht (Hg., 1996): Die selbstbewußte Nation. „Anschwellender Bocksgesang" und weitere Beiträge zu einer deutschen Debatte. Frankfurt a. M. u. Berlin. 3. erw. Aufl. (Ullstein-Buch 33204).

Stocker, Peter (1998): Theorie der intertextuellen Lektüre. Modelle und Fallstudien. Paderborn u. a.

Strauß, Botho (1999): Der Aufstand gegen die sekundäre Welt. Bemerkungen zu einer Ästhetik der Anwesenheit. München u. Wien.

Texte und Zeichen 1 (1955).

Theobaldy, Jürgen u. Gustav Zürcher (1976): Veränderung der Lyrik. Über westdeutsche Gedichte seit 1965. München.

Walser, Martin (1998): Erfahrungen beim Verfassen einer Sonntagsrede. Friedenspreis des Deutschen Buchhandels 1998. Frankfurt a. M.

Welsch, Wolfgang (1991): Unsere postmoderne Moderne. 3., durchges. Aufl. Weinheim.

Weyrauch, Wolfgang (Hg., 1949): Tausend Gramm. Sammlung neuer deutscher Geschichten. Hamburg.

Widmer, Urs (1966): 1945 oder die >Neue Sprache<. Studien zur Prosa der >Jungen Generation<. Düsseldorf.

Wyss, Beat (2004): Hochkultur Pop. Über eine Kunst der Versöhnung mit der Entfremdung. In: Neue Zürcher Zeitung, 18./19. 9. 2004, S. 45 f.

Ergänzende Literatur zu Kapitel V.

1. Wolfgang Koeppen

Koeppen, Wolfgang (1995): „Einer der schreibt". Gespräche und Interviews. Hg. v. Hans-Ulrich Treichel. Frankfurt a. M. (st 2450).

Altenhofer, Norbert (1983): Wolfgang Koeppen: *Tauben im Gras* (1951). In: Deutsche Romane des 20. Jahrhunderts. Hg. v. Paul Michael Lützeler. Königstein/Ts., S. 284–295.

Greiner, Ulrich (Hg., 1976): Über Wolfgang Koeppen. Frankfurt a. M. (es 864).

Haas, Christoph (1998): Wolfgang Koeppen. Eine Lektüre. Würzburg (Literatura 7).

Haberkamm, Klaus (1975): Wolfgang Koeppen. „Bienenstock des Teufels". Zum naturhaft-mythischen Geschichts- und Gesellschaftsbild in den Nachkriegsromanen. In: Zeitkritische Romane des 20. Jahrhunderts. Die Gesellschaft in der Kritik der deutschen Literatur. Hg. v. Hans Wagener. Stuttgart, S. 241–275.

Koch, Manfred (1973): Wolfgang Koeppen. Literatur zwischen Nonkonformismus und Resignation. Stuttgart. Berlin. Köln. Mainz.

Love, Ursula (1976): Die „geimpften Kreuzritter": Stellvertreter der amerikanischen Weltmacht bei Wolfgang Koeppen. In: Die USA und Deutschland. Wechselseitige Spiegelungen in der Literatur der Gegenwart. Hg. v. Wolfgang Paulsen. Bern u. München, S. 92–102.

Müller-Waldeck, Gunnar u. Michael Gratz (Hg., 1998): Wolfgang Koeppen – Mein Ziel war die Ziellosigkeit. Hamburg.

Oehlenschläger, Eckart (Hg., 1987): Wolfgang Koeppen. Frankfurt a. M. (st 2079).

Hielscher, Martin (1988): Wolfgang Koeppen. München (BsR 609).

Treichel, Hans-Ulrich (1984): Fragment ohne Ende. Eine Studie über Wolfgang Koeppen. Heidelberg (Reihe Siegen Bd. 54).

Vilas-Boas, Gonçalo (1990): Intertextualität in Wolfgang Koeppens *Tauben im Gras*. In: Runa H. 13/14, S. 119–126.

Wieckenberg, Ernst-Peter (1973): Der Erzähler Wolfgang Koeppen. In: Geschichte der deutschen Literatur aus Methoden. Westdeutsche Literatur von 1945–71. Hg. v. Heinz Ludwig Arnold. Bd. 1. Königstein/Ts., S. 194–204.

2. Friedrich Dürrenmatt

Dürrenmatt, Friedrich (1985): Werkausgabe in dreißig Bänden. Hg. in Zusammenarbeit m. d. Autor. Bd. 7. Die Physiker. Eine Komödie in zwei Akten. Neufassung 1980. Zürich (detebe 20837).

Dürrenmatt, Friedrich (1988a): Gesammelte Werke in sieben Bänden. Hg. v. Franz Josef Görtz. Bd. 6. Stoffe I–III. Zusammenhänge. Essays und Gedichte. Zürich.

Dürrenmatt, Friedrich (1988b): Gesammelte Werke in sieben Bänden. Hg. v. Franz Josef Görtz. Bd. 7. Essays und Gedichte. Zürich.

Bänziger, Hans (1960): Frisch und Dürrenmatt. Bern u. München.

Braungart, Wolfgang (2001): Ills Krankheit, Ills Opfer. Einige Thesen zu Friedrich Dürrenmatts *Der Besuch der alten Dame* (1956) im Ausgang von René Girards Theorie des Sündenbocks. In: Die Macht der Differenzen. Beiträge zur Hermeneutik der Kultur. Hg. v. Reinhard Düssel, Geert Edel u. Ulrich Schödlbauer. Heidelberg (Hermeia Bd. 4) S. 213–224.

Haller, Horst (1996): Friedrich Dürrenmatts tragische Komödie „Der Besuch der alten Dame". In: Deutsche Dramen. Interpretationen zu Werken von der Aufklärung bis zur Gegenwart. Hg. v. Harro Müller-Michaels. Bd. II. Von Gerhart Hauptmann bis Botho Strauß. 3., verb. u. erg. Aufl. Weinheim, S. 136–161.

Kost, Jürgen (1996): Geschichte als Komödie. Zum Zusammenhang von Geschichtsbild und Komödienrezeption bei Horváth, Frisch, Dürrenmatt, Brecht und Hacks. Würzburg (Epistemata Bd. 182).

Neumann, Gerhard, Jürgen Schröder, Manfred Karnick (1969): Dürrenmatt. Frisch. Weiß. Drei Entwürfe zum Drama der Gegenwart. M. e. einleitenden Essay v. Gerhard Baumann. München.

Profitlich, Ulrich (1973): Friedrich Dürrenmatt. Komödienbegriff und Komödienstruktur. Eine Einführung. Stuttgart u. a. (Sprache und Literatur 86).

Stocker, Peter (2000): Friedrich Dürrenmatt (1921–1990). In: Deutsche Dramatiker des 20. Jahrhunderts. Hg. v. Alo Allkemper u. Norbert Otto Eke. Berlin, S. 417–441.

3. Ernst Jandl

Jandl, Ernst (1976): Die schöne Kunst des Schreibens. Darmstadt u. Neuwied.

Jandl, Ernst (1985): Das Öffnen und Schließen des Mundes. Frankfurter Poetik-Vorlesung. Darmstadt u. Neuwied (SL 567).

Vogt, Michael (Hg., 2000): „Stehn Jandl gross hinten drauf". Interpretationen zu Texten Ernst Jandls. Bielefeld.

4. Paul Celan

Celan, Paul (1975): Gedichte in zwei Bänden. Frankfurt a. M. (BS 412/13).

Celan, Paul (1983): Der Meridian und andere Prosa. Frankfurt a. M. (BS 485).

Buck, Theo (1993): Angstlandschaft Deutschland. Zu einem Nachkriegssyndrom und seiner Vorgeschichte im Gedicht „Du liegst im großen Gelausche". In: Th. B.: Muttersprache, Mördersprache. Celan-Studien I. Aachen, S. 159–185.

Buhr, Gerhard (1976): Celans Poetik. Göttingen.

Hamacher, Werner u. Winfried Menninghaus (Hg., 1988): Paul Celan. Frankfurt a. M. (st 2083).

Janz, Marlies (1976): Vom Engagement absoluter Poesie. Zur Lyrik und Ästhetik Paul Celans. Frankfurt a. M.

Janz, Marlies (2001/02): „... noch nichts Interkurrierendes". Paul Celan in Berlin im Dezember 1967. In: Celan-Jahrbuch 8, S. 335–345.

Schwarz, Peter Paul (1966): Totengedächtnis und dialogische Polarität in der Lyrik Paul Celans. Düsseldorf.

Sparr, Thomas (1989): Celan. Poetik des hermetischen Gedichts. Heidelberg.

Szondi, Peter (1972): Eden. In: P. S.: Celan-Studien. Frankfurt a. M. (BS 330), S. 113–125 u. S. 133–135.

Zons, Raimar Stefan (1993): Nichts / – stockt. Atemwende bei Celan. In: „Der glühende Leertext". Annäherungen an Paul Celans Dichtung. Hg. v. Otto Pöggeler u. Christoph Jamme. München.

5. Heiner Müller

Müller, Heiner (1975a): Texte 4. Theater-Arbeit. Berlin (Rotbuch 142).

Müller, Heiner (1975b): Der Dramatiker und die Geschichte seiner Zeit. Ein Gespräch zwischen Horst Laube und Heiner Müller. In: Theater 1975. Sonderheft Theater heute, S. 119–123.

Müller, Heiner (1978): Texte 6. Mauser. Berlin (Rotbuch 184).

Müller, Heiner (1979): Der Schrecken, die erste Erscheinung des Neuen. Zu einer Diskussion über Postmodernismus in New York. In: Theater heute 20 H. 3, S. 1.

Müller, Heiner (1986): Gesammelte Irrtümer. Interviews und Gespräche. Frankfurt a. M.

Artaud, Antonin (1979): Das Theater und sein Double. Das Théâtre de Séraphin. Frankfurt a. M. (FTB 6451).

Buck, Theo (2000): Heiner Müller. In: Deutsche Dramatiker des 20. Jahrhunderts. Hg. v. Alo Allkemper u. Norbert Otto Eke. Berlin, S. 529–549.

Eke, Norbert Otto (1989): Heiner Müller. Apokalypse und Utopie. Paderborn u. a. (Schriften der Universität-Gesamthochschule-Paderborn. Reihe Sprach- und Literaturwissenschaft 11).

Girshausen, Theo (Hg., 1978): Die Hamletmaschine, Heiner Müllers Endspiel. Köln.

Greiner, Bernhard (1989): Die Hamletmaschine. Heiner Müllers *Shakespeare Factory* und Robert Wilsons Inszenierung. In: Die Postmoderne – Ende der Avantgarde oder Neubeginn? Essays. Hg. v. Carl-Schurz-Haus/Deutsch-Amerikanisches Institut (Freiburg) u. dem Georg-Scholz-Haus (Waldkirch). Eggingen, S. 75–96.

Guntermann, Georg (1987): Heiner Müller: Die Hamletmaschine. Das Drama der Geschichte als Kunst-Stück. In: Deutsche Gegenwartsdramatik. Hg. v. Lothar Pikulik, Hajo Kurzenberger, G. G. Bd. 1. Zu Theaterstücken von Thomas Brasch, Heiner Müller, Friederike Roth, Franz Xaver Kroetz, Heinar Kipphardt, Thomas Bernhard. Göttingen (KVR 1520) S. 41–69.

Köhnen, Ralph (1996): Heiner Müllers *Hamletmaschine*. Eine Archäologie des Bösen. In: Deutsche Dramen. Interpretationen zu Werken von der Aufklärung bis zur Gegenwart. Hg. v. Harro Müller-Michaels. Bd. II. Von Gerhart Hauptmann bis Botho Strauß. 3., verb. u. erg. Aufl. Weinheim, S. 205–236.

Loquai, Franz (1993): Hamlet und Deutschland. Zur literarischen Shakespeare-Rezeption im 20. Jahrhundert. Stuttgart u. Weimar.

Maltzan, Carlotta von (1988): Zur Bedeutung von Geschichte, Sexualität und Tod im Werk Heiner Müllers. Frankfurt a. M. u. a. (Europäische Hochschulschriften Bd. 1047).

Müller-Schöll, Nikolaus (2002): Das Theater des „konstruktiven Defaitismus". Lektüren zur Theorie eines Theaters der A-Identität bei Walter Benjamin, Bertolt Brecht und Heiner Müller. Frankfurt a. M. u. Basel.

Schalk, Axel (1989): Geschichtsmaschinen. Über den Umgang mit der Historie in der Dramatik des technischen Zeitalters. Eine vergleichende Untersuchung. Heidelberg (Beiträge zur neueren Literaturgeschichte 87).

Steiger, Klaus Peter (1990): Moderne Shakespeare-Bearbeitungen. Ein Rezeptionstypus in der Gegenwartsliteratur. Stuttgart. Berlin. Köln (Sprache und Literatur 128).

6. Christa Wolf

Wolf, Christa (1983a): Kassandra. Erzählung. Darmstadt u. Neuwied.

Wolf, Christa (1983b): Voraussetzungen einer Erzählung: Kassandra. Frankfurter Poetik-Vorlesungen. Darmstadt und Neuwied (SL 456).

Wolf, Christa (1987): Die Dimension des Autors. Essays und Aufsätze. Reden und Gespräche 1959–1985. Darmstadt u. Neuwied.

Bergelt, Martin (1986): Emphatische Vernunft. Über die Erzählung *Kassandra* von Christa Wolf. In: „Zerstörung, Rettung des Mythos durch Licht". Hg. v. Christa Bürger. Frankfurt a. M. (es N. F. 1329) S. 111–127.

Cramer, Sibylle (1983): Eine unendliche Geschichte des Widerstands. Zu Christa Wolfs Erzählungen

„Kein Ort. Nirgends" und „Kassandra". In: Christa Wolf Materialienbuch. Hg. v. Klaus Sauer. Darmstadt u. Neuwied. Neue, überarb. Ausgabe (SL 265) S. 121–142.

Delisle, Manon (2001): Weltuntergang ohne Ende. Ikonographie und Inszenierung der Katastrophe bei Christa Wolf, Peter Weiss und Hans Magnus Enzensberger. Würzburg (Epistemata Bd. 346).

Keller, Thomas (1985): Die Wolfsträume der Kassandra. Über eine weibliche Mythologie des Friedens und die männliche Logik des Krieges bei Christa Wolf. In: Recherches Germaniques 15, S. 151–174.

Neumann, Gerhard (1985): Christa Wolf: *Kassandra*. Die Archäologie der weiblichen Stimme. In: Erinnerte Zukunft. 11 Studien zum Werk Christa Wolfs. Hg. v. Wolfram Mauser. Würzburg, S. 233–264.

Preußer, Heinz-Peter (2000): Mythos als Sinnkonstruktion. Die Antikenprojekte von Christa Wolf, Heiner Müller, Stefan Schütz und Volker Braun. Köln. Weimar. Wien.

7. Hanns-Josef Ortheil

Ortheil, Hanns-Josef (1985): Köder, Beute und Schatten. Suchbewegungen. Frankfurt a. M. (Collection S. Fischer 43).

Ortheil, Hanns-Josef (1987): Schwerenöter. Roman. München u. Zürich.

Ortheil, Hanns-Josef (1990): Schauprozesse. Beiträge zur Kultur der 80er Jahre. München (SP 1180).

Adorno, Theodor W. (1973): Negative Dialektik. Frankfurt a. M.

Adorno, Theodor W. (1974): Noten zur Literatur. Frankfurt a. M.

Egyptien, Jürgen (1992): Scheherazade, ewiger Umgang und Klandestinität. Anmerkungen zur poetischen Praxis und zu den Erzähltheorien von Hanns-Josef Ortheil, Gerhard Köpf und Gert Neumann. In: Vom gegenwärtigen Zustand der deutschen Literatur. München (text + kritk 113), S. 10–18.

Hanns-Josef Ortheil (1995) – Im Innern seiner Texte. Studien zu seinem Werk. Hg. v. Manfred Durzak u. Hartmut Steinecke. München u. Zürich (SP 2037).

Schleiermacher, Friedrich Ernst Daniel (1981): Werke. Auswahl in vier Bänden. M. e. Geleitwort v. August Dorner hg. u. eingel. v. Otto Braun u. Johannes Bauer. Bd. II. 2. Nachdruck d. 2. Aufl. Leipzig 1927–28, Aalen.

Personenregister

Sachregister